HISTOIRE DE LA GRÈCE MODERNE
1828 – 2012
Mythes et réalités

Historiques

Dirigée par Bruno Péquignot et Denis Rolland

La collection « Historiques » a pour vocation de présenter les recherches les plus récentes en sciences historiques. La collection est ouverte à la diversité des thèmes d'étude et des périodes historiques.

Elle comprend trois séries : la première s'intitulant « travaux » est ouverte aux études respectant une démarche scientifique (l'accent est particulièrement mis sur la recherche universitaire) tandis que la deuxième intitulée « sources » a pour objectif d'éditer des témoignages de contemporains relatifs à des événements d'ampleur historique ou de publier tout texte dont la diffusion enrichira le corpus documentaire de l'historien ; enfin, la troisième, « essais », accueille des textes ayant une forte dimension historique sans pour autant relever d'une démarche académique.

Série Travaux

Jean-Yves CHAUVET, *L'usage des maisons lorraines. Familles et maisons paysannes de la fin du XVIIe au milieu du XXe siècle*, 2013.
André POLARD, *Ecrire l'histoire de l'épilepsie*, 2012.
Claude COHEN-MATLOFSKY, *Flavius Josèphe. Les ambitions d'un homme*, 2012.
Georgiy VOLOSHIN, *Le nouveau Grand Jeu en Asie centrale. Enjeux et stratégies géopolitiques*, 2012.
Emmanuel de CHAMBOST, *Histoire de la CSF sous l'Occupation, L'enfance de Thales*, 2012.
Armand AJZENBERG, *L'abandon à la mort... de 76 000 fous par le régime de Vichy*, 2012.
Michel GRENON, *Charles d'Anjou. Frère conquérant de Saint Louis*, 2012.
Thomas PFEIFFER, *Marc Lescarbot : pionnier de la Nouvelle-France*, 2012.
Michel VANDERPOOTEN, *3000 ans de Révolution agricole, Techniques et pratiques agricoles de l'Antiquité à la fin du XIXe siècle*, 2012.
Kilien STENGEL, *L'aide alimentaire : colis de vivres et repas philanthropiques. Histoire de la Gigouillette 1934-2009*, 2012.
Donald WRIGHT, *L'Antiquité moderne*, 2012.

Nicolas BLOUDANIS

HISTOIRE DE LA GRÈCE MODERNE
1828 – 2012

Mythes et réalités

L'Harmattan

5-7, rue de l'École-Polytechnique ; 75005 Paris
http://www.harmattan.fr
diffusion.harmattan@wanadoo.fr
harmattan1@wanadoo.fr
ISBN : 978-2-343-01590-3
EAN : 9782343015903

A Messieurs Théophile et Andréas toujours, ainsi qu'à Vittorio, Alexandre , Romain et Alessio, futurs citoyens d'Europe...

AVANT PROPOS

Un de mes professeurs de Philologie Classique nous disait en plaisantant que l'Odyssée était en fait l'histoire fortement enjolivée d'un fiasco monumental: « ... pensez un peu: un roi quitte son pays avec son armée et douze vaisseaux pour une expédition militaire. Au retour il se perd, erre pendant 10 ans dans une mer pourtant connue, sa flotte fait naufrage, ses hommes disparaissent, il est récupéré nu sur une planche par des étrangers qui le ramènent chez lui de nuit... » Le mythe a pourtant fait de cette histoire un des plus beaux poèmes épiques...

Dans l'Antiquité, le mythe avait une fonction éducative, et contribuait à la cohésion sociale et religieuse de la Cité. Il en va de même pour notre époque, même si les « Cités » ont démesurément grandi, et leur cohésion nécessite des facteurs plus nombreux et plus complexes. Les mythes ont d'autre part perdu leur dimension élevée et artistique, pour devenir trop souvent simples outils de propagande.

Les Grecs modernes sont passablement éloignés des anciens Hellènes, mais Homère, ses héros et ses dieux les influencent encore. Leurs choix, les dirigeants qu'ils s'imposent, se donnent ou choisissent, leurs attitudes entre eux ainsi que vis-à-vis de l'extérieur, les ont souvent mis au cours de leur Histoire dans des situations difficiles, souvent tragiques ou inextricables, dont ils se tirent apparemment par miracle.

Les dieux guidaient ou persécutaient les héros, ce qui les « innocentait » de leurs choix funestes. La Grèce moderne s'est également trouvée des divinités toutes puissantes qui, tour à tour, la favorisent, lui coupent l'herbe sous les pieds, ou veulent sa perte. Elles ne s'appellent plus Héra, Poséïdon, Arès, Zeus ou Athéna, mais Grande-Bretagne, France, Russie ou Union Soviétique, Etats-Unis, et même Union Européenne...

La Grèce aime à s'imaginer favorite ou victime de ses « dieux », s'absolvant ainsi elle-même de ses choix ou erreurs. On peut encore le constater dans la période difficile qu'elle traverse actuellement. La mythologie fait donc encore partie intégrante de son Histoire. Cette dernière a parfois été difficile, voire tragique. Jeune Etat sorti d'un orientalisme pesant et décadent au début du 19e, elle aspire à se débarrasser de ce carcan. Elle recompose son passé « national » à partir de cultures prestigieuses. Même si l'Antiquité classique, le Christianisme orthodoxe ou l'Empire byzantin qu'elle prend comme références sont tout sauf creusets de nationalisme, on les adapte, comme chaque pays européen ou américain le fait pour son Histoire et ses traditions.

L'économie et la Société hellènes vivent, à l'heure où nous écrivons ces lignes, une période difficile. Celle-ci provient en partie de problèmes extérieurs au pays, soit la crise généralisée qui frappe depuis 2008 les économies européennes et occidentales. Mais ces difficultés résultent aussi et surtout de choix délibérés, faits par des dirigeants successifs et des citoyens et citoyennes qui les ont élus et maintenus en place, dans l'organisation de l'Etat, de l'administration et de l'économie du pays.

Ce travail tente de retracer l'itinéraire d'un pays qui a tout de même parcouru un chemin considérable depuis sa naissance jusqu'à la grave crise économique et sociale qui le secoue depuis 2009. Cette « Crise grecque », qui révèle en fait celle de l'ensemble de l'Union européenne, n'est toutefois ni la première ni la dernière turbulence que connaissent le pays et l'ensemble auquel il a choisi d'adhérer. Elle ne marque donc pas la « Fin de l'Histoire », mais l'un de ses avatars qui, par la force des choses, sera dépassé.

Il a fait l'objet d'une première édition limitée en Grèce en 2011 (éditions XEROLAS) puis a été traduit en Grec. La présente édition a été complétée pour couvrir les événements et développements jusqu'à l'été 2012.

Ce livre s'adresse au public francophone, également dans la mesure où très peu d'ouvrages consacrés à l'Histoire contemporaine de la Grèce existent en Français.

Nos remerciements vont à tous ceux et celles qui nous ont encouragé ou aidé dans la conception, la rédaction et la correction de cet ouvrage, et notamment MM. Dino Garoux (Garoufalias), Luc Andrié, ainsi que Mmes Daphné Bloudanis et Elisabeth Moreau.

CHAPITRE I

DU 19^E^ SIECLE AUX GUERRES BALKANIQUES : LA NAISSANCE DE LA GRECE MODERNE (1828 – 1912).

1. Un Etat difficilement viable.

La Grèce se libère en 1828 de la domination ottomane après une guerre d'indépendance de 7 ans. A l'époque, elle se limite au Péloponnèse, l'Attique, à une bande de terre au Nord du Golfe de Corinthe, ainsi qu'à l'Eubée et aux Cyclades. Sa population dépasse à peine le million d'habitants alors que plus de 2 millions et demi de Grecs vivent toujours au sein de l'empire turc. Ruiné, dévasté et endetté par la guerre, le nouvel Etat se soumet à une triple tutelle, anglaise, française et russe durant ses premières décennies d'existence: c'est en effet l'intervention de ces 3 puissances qui a permis la naissance de la Grèce moderne. Les rivalités et luttes de clans au sein des combattants et des dirigeants politiques durant les hostilités ont en effet gravement compromis la cause de l'indépendance. Le succès final de celle-ci est particulièrement redevable au soutien de l'opinion européenne, britannique, française et allemande, ainsi qu'américaine : l'intelligentsia occidentale prend fait et cause pour la lutte des Hellènes, célébrée par les poètes et les artistes, et force quelque peu les gouvernements, craintifs de violer ainsi les principes de la Sainte Alliance. De l'aide matérielle et financière, ainsi que des volontaires affluent de tous les pays. En retour, la libération de la Grèce galvanise les révolutions libérales entre 1830 et 1848 en Europe.

Les classes dirigeantes grecques ont organisé et soutenu la lutte des montagnards et des corsaires révoltés dès 1821, et y ont même activement participé. Composées de marchands, d'armateurs, d'administrateurs et d'intellectuels, elles se trouvent, au début de 19e ,disséminées à travers tout l'Empire Ottoman: à Constantinople, Smyrne, sur les côtes occidentale et septentrionale de l'Asie Mineure, en Roumanie, ainsi qu' à Alexandrie, en plus de la Grèce proprement dite et des îles de l'Egée. Depuis le 17e siècle, elles détiennent dans ces régions un pouvoir économique, administratif et culturel non négligeable: par exemple, les gouverneurs (Hospodars) de Valachie et Moldavie sont traditionnellement grecs, nommés de manière héréditaire par le Sultan. Beaucoup de dignitaires ottomans (interprètes officiels, diplomates, amiraux) sont grecs, ou d'origine grecque pour ceux dont la carrière exige qu'ils se convertissent à l'Islam. Ce pouvoir est renforcé par une prépondérance religieuse auprès des populations chrétiennes: le Patriarche et le haut clergé orthodoxes sont par tradition grecs.

Les capacités économiques et intellectuelles de ces élites, ainsi qu'un profond attachement à leurs traditions, ont permis une survie de l'hellénisme durant 4 siècles de domination ottomane. A partir de 1821, de nombreux lettrés et notables, influencés aussi par les idéaux de 1789, vont inspirer et activement soutenir les révoltes, et notamment leur donner une conscience « grecque ». Cette conscience va couvrir des aspirations plus élémentaires de populations très diverses, grecques, valaques, albanaises (arvanites), et latines, vivant en Grèce et dans l'Archipel, à davantage de liberté et de justice. Toutefois, les perspectives de la classe dirigeante grecque ne semblent pas alors se limiter à la création d'un simple Etat national. Détenant une large influence, elle vise plutôt à une reconnaissance formelle de celle-ci, et à une prise ou une redistribution du pouvoir à son profit au sein de l'Empire, tout au moins dans sa partie balkanique. Le refus des populations roumaines et bulgares de se joindre aux révoltes, la surestimation des forces disponibles et les conflits entre factions entraînent l'échec de ce projet, par ailleurs utopique dans le contexte régional du début du 19e. La seule libération de la Grèce échoue tout autant dans la mesure où, des points de vue de son territoire et de sa population, l'Etat-croupion de 1828 ne constitue pas même le tiers de l'« espace hellénique »... L'intervention des puissances a également un effet limitatif, dans la mesure où celles-ci, en particulier Londres et Paris, veulent préserver un Empire Ottoman relativement fort face aux prétentions russes sur les Détroits et en Méditerranée orientale.

L'indépendance constitue en fait un revers pour les notables grecs, qui marque aussi le début du déclin d'une bonne partie d'entre eux. Le soutien matériel à la guerre de libération, les persécutions et massacres subis de la part des Turcs à Constantinople, en Asie Mineure ou dans certaines îles comme Chios ou Psara les ont économiquement et moralement épuisées. Une partie continue ses activités dans l'Empire Ottoman, mais qui ne connaîtront plus l'essor du passé, car elles pâtissent désormais de la méfiance des autorités, qui utiliseront davantage les Grecs comme boucs-émissaires. Elles subissent en outre la concurrence des bourgeoisies turque et balkaniques naissantes, ainsi que de la pénétration économique occidentale. Une autre, composée de propriétaires terriens et d'armateurs, rejoint le nouvel Etat ou y reste. Mais elle se rend vite compte que celui-ci n'est économiquement pas viable: l'agriculture, qui en est la principale ressource, doit se contenter d'un terrain montagneux aride et pauvre et d'une organisation basée sur la grande propriété foncière. Les régions agricoles les plus riches, comme la Thessalie ou la Macédoine, restent sous la domination ottomane. Seules les activités maritimes pourront se développer et seront, jusqu'au premier quart du 20e siècle, le seul secteur vraiment prospère de l'économie. Le principal problème des classes dirigeantes grecques au lendemain de l'indépendance est donc celui de leur survie économique. Il s'agit pour elles de maintenir et développer leur mainmise sur le pays, qu'elles partageaient auparavant avec les Turcs et qu'elles devront dorénavant gérer avec les puissances protectrices…

2. La monarchie.

Un régime de république autoritaire présidée par Ioannis Capo d'Istria, ou Capodistrias, membre de l'aristocratie des Iles Ioniennes et ancien ministre des Affaires Etrangères du Tsar Alexandre 1er , échoue devant l'opposition violente des clans de notables du Péloponnèse. L'homme d'Etat gréco – russe est assassiné à Nauplie en 1831. Le prince Léopold de Saxe-Cobourg, qui deviendra Léopold 1er de Belgique, refuse sagement le trône grec, dans la mesure où il considère le pays comme non-viable si on n'y rajoute pas la Crète et la Thessalie, qui sont des régions plus riches. Les puissances protectrices recommandent alors comme Roi de Grèce le prince Otto, fils du Roi Louis 1er de Bavière, qui monte sur le trône en 1832 sous le nom d'Othon 1er. Son règne, mélange de romantisme et de despotisme, voit alterner des tentatives sincères pour mettre en place un Etat moderne et viable, avec une succession d'intrigues, d'émeutes et de coups d'Etat. Des architectes, ingénieurs, médecins et techniciens étrangers viennent en Grèce pour créer des infrastructures, construire des villes, des ports, des routes et des manufactures, pour former enfin une élite autochtone apte à continuer leur œuvre. L'Université d'Athènes est créée à cet effet en 1837. Un corps de mercenaires bavarois tente de maintenir un certain ordre dans le pays et d'organiser des forces militaires nationales à partir des frustes combattants de la guerre d'indépendance. Le pays est alors en proie à une instabilité profonde, résultant des rapports de force variables entre les clans de notables, la royauté, et les influences étrangères contradictoires sur ces derniers. Le brigandage est généralisé. Des chefs locaux disposent de milices et sont jaloux de leur indépendance vis-à-vis du pouvoir central. On arrive toutefois progressivement à les attirer vers Athènes, où des propriétés, des charges à la cour et des fonctions grassement rémunérées au sein de l'administration leur sont distribuées. Ce mouvement favorise la centralisation de l'Etat, mais ne ramène pas l'ordre et n'épuise pas les complots et intrigues. Les bandes de brigands en province reçoivent souvent les ordres et le soutien de tel député ou ministre… Une constitution instaure un régime parlementaire en 1843, donnant une « arène officielle » aux affrontements de clans. Mentionnons que cette constitution prévoit, pour la première fois en Europe, le suffrage universel des hommes. Mais le mécontentement général dû à des conditions de vie misérables et la déception quant à la réalité du nouvel Etat au regard des espérances qu'il avait suscitées subsistent et augmentent même. Le Roi, malgré un attachement sincère à son pays d'adoption, est prisonnier de conceptions absolutistes. Il semble incapable de saisir des problèmes et aspirations il est vrai fort compliqués et souvent contradictoires. En 1862, le soulèvement d'une partie de l'armée et de certains chefs historiques de la guerre d'indépendance, chasse de Grèce la dynastie Wittelsbach. L'Angleterre propose alors un nouveau souverain, en la personne du prince danois Guillaume Glücksbourg, qui monte sur le trône en 1863 sous le nom de Georges 1er. En « cadeau de noces », Londres rétrocède la même année les Iles Ioniennes (possession britannique depuis 1815) à la Grèce.

Jusqu'à l'abolition de la monarchie en 1974, et mis à part un intermède républicain entre 1924 et 1935, la dynastie Glücksbourg va compter 6 souverains et exercer une influence déterminante sur la politique et l'évolution de la Grèce. Les constitutions successives confient à Georges 1er et à ses descendants les rôles importants d'arbitre politique et de chef militaire. Chaque souverain va interpréter ceux-ci de manière assez personnelle, et interviendra plus ou moins discrètement dans la vie politique et parlementaire. De plus, en particulier au 20e siècle, ils auront une influence déterminante sur la politique étrangère sans toujours tenir compte des gouvernements et de l'opinion. Aux yeux des puissances étrangères, ils constitueront presque toujours des garants de « bonne conduite » de la Grèce en politique internationale…

Il faut cependant nuancer l'affirmation qui précède en tenant compte du fait que la classe politique hellène (à quelques notables exceptions près) a souvent fait preuve d'incapacité et d'inconstance dans sa gestion, tant des affaires courantes que des crises. Sa politique étrangère aura souvent été irréaliste, tenant davantage compte d'une opinion exaltée par la démagogie nationaliste que des possibilités réelles du pays et des opportunités offertes par les rapports de forces internationaux. Dans un tel contexte, les rois, et même parfois les reines, ont souvent dû tant bien que mal combler de grands vides... Par contre, chaque fois que la volonté royale s'est trouvée opposée au projet et à la politique cohérente et déterminée d'un homme d'Etat représentant une majorité politique ou sociale exprimée, il en est résulté des conflits désastreux pour le pays.

La monarchie est une notion des plus controversées dans la mentalité et la réalité grecques, modernes comme antiques: on peut affirmer que la royauté a toujours provoqué chez une majorité de Grecs des réflexes de rejet, au mieux de résignation ou même de servilité lorsque la force des choses l'imposait. Elle aura rarement entraîné une adhésion franche et convaincue comme cela est le cas pour d'autres peuples et traditions.

3. La question nationale. – Les mythes fondateurs.

Quelle est cette « Nation grecque » qui secoue le joug ottoman en 1821? Depuis l'Antiquité, les Etats hellénistiques et la période romaine, les Grecs et leur culture ont essaimé dans toute la Méditerranée Orientale, vers l'Asie Mineure, la Syrie, l'Egypte, ainsi qu'en Italie, et même en Gaule. Dès l'époque romaine, l'appartenance à l'hellénisme a pris un caractère essentiellement culturel, relevant davantage d'une adhésion linguistique et philosophique à vocation universaliste que d'une origine ethnique. L'empereur Julien se considère ainsi comme « grec » de par sa pratique de la langue et de la philosophie hellènes. La christianisation transforme la culture grecque, et la prive notamment de l'esprit critique et du dynamisme philosophique qui la caractérisait. Toutefois elle préserve et développe même son caractère universel, en renforçant le processus d'attraction et d'assimilation de populations allogènes.

Depuis Rome et Byzance, les espaces balkanique et insulaire ainsi que l'Asie Mineure ont connu de grands brassages de populations dus aux invasions et aux migrations de la fin de l'Antiquité puis du Moyen-âge. Romains, Slaves, Normands, Arabes, Albanais, Latins, Turcs et Valaques se sont installés dans l'espace géographique grec, et beaucoup d'entre eux se sont assimilés à la culture et à la religion locales en les enrichissant de leurs traditions propres. A côté des « Grecs de souche », souvent mélangés à eux par des mariages, ils ont transformé la culture hellène, mais également œuvré pour son maintien et son développement. Déjà au début du Moyen-âge, cette culture est passablement éloignée de celle de l'Antiquité[1].

---

[1] Voir à ce sujet: KOLLIAS, A. « Arvanites et les origines des Grecs », op.cit.

L'idée de « Nation grecque » puise ses racines au 11e siècle, soit à partir du schisme, puis de l'éloignement définitif de fait entre l'Eglise orientale orthodoxe des Patriarches et Empereurs de Constantinople, et le Catholicisme occidental dirigé par le Pape. Elle commence à se définir plus clairement à la suite de la prise de Constantinople par les Croisés en 1204, puis de sa reconquête par les Byzantins en 1261. Jusqu'alors, l'empire Byzantin est « romain », même si on y parle grec depuis le 8e siècle. L'hellénisme était plutôt méprisé, car assimilé au paganisme du passé. A partir du 11e et surtout du 13e siècles, il se proclame de plus en plus « grec », en opposition avec l'Occident « franc » aussi bien qu'à l'Orient « turc », avant de se faire lentement absorber par ce dernier jusqu'en 1453[1]...

Les Ottomans n'imposent l'Islam qu'à de rares occasions. Les populations de l'espace grec gardent donc leurs traditions propres, mélange d'hellénisme christianisé et de cultures et langages propres à chaque groupe ethnique, soit principalement albanais, valaque et latin (italien). Les mouvements de population continuent d'ailleurs durant la période ottomane et notamment au 16e siècle, qui voit l'arrivée des Juifs Sépharades depuis l'Espagne à Thessalonique, de colons turcs en Macédoine et en Thrace, et, à la faveur de la présence vénitienne, d'Italiens dans les îles des Archipels égéen et ionien. Toute la population chrétienne, y compris les Slaves des Balkans, constitue le « Rum-milliet », soit la « Nation romaine », en fait « grecque ». Elle est soumise à l'autorité spirituelle et (en partie) temporelle du Patriarche de Constantinople et du clergé orthodoxe, garants de sa docilité envers le Sultan. Ses élites, grecques pour la plupart, sont formées dans des écoles religieuses réputées, aussi bien à Constantinople, qu'à Thessalonique, Smyrne ou Bucarest. Ces notables cultivent par la force des choses un double visage: serviles envers les Turcs qui les utilisent souvent comme diplomates, traducteurs, voire hauts - fonctionnaires ou gouverneurs, ils gardent pourtant une grande fierté pour leur culture, et leurs origines hellènes, qu'ils ont apprises et conservées. Leur rôle économique (et fiscal) est d'autre part capital au sein de l'empire, surtout des points de vue commercial et maritime. L'immense majorité de la population reste pratiquement illettrée, comme d'ailleurs dans beaucoup de pays d'Europe jusqu'au 18e . Elle ne conserve qu'un vague souvenir de son passé, à travers les contes et chants populaires dont la plupart se rapportent à la période byzantine, mais certains également à l'Antiquité, et qui se transmettent de génération en génération. Quant à la langue grecque, elle se conserve pour l'essentiel à l'Eglise: le langage populaire est un ensemble de dialectes

[1] Voir à ce sujet: GLIKATZI-AHRWEILER Hélène « L'idéologie politique de l'Empire Byzantin », op.cit, et KARAMBELIAS Georges, « 1204 et la formation de l'Hellénisme moderne », op.cit.

valaques, arvanites ou levantins, selon les régions, dans lesquels des mots grecs se mélangent au Roumain, Albanais ou Italien d'origine.

Au début du 19e, émerge donc une Grèce fort différente de l'image qu'en a reçu l'Occident depuis la Renaissance, soit celle de l'Antiquité classique. Les Grecs de 1821 sont le résultat d'un important brassage de populations et d'un itinéraire chrétien, byzantin, puis ottoman. Ils se situent bien loin d'Homère, Périclès ou Aristote, même s'ils ressentent un nébuleux souvenir et un attachement mythique pour ce passé. Sortant du Moyen-âge, la Grèce aura quelque peine à rattraper et accomplir l'évolution pour laquelle l'Europe occidentale a mis 3 siècles.

L'Etat unitaire mis en place en 1828 constitue par ailleurs une première historique: durant l'Antiquité, puis sous Byzance ou la domination turque, les Grecs ne constituent jamais un Etat unique mais restent liés à leur cité, région ou île. Celles-ci sont, selon l'époque, entités souveraines ou intégrées à des ensembles impériaux, mais de manière toujours autonome. Etre « Hellène » n'était pas une « nationalité », mais un trait culturel, religieux ou linguistique. Cette caractéristique peut expliquer aussi en partie la force d'attraction et d'assimilation de populations étrangères. Ainsi, les Arvanites de Hydra, les Valaques du Parnasse, les Grecs de Morée ou les Crétois qui se soulèvent en 1821 en essayant parfois de coordonner leurs actions, ont certes leurs propres traditions et idiomes, mais se reconnaissent presque tous comme « Hellènes », unis par le passé et la religion qu'ils ont reçus ou adoptés. Lorsque leurs dirigeants et intellectuels s'adressent aux Occidentaux pour leur demander de l'aide, ils le font au nom de l'Hellénisme, car ils connaissent la force sentimentale de ce nom. Parmi ces intellectuels, un certain nombre a étudié et vécu en France en Allemagne, Italie ou Angleterre entre la fin du 18e et le début du 19e. Dans ces pays, ils ont bénéficié de la renaissance philosophique des Lumières, et découvert l'Histoire, la langue et les valeurs de l'Antiquité classique, qu'ils ont l'ambition de restaurer dans leur patrie renaissante. Les « philhellènes » et romantiques occidentaux s'enflamment de leur côté pour la cause d'une Grèce de leurs rêves, dont l'histoire se serait arrêtée au 4e siècle av. J.C, et où les enfants d'Homère et d'Alexandre secouent le joug turc…

La réalité de 1830 est toutefois très éloignée de la mythologie. Le pays que découvrent Byron, Capo d'Istria ou Othon est une ancienne province ottomane parmi les plus pauvres de l'Empire, peuplée d'un amalgame d'ethnies qui revendiquent certes leur « grécité » vis-à-vis de l'étranger, mais sont jalouses chacune de ses traditions et de son indépendance envers un quelconque pouvoir central. Le « brigandage » que nous évoquons plus haut couvre en fait souvent des aspirations autonomistes locales ou ethniques (Valaques, Arvanites), que la domination ottomane tolérait. Entre 1830 et 1860, l'unité du nouvel Etat est parfois difficile à imposer. De nombreuses émeutes, voire de petits conflits civils locaux ont lieu, sous couvert de mettre un terme aux agissements de « brigands »...

La Grèce est l'un des premiers pays européens à envisager et concevoir sa naissance et son organisation avec le nationalisme comme pierre angulaire. Ainsi, et afin de donner un minimum de crédibilité au nouvel Etat, il faut faire prendre substance au mythe d'une Nation unitaire et permanente à travers l'Histoire. Celle-ci est organisée de manière très centralisée, en bonne partie par des administrateurs bavarois de la suite d'Othon. Comme nous l'avons vu, cette organisation ne va pas sans heurts: il n'est pas exagéré de dire que le pays vit dans une situation d'affrontements incessants jusqu'au départ du roi en 1862. Les causes en sont d'une part les limitations aux autonomies et privilèges locaux par le pouvoir central et, d'autre part, la frustration chez les notables et officiers grecs de se voir confisquer le pouvoir par des étrangers. Le changement de 1862 constitue en fait un compromis: mis à part ce qui concerne les importantes prérogatives royales, l'essentiel du pouvoir revient aux Grecs, mais toute autonomie locale et ethnique est définitivement supprimée. Un nationalisme extrême constitue l'idéologie officielle et la seule permise. Cet état de fait est d'ailleurs celui de l'ensemble des pays européens contemporains. Pour la Grèce, s'il est irréaliste en politique étrangère jusqu'au début du 20e siècle, il permet en tout cas de maintenir la population « sous pression » et sous contrôle des classes dirigeantes.

Une nouvelle langue est également créée, sous l'impulsion de lettrés comme Adamantios Korais ou Coray, médecin ayant étudié et vécu en France durant la période de la Révolution. Elle est formée à partir de la langue ecclésiastique et des textes classiques, dont la prononciation et la grammaire sont simplifiées. De nouveaux mots sont ajoutés pour prendre en compte des notions modernes. Cette langue reste officielle jusqu'en 1980, mais ne sera presque jamais parlée hors des institutions officielles, actes publics, ou discours, et malgré le fait qu'elle est enseignée à l'école. Seuls quelques écrivains et intellectuels la pratiqueront vraiment. Une version très simplifiée, dans laquelle de nombreux mots sont d'origine étrangère, se développe parallèlement jusqu'à la fin du 19e, et constitue la langue parlée, dite « démotique » ou populaire. Cette dernière remplace peu à peu les idiomes et patois locaux, albanais, valaque ou levantin. Les deux nouvelles langues helléniques sont concurrentes et provoquent souvent de vifs débats auxquels des connotations sociales et politiques viennent se greffer. Depuis 1980, la « Démotique », dont la grammaire a peu à peu été définie et codifiée, devient la langue officielle.

La formation de l'identité nationale nécessite enfin une base historique. Elle sera en grande partie l'œuvre de Constantin Paparrigopoulos, professeur à l'Université d'Athènes, qui publie entre 1860 et 1877 une monumentale « Histoire de la Nation hellénique »[1]. Dans cet ouvrage, l'auteur considère la nation grecque comme une unité historique donnée et continue depuis l'Antiquité. Elle « rencontre » le christianisme à travers St. Paul et le développement de la nouvelle religion dans le monde romain, donnant naissance à l'Empire byzantin dès lors considéré comme exclusivement grec depuis Constantin et Théodose. A partir de 1453 elle survit, intègre, sous la domination ottomane, notamment grâce à l'œuvre éducative du clergé et au patriotisme de ses élites. La guerre d'indépendance marque enfin la renaissance de cette « civilisation helléno-chrétienne » après 4 siècles d'occupation turque. Paparrigopoulos ne s'adresse pas seulement à des spécialistes et des érudits: parallèlement à leur édition, ses textes sont publiés dans les journaux athéniens et largement lus. Ils deviennent le modèle absolu et indiscutable, le canevas sur lequel se développent aussi bien l'idéologie nationaliste que l'historiographie grecques. La référence à l'Empire byzantin donne enfin une consistance géographique et un modèle d'expansion territoriale à la « Grande Idée », d'un Etat comprenant l'Asie Mineure Occidentale et le Sud de la péninsule balkanique, qui sera le rêve du nationalisme grec jusqu'en 1922. L'œuvre de Paparrigopoulos n'est certes pas le fruit de la méthode ou du simple sens critiques: en 1870, la méthodologie historique en est encore à ses balbutiements. A la même époque, les nationalismes français et allemand cherchent aussi leurs racines, qui auprès de « ses ancêtres les Gaulois », qui dans les légendes des Nibelungen… au même titre que le « Roman national » français contemporain, l' « Histoire de la Nation Hellénique » est un instrument monolithique et sélectif d'un nationalisme. Le christianisme mis à part, il ne tient pas compte des apports extérieurs et des diversités ethniques qui ont fait la Grèce du début du 19e. Un de ses mérites est de ramener Byzance, totalement oubliée et méprisée à l'époque, dans la trame historique de la Grèce, en annexant toutefois l'empire à sa province…

Que ce soit du fait de ses admirateurs étrangers ou de ses propres élites et intellectuels, la Grèce moderne se donne ainsi des mythes fondateurs flatteurs mais passablement éloignés des réalités d'un petit pays de Méditerranée Orientale. Ils n'en seront que beaucoup plus lourds à porter et assumer au cours de son Histoire. D'autre part, sa situation économique et géographique dans le contexte du 19e siècle la condamne littéralement au nationalisme et à l'irrédentisme. L'indépendance de 1828 est une illusion,

---

[1] PAPARRIGOPOULOS, Constantin, Histoire de la Nation Hellénique, op.cit.

dans le sens où elle ne crée pas un Etat socialement et économiquement viable: sa seule issue de survie à long terme est l'adjonction de territoires et de populations qui sont ou qu'il considère comme siens.

4. L'évolution économique et politique.

A l'exception du domaine maritime, les atouts de la Grèce de 1830 sont bien minces. Les centres économiques et intellectuels de l'Hellénisme se trouvent dans l'Empire ottoman, à Constantinople, Smyrne, Alexandrie ou Thessalonique. Dans les Balkans, la présence ottomane est essentiellement militaire et accessoirement terrienne. Elle ne crée ni ne laisse pratiquement rien derrière elle, pas d'infrastructure économique ou administrative sérieuse, pas d'urbanisme ou de voie de communication qui n'existait avant elle. Des propriétaires Turcs ou Musulmans tiennent souvent les meilleures terres, le reste est laissé aux Chrétiens, libres par ailleurs d'organiser leurs activités économiques. Les Ottomans se contentent de ponctionner régulièrement la population par des taxes, ou du pillage suite à quelque désobéissance ou rébellion. L'arbitraire, et parfois une certaine sauvagerie, alternant avec une apparente indifférence tiennent lieu d'organisation administrative. La corruption contribue parfois à adoucir la situation et le sort de ceux qui, confrontés aux aléas du système, ont quelque chose à lui offrir en échange de leur sécurité…

La logique de ce système se prolonge, et se développe même sur de nombreux aspects après l'indépendance. Un fort arbitraire de l'Etat étroitement imbriqué à la corruption, au favoritisme et au népotisme, empêchent souvent toute velléité d'évolution ou de progrès. Malgré quelques indéniables réalisations, le travail des experts étrangers et des Grecs qu'ils forment est trop souvent paralysé par l'inertie ambiante et le manque de moyens, presque toujours dû à la corruption et aux détournements… Il faut en effet « acheter » la tranquillité et la paix civile en rémunérant grassement non seulement les notables, mais également leurs hommes de main de province, en leur assurant notamment des emplois publics qui transforment parfois les « brigands » en « gendarmes »…Ainsi se met en place le système « clientéliste », dont les principes constituent encore au début du 21e siècle la base de la vie politique en Grèce. Il s'agit en fait d'un canevas de relations et de dépendance matérielle et politique mutuelles, assez souvent même personnelles, entre la population et les détenteurs du pouvoir. Un tel système prétérite l'efficacité, la productivité, et le développement au profit d'une forme de redistribution, d'une relative paix sociale, mais aussi du favoritisme et de la corruption.

Relativement peu attachés à la terre, marchands et navigateurs depuis l'Antiquité, les Grecs ont su tirer parti du contexte difficile de la domination ottomane. Dans un singulier mélange de courage, de servilité, mais aussi d'habileté, ils ont trouvé les moyens de leur survie, et même parfois, comme nous l'avons vu, de l'acquisition de positions prépondérantes. Toutefois, la naissance de l'Etat grec se produit sur un territoire des plus pauvres. Au début du 19e, Athènes est une bourgade de bergers, et le Péloponnèse une région montagneuse marginale, incomparables à des villes comme Thessalonique ou Smyrne. Le royaume d'Othon 1er est, dans sa partie continentale, une société agro-pastorale arriérée, manquant pratiquement de tout, terres arables, main d'œuvre, techniques et capitaux...

Certaines îles par contre, comme Hydra, Spetsai, ou Syros dans les Cyclades sont d'importants centres maritimes et commerciaux. Leurs armateurs se sont notamment enrichis en forçant le blocus continental en Méditerranée entre 1805 et 1815, puis leurs flottes et leurs équipages ont combattu avec succès contre les Ottomans pendant la Guerre d'indépendance. Tout comme les marins britanniques des 16e et 17e, ils ne négligent pas la guerre de course jusqu'en 1830 pour arrondir leurs revenus et compenser leurs pertes... Par la suite, ils vont constituer le noyau de la puissance maritime hellénique.

Celle-ci se développe de manière régulière durant le 19e, et acquiert une position importante aux niveaux méditerranéen, puis mondial pour le transport des marchandises et des passagers. Le tonnage de la marine marchande passe de 85'500 tonnes en 1838 à 528'000 tonnes en 1891. Au début du 20e siècle, la flotte marchande grecque occupe déjà le 10e rang mondial. Le passage progressif à la vapeur entre 1870 et 1920 permet une augmentation de la capacité et de la régularité des transports et entraîne une concentration du capital: de grandes compagnies voient le jour dans le domaine de la navigation transocéanique, alors que de nombreux petits armateurs disparaissent ou sont ruinés. Les îles perdent peu à peu leur rôle de centres maritimes au profit de ports continentaux comme Le Pirée, Patras, Thessalonique ou Smyrne, qui connaissent un grand essor. Les activités maritimes induisent la création et le développement de chantiers navals tels que Galaxidi, Siros, ou Pérama (près du Pirée), ainsi qu'un important secteur administratif. Les emplois liés à la marine sont entre 60 et 70'000 au début du 20e siècle, alors que le pays compte 2,5 millions d'habitants. Mais à part quelques embryonnaires localisations industrielles et l'apport de devises, ces activités ne contribuent pratiquement pas au développement du reste de l'économie grecque[1].

---

[1] Voir à ce sujet: « La Marine marchande hellénique », op.cit.

Jusqu'en 1860, l'industrie est inexistante, et l'artisanat limité aux besoins essentiels. L'agriculture est rudimentaire, sans organisation, outillage ou irrigation dignes de ce nom. Les latifundia turcs sont expropriés après 1830 et remis à de nouveaux propriétaires, en particulier des chefs de la guerre d'indépendance, des notables locaux, ainsi qu'à l'Eglise de Grèce, devenue indépendante du Patriarcat de Constantinople. Ceux-ci les exploitent aussi mal que leurs prédécesseurs, et se contentent d'en tirer une rente pour leurs besoins immédiats. Le sort de la petite paysannerie et des ouvriers agricoles ne change donc pas après l'indépendance, on peut même dire qu'il s'aggrave...

Faute d'investissements et de savoir-faire, l'économie grecque reste longtemps sous-développée. Le stade dit de « l'accumulation primitive » semble difficile à atteindre pour les possédants, si ce n'est les armateurs et certains commerçants, qui n'investissent que dans leurs branches, dont les profits sont plus immédiats que ceux de la production. Au surplus, les débouchés de cette dernière seraient incertains, le marché intérieur étant minuscule... Une grande partie de la Bourgeoisie et des notables vit par ailleurs de manière semi-parasitaire, et se contente de rentes, d'emplois d'Etat ou de détournements.

Une modeste évolution, dépassant un peu les stades artisanal et mercantile se produit durant le dernier tiers du 19e: des industries embryonnaires sont créées, en particulier dans le domaine du textile. Des grands travaux, (percement du Canal de Corinthe, construction de routes et de voies ferrées entre Athènes, Patras et Lamia), induisent quelques progrès économiques dans les régions avoisinantes. En 1912, on ne compte toutefois que 18'000 ouvriers industriels sur une population de 2,5 millions. Des banques sont fondées et se développent: la Banque Ionienne en 1839, dont la majorité du capital est britannique, et la Banque Nationale de Grèce en 1841, qui fera office de banque centrale jusqu'en 1927. Celle-ci se compose à ses débuts de près de 2/3 de capitaux étrangers, soit de la Banque Rothschild et du banquier franco-suisse Eynard, avec pour le reste la participation du financier grec Stavros et de l'Etat. En 1885, ce dernier prend une participation supplémentaire par une augmentation de capital de 50%, ce qui lui fait perdre son caractère « étranger »[1].

Quelques travaux d'irrigation, l'introduction de nouvelles techniques et d'engrais donnent enfin un certain essor à l'agriculture: des cultures d'exportation sont développées, notamment l'olivier, le tabac et le raisin sec, dont la Grèce devient le principal producteur européen à partir de 1880.

[1] Voir à ce sujet : BLOUDANIS, N. « Dépendance et Impérialisme ...», op.cit.

Jusque dans les années 1920 l'agriculture reste cependant handicapée par le système latifundiaire, sa productivité est médiocre, et le chômage latent dans les campagnes génère une forte émigration.

Les revenus du nouvel Etat sont quasi-inexistants, en tout cas largement insuffisants pour assurer son fonctionnement, en plus de l'entretien d'une multitude de parasites à tous les niveaux sociaux et des quelques dépenses d'infrastructures qui sont consenties. La Grèce ne peut donc subsister sans une aide pécuniaire des puissances protectrices, sous forme de prêts qui gonflent peu à peu de manière démesurée la dette extérieure du pays. Cet argent permet avant tout d'assurer la rente et l'enrichissement de la classe des notables ainsi que son maintien au pouvoir et une relative paix sociale grâce à l'entretien de clientèles politiques et régionales. La classe dirigeante trouve ainsi les moyens de sa survie, en bonne partie grâce au détournement de l'argent emprunté par le pays, au lieu de son investissement productif. On peut estimer qu'environ 60% du total des emprunts entre 1828 et 1890 est ainsi soustrait à son but premier, soit un investissement productif de la part de l'Etat, et que sur le 40% restant, la moitié au moins est consacrée à compléter le service de la dette existante[1]...

Il s'ensuit par ailleurs une forte dépendance de cette classe dirigeante envers les intérêts étrangers. On peut même dire qu'elle devient le rouage de transmission des volontés, souvent contradictoires, des puissances concernant la Grèce et les enjeux régionaux en Méditerranée Orientale. Jusqu'en 1880, la vie politique consiste ainsi à des rivalités de clans, rattachés chacun à un « protecteur » et agissant selon les intérêts de celui-ci: on trouve ainsi des partis « anglais », « français » et « russe », qui présentent leur action comme l'unique moyen de servir le pays, grâce à la bienveillance étrangère. Cette situation se prolonge jusqu'au 20e siècle, en s'adaptant aux évolutions et nouvelles donnes de l'échiquier géopolitique. Appuyée sur les intérêts des puissances et non sur leur hypothétique sympathie, une telle politique semble réaliste, compte tenu de la faiblesse du pays durant le 19e. Deux ou trois hommes d'Etat qui ont dirigé la Grèce au 20e siècle l'ont appliquée avec un relatif succès. Mais le fait est qu'au 19e, la politique étrangère a trop souvent été menée de manière irréaliste, à courte vue et sentimentale, qui plus est en fonction d'intérêts partisans, voire personnels, ou d'une opinion facilement survoltée du fait de ses frustrations. Enfin, les aspects financiers des relations avec l'étranger soit les emprunts, ont été systématiquement détournés en vue d'enrichissements privés et de redistributions clientélistes.

---

[1] Voir à ce sujet: KOFAS, « Financial relations of Greece and the great powers... » op.cit. et COLLECTIF, « Histoire de la Nation hellénique », T.13, op.cit. ainsi que COLLECTIF, « Histoire de la Grèce du 20e siècle », T.1. op.cit.

Cette transfusion continuelle de crédits, pour la plupart d'origine britannique ou française, est assortie d'incessantes interventions étrangères dans les affaires gouvernementales, notamment le blocage de toute velléité d'indépendance en matière de politique étrangère. Par la force des choses, l'irrédentisme constitue pour les Grecs la pierre angulaire de cette politique, en tous cas jusqu'au début du 20e siècle, et pour cause: jusqu'en 1913, la majorité d'entre eux vit hors de l'Etat grec… La doctrine de la France et de l'Angleterre durant tout le 19e est en faveur de la sauvegarde d'un Etat ottoman moribond mais relativement « tranquille » plutôt que la dissolution de ce dernier par les nationalismes balkaniques (grec, bulgare et serbe), aboutissant à des conflits de partage dans lesquels les puissances devraient prendre parti. Ceci d'autant plus qu'à l'époque, l'Empire turc est également un important débiteur des banques françaises et britanniques, et un débouché primordial pour les produits industriels.

Paris et Londres craignent aussi une mainmise russe sur les détroits et le Sud-Est européen: au contraire des occidentaux, St. Petersbourg veut mettre fin à la domination ottomane en Europe, pour la remplacer par la sienne. Pour cela, et depuis le 18e déjà, sa diplomatie tente d'utiliser l'aspiration des Grecs à la liberté, en s'appuyant aussi sur la parenté religieuse avec ces derniers. La guerre de Crimée (1853-1856), au cours de laquelle la Grèce est empêchée d'intervenir aux côtés de la Russie par une occupation militaire préventive anglo-française, mais où de nombreux volontaires grecs vont se battre aux côtés des Russes, est à ce titre significative. En fait, l'alliance russe se base pour beaucoup de Grecs sur des critères sentimentaux et religieux. Elle ne peut toutefois contribuer en quoi que ce soit au développement ou même au simple financement du pays, dans la mesure où l'empire des Tsars n'est pas une grande puissance industrielle ou financière. Si elle constitue un leurre pour une partie de l'opinion et des dirigeants grecs, elle n'a pas les moyens de concurrencer la prépondérance économique anglo-française. A ce titre, et même s'il repose principalement sur d'autres raisons, le changement dynastique de 1863 est symbolique d'un « ancrage » occidental de la Grèce… En effet, Othon n'était pas insensible à l'influence et aux propositions de la Russie. Georges 1er va certes épouser la grande duchesse Olga Constantinovna, petite fille du Tsar Nicolas 1er, mais la dynastie Glücksbourg se rattache plutôt aux intérêts britanniques. Durant le dernier tiers du 19e, la Russie se tourne ainsi vers le panslavisme et les nationalismes serbe et bulgare émergents.

Il existe des exceptions au parasitisme et à la léthargie des notables et des politiciens, dont la figure principale est Charilaos Trikoupis, homme d'Etat de tendance libérale et moderniste, plusieurs fois premier ministre entre 1875 et 1895. Né en 1832, il ne fait pas partie des vétérans de la Guerre d'indépendance. Fils de l'ambassadeur grec à Londres, il devient lui-même secrétaire d'ambassade puis chargé d'affaires en Grande-Bretagne en 1862-64. A ce titre, il participe activement aux pourparlers autour du changement de dynastie durant 1863. Après avoir quitté la diplomatie, il se lance en politique et mène une opposition féroce à l'état de fait et aux pratiques en place. Il va même jusqu' à mettre en cause Georges 1er comme « complice » de la corruption du régime et de l'Etat, ce qui lui vaut un séjour en prison en 1874. Son parti remporte toutefois les élections de 1875, et le roi le charge de former le gouvernement. Jusqu'en 1895, il dirigera le pays par intermittence selon les résultats électoraux, sur une durée totale de 10 ans.

Trikoupis groupe autour de lui des hommes et un courant d'idées progressistes, et tente de construire un Etat véritable et surtout viable. Des réformes administratives sont entreprises, notamment destinées à lutter contre la corruption, et les services publics ainsi que l'éducation sont développés. Des mœurs parlementaires plus saines sont introduites et encouragées, notamment l'obligation pour le souverain de choisir comme premier ministre le chef d'une majorité politique déclarée, et non plus selon ses affinités personnelles. Les finances et l'armée sont réorganisées, et une marine de guerre crédible voit le jour. Les voies de communication sont développées par de grands travaux (ponts, routes, chemins de fer, Canal de Corinthe), et on assiste à quelques modestes tentatives d'implantations industrielles ainsi qu'à l'application d'un timide projet de réforme agraire… Certaines réalisations sont ainsi menées à bien à la fin du 19e, et font quelque peu évoluer la société. D'autre part, la diplomatie grecque remporte un succès important au Congrès de Berlin en 1879, soit le rattachement de la Thessalie. Cet agrandissement, obtenu de manière pacifique, offre au pays une région agricole non négligeable, bien qu'encore handicapée par le système latifundiaire.

Toutefois, et sur un plan global, les projets de modernisation de Trikoupis échouent momentanément, car ils se heurtent à des obstacles de taille:

- L'opposition et l'obstruction de la majorité de la classe politique (y compris au sein de son propre parti) et de l'administration, qui craignent pour leurs intérêts matériels à court terme. Le roi de son côté, s'il est conscient de la nécessité de certains changements, ne veut céder aucune parcelle de ses prérogatives et ne bouge pas le petit doigt en faveur du premier ministre.

- Le manque de moyens pour la réalisation de ces projets, dans la mesure aussi où les détournements et les gaspillages continuent, véritable pillage des ressources et crédits du pays. Le recours permanent à de nouveaux emprunts aboutira au surendettement et à une faillite déclarée de l'Etat en 1892.

- La perte du soutien des électeurs, notamment des classes populaires, qui souffrent des augmentations de taxes et des impôts indirects imposés par les difficultés financières croissantes.

La dette publique extérieure, déjà surchargée, augmente de manière démesurée entre 1875 et 1890, hors de proportion avec les modestes moyens dont dispose l'Etat pour faire face à ses obligations. Les investissements productifs effectués par l'administration Trikoupis viennent approfondir le gouffre existant des rentes, détournements et distributions diverses qui sévissent depuis l'indépendance. Entre 1885 et 1892, le service de la dette atteint un total annuel moyen de 455 millions de Francs-or, représentant près du 50% du budget national. Pour assurer le paiement des intérêts et des arriérés, le gouvernement est obligé de contracter de nouveaux emprunts: ainsi en 1890, on négocie avec des banques françaises un prêt de 6,5 millions de Francs-or qui ne servira qu'à compléter le paiement des intérêts et arriérés envers la Grande-Bretagne… Cette dernière est le principal créancier de la Grèce avec une part d'environ 35% du total de sa dette. La drachme perd continuellement de sa valeur, et le déficit budgétaire devient incontrôlable. Afin de mieux gérer les finances de l'Etat, mais aussi trouver de nouveaux revenus qui pourront être affectés au service de la dette, les milieux bancaires grecs et étrangers proposent en 1889 la création d'une banque centrale mixte, avec la participation de l'Etat et des banques créancières étrangères, chargée de la gestion et du service de la dette, comparable à la Banque ottomane qui remplit cette fonction dans l'empire turc. Devant un Parlement hostile à ce qu'il considère comme une atteinte à la souveraineté du pays, le gouvernement tente de s'en sortir par de nouveaux emprunts, transformant ainsi définitivement les problèmes financiers en cercle vicieux[1]. L'instabilité gouvernementale (les ministères se succèdent alors tous les 6 mois) n'arrange pas la situation. Finalement, on n'arrive pas à éviter une proclamation officielle de faillite de l'Etat grec, faite au début de 1893 par Trikoupis, juste avant son départ définitif du pouvoir. Les années qui suivent seront une période difficile de négociations avec les banques et les gouvernements étrangers.

[1] Voir à ce sujet: COLLECTIF, « Histoire de la Nation hellénique » T.13, op.cit

5. Les nouvelles classes sociales. La guerre de 1897.

L'évolution économique catastrophique ainsi que certains événements en politique étrangère semblent démontrer que les notables traditionnels et la classe politique sont incapables de gérer correctement les affaires du pays. Les affaires de Crète et de Macédoine entre 1860 et 1908, la faillite financière de 1893, ainsi que la défaite militaire contre l'Empire ottoman en 1897 en sont les exemples les plus frappants. Le sous-développement de l'économie, l'inefficacité et la corruption de l'administration, et les difficiles questions de l'agrandissement du territoire national et de la réunion de la majorité des Grecs en un seul Etat, sont des problèmes qui dépassent de loin la mentalité de la plupart des dirigeants. L'incapacité, les renoncements successifs et les indélicatesses des notables et des politiciens ont pour conséquences une accumulation de frustrations et une évolution radicale et nationaliste d'une grande partie de l'opinion ainsi que des militaires. La base sociale de ce mouvement est une nouvelle bourgeoisie, qui se forme progressivement à partir de l'indépendance. Elle se compose d'intellectuels, d'enseignants, de cadres administratifs et d'officiers. Un certain nombre de jeunes notables, des commerçants et des industriels sont également gagnés par les idées radicales. Un sérieux appoint est apporté dès 1863 par l'adjonction des Iles Ioniennes, qui n'ont jamais connu la domination ottomane et l'influence orientale, et dont la classe aisée s'apparente au dynamisme des bourgeoisies d'Europe Occidentale. A Athènes et dans les villes apparaît également une petite bourgeoisie dont l'influence, proche de cette « bourgeoisie nationale », se fait progressivement sentir sur la scène politique. La population citadine passe de 8% en 1853 à 29% en 1907. Le modeste démarrage industriel ainsi que les premiers transports et services publics amènent enfin la formation d'un embryon de classe ouvrière. Des syndicats et quelques groupes socialistes commencent à se manifester dans la vie sociale et politique à partir des années 1880.

Les éléments progressistes se rassemblent autour de Trikoupis et de ses projets de modernisation. La chute de celui-ci en 1893 marque donc aussi un premier échec pour la nouvelle bourgeoisie à prendre le relais et tenter de créer un Etat moderne. Les classes populaires qui avaient suivi le mouvement reviennent au conservatisme: les ouvriers et davantage encore les paysans ont en effet souffert des augmentations de taxes et d'impôts imposées par les difficultés financières croissantes. Les hésitations et l'échec de la réforme agraire détachent également la paysannerie des rénovateurs. Ces derniers perdent ainsi le soutien d'une majorité de la population.

Après le retour des conservateurs au pouvoir en 1893, les problèmes s'accentuent. Le commerce extérieur stagne, et la manne des prêts étrangers et de la redistribution est tarie depuis la faillite. Le niveau de vie de la population baisse, aggravant le mécontentement des classes populaires et de la petite bourgeoisie. Les premiers Jeux Olympiques modernes, ressuscités par Pierre de Coubertin et qui se tiennent à Athènes en 1896 ne suffisent pas à redorer le blason terni de la Grèce…

Aux problèmes intérieurs font écho les pressions des pays créanciers qui demandent un contrôle international des finances helléniques et la reprise des paiements du service de la dette. De graves questions de politique étrangère, soit les affaires de Macédoine et de Crète, viennent envenimer la situation. Le gouvernement choisit d'y faire face par le nationalisme et une politique aventuriste. L'opinion survoltée canalise son mécontentement par le bellicisme. En dépit d'une infériorité et d'une impréparation militaires évidentes, une guerre éclate avec l'Empire ottoman en 1897. Il ne faut que quelques semaines à l'armée turque, réorganisée et entraînée par des officiers allemands, pour bousculer des troupes grecques sous-équipées et mal entraînées… La défaite est sans conséquences territoriales, mais une forte indemnité devra être versée à la Turquie. L'Angleterre, la France et l'Allemagne sont intervenues en médiatrices, et imposent dans la foulée aux Grecs le contrôle international de leurs finances… Une Commission financière Internationale (CFI) composée de représentants britanniques, français, allemands, italiens et autrichiens siègera désormais à Athènes. Elle est chargée du contrôle du budget de l'Etat, et détermine les revenus affectés au service de la dette, dont elle dispose. Tout achat et dépense publics, ainsi que l'émission de monnaie sont soumis à son veto…

Sur le plan social, les difficultés de la fin du 19e provoquent une importante émigration, essentiellement vers les Etats-Unis. Entre 1890 et 1910, 350'000 personnes soit près du 14% de la population vont quitter la Grèce et constituer le début d'une nouvelle diaspora encore florissante de nos jours. Parmi elles, de nombreux ouvriers agricoles du Péloponnèse, victimes de la crise qui affecte l'exportation du raisin de Corinthe au tournant du siècle. Le nombre des départs diminue après 1910, mais la Grèce reste un pays d'émigration jusqu'au début des années 1970.

6. La Question macédonienne

Durant la guerre d'indépendance, les différences ethniques ne semblent pas avoir posé de problèmes insurmontables dans les régions qui forment le nouvel Etat. Les populations arvanites, valaques, levantines et autres, avaient ou ont facilement acquis une conscience hellène, et lutté tant bien que mal ensemble contre la domination ottomane et pour l'indépendance de la Grèce. Des difficultés sont apparues par la suite, mais ces ethnies ont coexisté et se sont peu à peu fondues, de gré ou de force, dans le moule national grec.

Il en va différemment dans la région de Macédoine, dans laquelle le sentiment national grec va rapidement se heurter à ses pendants slaves, et notamment bulgare, qui prennent appui à partir de 1865 sur la Russie, ainsi que sur leur autonomie religieuse arrachée au patriarcat de Constantinople, affaibli après l'indépendance grecque.

Durant la seconde moitié du 19e, la Macédoine constitue encore une province ottomane et la pomme de discorde des nationalismes balkaniques. La région est à l'époque la plus riche des Balkans, avec de grandes plaines agricoles, des ports (Thessalonique, Kavalla), ainsi que des installations industrielles (textile et tabac). La diversité de ses populations et les aspirations contradictoires qui en résultent entraînent des luttes acharnées entre les diplomaties et les propagandes des nations grecque, bulgare et serbe, et de nombreux affrontements entre habitants des diverses ethnies. Des groupes armés, souvent terroristes, viennent également depuis chaque pays appuyer leurs compatriotes. Chaque nation avance naturellement les meilleurs arguments historiques et démographiques pour revendiquer la possession de l'ensemble de la région. A la même époque, un acteur « extérieur » a également des visées économiques et stratégiques - sinon territoriales – sur la Macédoine: l'Empire austro-hongrois, évincé d'Italie, qui remplacerait volontiers ses pertes par de nouveaux débouchés sur l'Egée et la Méditerranée orientale. Par extension, les ambitions de Vienne impliquent également les autres puissances: la Russie, soucieuse du contrôle des Détroits et protectrice des Slaves méridionaux, l'Angleterre qui tient à garder intact son contrôle entre Malte et Suez, ainsi que, plus tard, l'Allemagne et la France.

Le Royaume antique de Macédoine est à l'origine du nom de l'entité géographique qui, au 19e siècle dépasse de loin vers le Nord les limites du territoire sur lequel ont régné Philippe II et Alexandre. Administrativement, la région comprend 3 districts ou « vilayets », Thessalonique, Monastir (Bitola), et Skopje. L'adjonction de ce dernier à l'ensemble macédonien semble d'ailleurs abusif des points de vue historique et humain, et se base en fait sur l'arbitraire de la subdivision administrative turque du 17e , qui a

« collé » ensemble les cours supérieur et inférieur de l'Axios (Vardar) aux populations pourtant dissemblables[1].

Du point de vue humain, la Macédoine du 19e est on ne peut plus diversement peuplée. Carrefour méridional des Balkans, elle a été le passage obligé de toutes les invasions depuis l'Antiquité. A l'élément d'origine, macédonien largement hellénisé, viennent s'ajouter des Romains puis de nombreux Slaves de tribus bulgares durant le haut Moyen - âge. Des Grecs y viennent à nouveau sous l'Empire byzantin, puis des Serbes au 14e siècle, sans compter les Francs ou Normands « de passage »... L'ensemble est occupé par les Turcs avant même la prise de Constantinople, qui y pratiqueront la colonisation en y installant quelques tribus anatoliennes et albanaises. Enfin, des Juifs chassés d'Espagne aux 15e et 16e sont accueillis avec bienveillance par les Sultans et installés principalement à Thessalonique. Les Valaques y sont également présents et même mobiles, au rythme de leurs migrations saisonnières... La répartition géographique de ces populations ne correspond pas à des territoires clairement définis, 5 villages voisins peuvent être chacun d'ethnie dominante différente, mais on peut dire que les Grecs prévalent dans le Sud, en Chalcidique et dans les villes, les Bulgares dans les parties Nord-Est et Nord-Ouest, et les Serbes dans la vallée du Vardar. Du point de vue numérique, l'imprécision et la partialité des divers recensements pratiqués au 19e rendent ceux-ci difficiles à interpréter: par recoupements, on peut toutefois estimer que la population grecque compte environ 500'000 personnes, celle d'origine slave (Bulgares et Serbes) entre 700 et 800'000, alors que les musulmans (Albanais et Turcs) avoisinent les 400'000. Les Valaques sont entre 100 et 150'000 (beaucoup d'entre eux sont recensés comme « Grecs »), et la communauté juive de Thessalonique compte quant à elle près de 60'000 personnes. La population totale de la province avoisine les 2 millions[2].

Les musulmans mis à part, l'appartenance à chaque communauté est d'ailleurs plus culturelle et religieuse qu'à proprement parler ethnique. Un enfant de famille bulgare vivant et allant à l'école dans un village grec sera « grec » et vice-versa. Avant la décennie 1860-1870 qui voit l'éclosion du nationalisme bulgare et la création d'une église autonome, la grande majorité des Chrétiens était d'ailleurs qualifiée de « grecque »... Les communautés ethniques chrétiennes étaient relativement ouvertes. Les pressions et persécutions périodiques exercées successivement par les Turcs sur chaque

[1] Voir à ce sujet : DRIAULT, E. « La Question d'Orient depuis ses origines jusqu'à la Grande guerre », op.cit.
[2] Voir à ce sujet : COLLECTIF, « Histoire de la Nation hellénique » T. 13, op.cit, et DRIAULT, E. « Histoire de la Question d'Orient depuis ses origines jusqu'à la Grande guerre », op.cit

communauté favorisaient cette ouverture: des villages bulgares ou serbes pouvaient ainsi devenir grecs et inversement, pour échapper aux massacres du moment. Toutefois, les rivalités nationales ont, dans le dernier quart du 19e siècle, délimité et fermé chaque communauté.

Une controverse est enfin apparue après 1945, quant à l'appartenance ethnique d'une partie de la population macédonienne d'origine slave, que nous qualifions de « bulgare » ci-dessus et qui, depuis 1945 mais surtout 1992 et l'indépendance de l'ancienne République yougoslave de Macédoine, s'est appelée « macédonienne ». Nous reviendrons sur ce problème au chapitre VI du présent ouvrage. Pour ce qui concerne toutefois la «question macédonienne » jusqu'en 1945, nous retenons cette communauté comme « bulgare » ou « slavo-macédonienne », dans la mesure où elle ne constitue pas la seule communauté ethnique de Macédoine, et qu'elle-même et la plupart de ses dirigeants se réclament de la nation bulgare.

Durant la Guerre d'indépendance, la Macédoine reste quelque peu en marge des événements. La diversité des populations, le refus des slaves de prendre part à la révolte, mais aussi la présence de nombreux colons musulmans font pencher la balance en faveur des Ottomans. Pour ces derniers, la région a également une grande importance économique et stratégique, et il est certain qu'ils y maintiennent des forces et garnisons différentes de celles du Parnasse ou du Péloponnèse. Cependant, une agitation constante de la population chrétienne subsiste entre 1830 et 1878, tant du côté grec que bulgare. Les coups de main contre l' « occupant » alternent avec les représailles de celui-ci sur les populations. Entre 1830 et 1860, la Grèce, unique pays indépendant à disposer de structures éducatives et universitaires dans la région, forme des intellectuels macédoniens, grecs ou slaves. Il est intéressant de noter que jusque dans les années 1850, un certain nombre de résistants et d'intellectuels bulgares reçoivent leur formation à l'Université d'Athènes, avant de retourner se battre ou enseigner dans leur région. Une partie d'entre eux reste fidèle à la Grèce, d'autres adhèrent naturellement au mouvement nationaliste bulgare après son apparition. Un effort éducatif et culturel est donc accompli, mais qui reste limité, car à la seule charge d'associations privées ou de l'Eglise: faute de moyens, l'Etat grec perd peut-être là l'opportunité d'assimiler davantage de populations macédoniennes slavophones.

Le mouvement nationaliste naît en Bulgarie de manière formulée, relativement tard, dans la seconde moitié du 19e. Après de longues dissensions, l'Eglise orthodoxe bulgare devient indépendante du Patriarcat de Constantinople en 1870, ce qui rompt les liens, notamment éducatifs, de la population slave avec l'hellénisme. En 1876, les Bulgares se soulèvent contre les Ottomans, ce qui donne lieu une année plus tard à un conflit russo-turc qui voit les armées du Tsar déferler vers la Mer Egée. Le Traité mort-né de San Stefano met fin à cette guerre en 1878, et attribue la quasi-totalité de la Macédoine à une Principauté bulgare autonome, allant de l'Adriatique à la Mer Noire, mais pratiquement vassale de la Russie. Cette situation n'est pas acceptable pour les autres puissances et, quelques semaines plus tard, le Congrès de Berlin limite très sérieusement l'hypertrophie du nouvel Etat. La Macédoine est remise sous administration ottomane, et la Grèce y gagne la Thessalie sans coup férir... Jusqu'en 1945, la frustration de San Stefano va désormais alimenter la politique étrangère de Sofia. Des groupes armés entraînés et commandés par des officiers bulgares, notamment le célèbre ORIM, s'attaquent aux Turcs, mais aussi aux Serbes et aux Grecs. De leur côté ces derniers organisent également de manière plus intensive des mouvements de résistance face aux Turcs mais aussi aux prétentions bulgares, notamment par l'envoi d'officiers. De part et d'autre, les combattants précèdent des instituteurs et des popes. La lutte armée s'accompagne de guerres religieuses et scolaires. Une intense propagande sur les « cruautés ottomanes », est servie aux opinions occidentales, couvrant les nationalismes et surtout les volontés hégémoniques extrêmes. Les horreurs sont souvent réelles, mais ne sont pas l'apanage d'un seul belligérant. Aux actions contre les Turcs succèdent les représailles de ces derniers, elles-mêmes suivies de heurts et d'actions terroristes entre partisans grecs et « comitadjis » bulgares... Une insurrection, suivie d'une véritable guerre tripartite éclate en 1903 dans la région de Monastir (actuellement Bitola, en République de Macédoine), connue sous le nom d'Ilinden (jour de St. Elie): elle cause plus de 10'000 morts et la destruction de 200 villages...

Mieux organisées, s'appuyant sur une population paysanne plus fruste qui a de ce fait beaucoup moins à perdre que les marchands et citadins grecs, les Comitadjis bulgares prennent peu à peu le dessus en Macédoine, où les positions de Sofia semblent dominantes à partir de 1903. La Grèce, affaiblie par sa défaite de 1897 et également sollicitée à l'époque sur le « front » crétois, limite ses efforts à consolider ses positions dans les villes et la partie méridionale de la région. Cette délimitation de « zones d'influence » contribue à apaiser momentanément la rivalité gréco-bulgare. Elle prépare en outre le terrain à une entente entre les deux pays qui se réalisera brièvement une dizaine d'années plus tard, lors de la Première Guerre balkanique.[1]

[1] Voir à ce sujet: DRIAULT, E. « La Question d'Orient depuis ses origines jusqu'à la Grande guerre », op.cit.

7. L'affaire de Crète.

La Crète compte au milieu du 19e plus de 150'000 habitants. Elle participe activement, de même que beaucoup d'îles de l'Egée, à la Guerre de libération de 1821-27. En 1826, elle est reconquise par les Egyptiens d'Ibrahim Pacha, venus au secours des Turcs. En 1840, elle est rétrocédée au Sultan. Comme d'autres régions, l'Ile connaît des problèmes de minorités: au 19e, un quart des habitants sont musulmans, par colonisation ou conversion forcée. Les meilleures terres et exploitations agricoles appartiennent en majeure partie aux colons turcs.

Durant le 19e, les Crétois sont en révolte presque continuelle contre les occupants: des émeutes suivies de représailles ont ainsi lieu en 1841, 1858, et 1866-67. Lors des deux premiers soulèvements, la Grèce n'a pas les moyens d'apporter une aide substantielle aux insurgés. En 1866, les événements prennent davantage d'ampleur: de violents combats entre Chrétiens et Musulmans appuyés par des troupes turques suivent une proclamation d' « Enosis » (union) avec Athènes votée par une assemblée crétoise. Des volontaires et une aide matérielle arrivent du continent, ainsi que d'Europe occidentale et des Etats-Unis, où se créent à nouveau des comités philhellènes. Le gouvernement grec ne se risque toutefois pas à entrer en guerre contre l'Empire ottoman, car il serait isolé et aurait les puissances, dont les flottes bloquent l'île, contre lui. La Crète se retrouve livrée aux exactions d'une armée turque sous les ordres d'Omar Pacha. Une fois la résistance noyée dans le sang (près de 5000 personnes sont massacrées), la Porte consent à accorder aux Crétois une « Loi organique », pour calmer l'opinion internationale émue par les tueries. Cette loi prévoit un certain nombre de fonctionnaires grecs, ainsi que des tribunaux mixtes. Selon les habitudes ottomanes, elle ne sera jamais appliquée… Quelques années plus tard, les grandes puissances opposent une fin de non-recevoir à des délégués crétois venus au Congrès de Berlin en 1878 réclamer une fois encore le rattachement de l'île à la Grèce.

L'agitation reprend à partir de 1888, et en 1895 le Sultan Abdulhamid II finit par nommer un gouverneur chrétien. Il s'agit en fait d'un calcul, car cette nomination provoque la colère des colons turcs, qui attaquent les Grecs. Ceux-ci résistent, et fournissent ainsi le prétexte à une nouvelle intervention militaire turque qui remet en place un gouverneur musulman.
Entre-temps, une « Société Nationale » créée en 1895 à Athènes envoie des armes aux Crétois, ainsi que des volontaires. L'île se soulève et vote à nouveau l'Enosis en 1896. Cette fois-ci, le gouvernement grec y envoie un corps expéditionnaire de 1500 hommes, en principe pour protéger la population. Simultanément, les Britanniques débarquent également des

troupes qui s'interposent entre adversaires, tout en empêchant les Grecs de se rendre maîtres des villes. Les relations gréco-turques, déjà tendues par la question macédonienne ne résistent pas à ces événements et la guerre éclate en avril 1897. Comme nous l'avons vu, elle sera un échec pour la Grèce sur le continent. Pour la Crète, ces événements seront pourtant un pas supplémentaire vers la liberté. Suite à des pressions de l'Angleterre, les troupes turques s'en vont en 1898. L'île acquiert un statut d'autonomie au sein de l'Empire, avec son gouvernement propre, présidé par un Haut-commissaire nommé par les puissances en la personne du prince Georges, second fils de Georges 1er.

Cette situation ne satisfait pas les Crétois, qui aspirent à une union définitive avec la Grèce. Les Musulmans s'agitent également, dans l'espoir que le désordre provoquera une nouvelle intervention ottomane qui mettra fin à l'autonomie. Le prince Georges, pris entre les aspirations nationales de son pays renforcées par le sentiment profond de ses nouveaux « sujets », et les obligations de sa charge, semble bien à l'époque le seul « Crétois » à croire au compromis de l'autonomie... Celle-ci ne semble pas être à l'époque une solution pour la Crète, dans la mesure où la totalité de ses habitants la rejettent. Dans les faits, il s'agit d'un compromis boiteux concocté par les gouvernements anglais, français et allemand pour « calmer » les Grecs ainsi que leurs propres opinions publiques, tout en ménageant leurs intérêts dans l'Empire ottoman.

Le Haut-commissaire, de mentalité assez autoritaire, se montre plutôt hautain vis-à-vis des insulaires, et finit par dresser tout le monde contre lui. Il démissionne en 1905, et est remplacé par A. Zaïmis, ancien premier ministre de Grèce, qui va dès lors œuvrer de manière plus conforme aux aspirations des Crétois. En octobre 1908, l'Assemblée crétoise proclame une troisième fois l'Enosis, et des députés sont envoyés siéger au Parlement d'Athènes. L'Europe se trouve alors en pleine crise bosniaque, et la révolution Jeune-Turque qui vient de se produire donne encore l'illusion d'une possibilité de règlement pacifique des problèmes balkaniques. Dans ces conditions, le gouvernement grec ne veut pas risquer une rupture, et interdit l'entrée du Parlement aux Crétois. L'autonomie sera ainsi conservée jusqu'en 1912.[1]

C'est dans ce contexte qu'émerge une figure primordiale pour la Grèce moderne. Il s'agit d'Eleuthérios Venizélos, né en 1864, qui devient avocat en Crète et participe activement aux soulèvements de 1888 et 1896. Elu à

---

[1] Voir à ce sujet: COLLECTIF, « Histoire de la Nation Hellénique » T.1, op.cit. et DRIAULT, E. « La Question d'Orient depuis ses origines jusqu'à la Grande Guerre », op.cit.

l'assemblée de la Crète autonome, il ne cesse d'y réclamer l'Enosis. Il se trouve rapidement en opposition avec le Prince Georges, dont il provoque la démission. Il devient membre du Comité exécutif (gouvernement) crétois en 1908. Homme d'Etat visionnaire dont l'envergure dépasse largement les rivages de son île, il est le principal inspirateur du mouvement national et du libéralisme hellènes, expression de la bourgeoisie moderniste dont l'ambition est alors de créer un Etat viable pour la Grèce renaissante.

8. L'Etat, l'économie et la Société au début du 20e siècle.

Après 1897, la situation de l'Etat grec prend les apparences d'une impasse. La majorité de la population et de l' « espace » hellènes sont encore sous domination turque. Les quelques régions libérées ne l'ont été que par la grâce des puissances, fruits de circonstances étrangères à la volonté et aux aspirations du pays. Sur le plan extérieur, les années 1895 à 1905 auront durement révélé à la Grèce ses faiblesses, ainsi que la réalité de sa dépendance envers l'étranger. Relatifs échecs en Macédoine et en Crète, défaite contre l'Empire ottoman en 1897 et mise sous tutelle économique la même année. Quelle meilleure illustration de ce bilan peu réjouissant que les négociations de paix qui suivent le conflit de 1897: elles ont lieu à Constantinople, et la Grèce n'y est même pas conviée. Ses intérêts sont représentés par les ambassadeurs de France et de Grande-Bretagne…

La politique économique des gouvernements depuis 1897 est basée sur une augmentation constante des taxes et impôts indirects afin de faire face aux obligations du contrôle financier international. Aucune réforme des structures de l'économie, notamment de l'agriculture, n'est entreprise. On se contente de poursuivre et achever les grands travaux d'infrastructure et de modernisation commencés lors des décennies précédentes. Les augmentations de taxes deviennent de plus en plus difficiles à supporter pour les paysans, la classe moyenne et les ouvriers. L'agitation sociale devient permanente à partir de 1905, il faut parfois faire appel à l'armée pour réprimer les soulèvements paysans. Au début de 1909, 50'000 personnes (sur une population totale de 200'000) manifestent à Athènes contre la répartition inégale des impôts et pour la création d'un système fiscal progressif basé sur le revenu.

On peut toutefois constater que la mise sous tutelle internationale contribue à un certain assainissement de la situation financière. Elle limite les détournements et les abus, et permet d'obtenir entre 1900 et 1914 toute une série d'importants crédits étrangers. Ces crédits, investis d'une manière plus productive du fait des contrôles de la CFI, permettent notamment l'achèvement des grands travaux. D'autres, servent à mettre sur pied une armée et une marine relativement importantes. Enfin, c'est durant cette période que les Etats-Unis prennent place parmi les créanciers importants de l'Etat grec: en effet, le gouvernement américain n'est pas membre de la CFI, ce qui permet aux prêts des U.S.A. d'échapper aux contrôles et limitations fixés par celle-ci… La part britannique dans la dette grecque reste cependant prépondérante avec 46% sur un total de 34 millions de £ en 1914. Les nouveaux crédits anglais servent à des travaux dans le domaine des transports publics (chemins de fer), de l'électrification ainsi qu'à l'installation d'un réseau télégraphique. Dans tous ces domaines, la gestion et l'exploitation des chantiers et des installations seront concédées à des sociétés britanniques. Sur le plan militaire, ils servent à la construction de 4 destroyers en 1910-11 dans des chantiers britanniques.

La Grèce des années 1900 – 1912 offre un bon exemple de ce qui constitue alors l'une des formes d'expansion des grands Etats occidentaux, que l'on a désignée par le terme d' « Impérialisme »: la création de zones d'influence privilégiées dans des pays économiquement plus faibles par la conclusion de contrats de réalisation d'infrastructures, de vente d'équipements, ainsi que de fournitures dans le domaine militaire. On assure d'autre part au pays acheteur les ressources financières grâce à l'octroi de prêts qui serviront à payer les travaux et les commandes. Les infrastructures ainsi réalisées seront le plus souvent gérées par des sociétés étrangères[1].

En dépit de ses immenses problèmes, on peut tout de même affirmer que la Société grecque – du moins dans sa partie urbaine qui regroupe alors environ 20% de la population – connaît un développement certain entre 1830 et le début du 20e siècle. Les Grecs étaient mal à l'aise dans le carcan oriental que leur a imposé une domination turque de près de 400 ans. Ils le sont tout autant dans le moule « classique » dans lequel leurs intellectuels et beaucoup de philhellènes étrangers les ont mis après leur libération. Durant tout le 19e, ils tentent, de manière volontaire, parfois forcée et souvent superficielle, de rattraper l'évolution sociale, politique et culturelle européenne. Celle-ci leur vient en quelque sorte en retour après avoir puisé ses origines dans la philosophie, la pensée et l'art helléniques aux époques de la Renaissance et des Lumières. Ainsi, la Grèce du début du 20e siècle s'efforce, malgré ses gros handicaps, de présenter le visage d'un pays de culture et de mentalité européennes, tout au moins dans les villes ainsi que dans les Iles Ioniennes. L'Etat est certes dirigé par une oligarchie incapable dans sa majeure partie, le clientélisme et une corruption extrêmes minent profondément le système. Mais ses structures politiques sont, sur le papier du moins, relativement

---

[1] Voir notamment à ce sujet : THOBIE, J. « Ali et les 40 voleurs… », op.cit.

avancées, et surtout fonctionnent, tant bien que mal. Durant la période 1875-1895, l'alternance fréquente de partis antagonistes au gouvernement en est une preuve. Dans le contexte contemporain, la presse, l'opinion et la littérature s'y expriment assez librement, souvent de manière critique et, le plus important, traduisent une aspiration majoritaire au développement et au progrès.

Les années 1900 à 1910 sont donc une époque charnière pour l'Etat et la Société grecs. On semble d'une part en être arrivé à divers points de rupture que les dirigeants sont incapables de surmonter, donc à une nécessité urgente de réformes, voire d'une transformation. Mais ces dernières ne peuvent qu'aller de pair avec une expansion territoriale et la réunion d'une majorité de ce qui constitue la « Nation grecque » en un seul Etat. En effet, la Grèce de 1830, même avec l'adjonction des Iles Ioniennes et de la Thessalie, n'est pas un pays viable.

9. Les Rapports de forces internationaux. La Révolution militaire de 1909.

Nous avons examiné plus haut les problèmes macédonien et crétois. Ceux-ci ne sont qu'une petite partie de la « Question d'Orient », qui préoccupe grandement entre 1820 et 1914 toutes les chancelleries européennes, de St. Petersbourg à Londres. Depuis le début du 19e, l'Empire ottoman se débat dans des problèmes auxquels il est incapable d'apporter une solution. Sur le plan extérieur, il est confronté aux visées de la Russie sur les Balkans, le Caucase et les Détroits, ainsi qu'à celles, certes plus discrètes, de l'Autriche-Hongrie sur la Bosnie et la Macédoine. A l'intérieur, il perd de droit ses territoires en Grèce méridionale en 1828, ainsi que de fait, au long du 19e, la Serbie, l'Egypte, la Roumanie et la Bulgarie. Au surplus, et malgré certaines bonnes volontés et tentatives, il est incapable de se réformer pour devenir un Etat moderne, que ce soit sur le plan administratif ou institutionnel. Grand Etat impérial de Méditerranée orientale jusqu'au 18e, il semble tôt ou tard voué à la disparition. La question est de savoir qui va remplacer le pôle de stabilité qu'il constituait.

En leur état au 19e, les nations balkaniques rivales donnent plutôt l'image de pôles d'instabilité et de désordre que celle de pays « sérieux », aptes à assurer ensemble ou séparément l'équilibre régional. La Russie pourrait naturellement les faire bénéficier de son protectorat, comme elle l'a fait pour la « Grande Bulgarie » de San Stefano en 1878, ce qui lui permettrait de contrôler les Balkans et les Détroits. Nous avons cependant constaté que cette éventualité s'est avérée inacceptable pour les autres puissances, en particulier la Grande-Bretagne et l'Autriche-Hongrie. Ainsi, la « menace russe », en plus des intérêts économiques occidentaux dans l'Empire Turc, donnent à ce dernier un important sursis, garanti tout d'abord par la France et l'Angleterre jusqu'au début du 20e siècle, puis également par l'Allemagne dès la fin du 19e. Il s'agit de garantir le marché et le débiteur important qu'il représente et, d'autre part, la préservation de leurs positions ou visées stratégiques: l'Egypte et le Canal de Suez ainsi que Chypre pour les Anglais, le Levant et aussi Suez pour les Français, enfin l'Asie Mineure et l'Irak pour ce qui concerne les projets allemands, ainsi que la Macédoine et Thessalonique pour les Autrichiens. Quant aux Détroits, la faiblesse ottomane garantit qu'ils resteront toujours ouverts, mais la flotte russe ne peut les utiliser à son gré...

Dans cet ensemble des plus complexes, la Grèce et ses aspirations, souvent mises en avant de manière précipitée et incohérente, apparaît comme un gêneur inopportun et, qui plus est, maladroit. Sa volonté de survie lui attire beaucoup de sympathies durant le 19e, mais ses attitudes et ses actions peuvent décevoir et irriter. Aux yeux des Occidentaux, la « correction » qu'elle reçoit en 1897 semble donc « méritée »[1]. L'utopie de la « Grande Idée », était confortable parce qu'irréalisable. Après avoir bercé 2 ou 3 générations entre 1821 et 1900, elle doit par la force des choses céder la place au réalisme, celui d'une Grèce non plus « rêvée » mais « possible », qui se fera en coopération avec les autres Etats des Balkans.

Sur le plan international, l'Allemagne est officiellement alliée de l'Empire Ottoman où elle a de gros intérêts économiques. Des généraux allemands forment l'armée du sultan depuis la fin du 19e. La France est plutôt en faveur d'un maintien de l'Empire, mais son attitude peut varier selon les gouvernements en place: Clemenceau puis Briand (1906-1911) sont plus sensibles aux aspirations des Etats balkaniques, alors que les positions de Poincaré sont proches de la Turquie. L'attitude de la Grande – Bretagne, plus détachée des changements de cabinet que celle de son voisin d'outre-manche, connaît quant à elle une certaine évolution jusqu'en 1910-11. L'influence allemande croissante en Méditerranée orientale et au Moyen - Orient devient un sujet d'inquiétude pour les dirigeants anglais, dépassant l'hypothétique menace que représenterait la Russie, fort affaiblie par sa défaite contre le Japon et la révolution durant 1905. Un démembrement final de ce qui reste de la puissance ottomane leur semble à terme inéluctable, sous la pression des nationalismes, y compris d'ailleurs le nationalisme turc qui commence à apparaître derrière le mouvement Jeune-Turc. Considérant

[1] Voir à ce sujet: DRIAULT, E : « La question d'Orient depuis ses origines jusqu'à la Grande guerre », op. cit.

qu'il vaut mieux contrôler que subir l'explosion à venir, les Britanniques ont besoin d'un allié et d'un relais stable et relativement fort pour leurs intérêts dans la région. Le candidat à ce poste ne peut être que la Grèce, pour 3 raisons principales:

- De forts intérêts financiers anglais y sont engagés, plus que partout ailleurs dans les Balkans.

- Les structures sociales helléniques sont plus avancées qu'en Serbie, Roumanie ou Bulgarie, et une évolution de la Grèce vers une société bourgeoise de type occidental ne rencontrerait pas de problèmes insupportables.

- Les nations balkaniques slaves sont soutenues par la Russie, ainsi qu'en partie par l'Allemagne (Bulgarie).

La pénétration économique occidentale et la création de « zones d'influence » dans les pays des Balkans donne un certain poids à leurs aspirations et leurs arguments auprès des chancelleries. Les emprunts servent également à acheter des armes, britanniques et françaises pour les Grecs, russes et françaises pour les Serbes, allemandes et russes pour les Bulgares. Les liens dynastiques jouent également un rôle: Georges 1er jouit du crédit britannique, son fils le prince héritier Constantin fait des études militaires en Allemagne et épouse la sœur de Guillaume II. Le Tsar Ferdinand de Bulgarie est un Saxe-Cobourg. Pierre 1er de Serbie a longtemps été officier de l'armée française...

Ainsi, dans la première décennie du 20e siècle, les conditions d'une transformation et d'une expansion de l'Etat grec deviennent peu à peu plus favorables, tant sur le plan intérieur qu'extérieur. Les instruments de cette transformation seront la « bourgeoisie nationale », dont l'expression politique est le nouveau Parti libéral fondé en 1909, ainsi qu'une fraction de l'armée, formée d'officiers ouverts aux idées de progrès et de modernisme.

Après 1905, l'agitation sociale et politique devient de plus en plus forte, et les problèmes extérieurs (notamment celui de la Crète) se posent avec toujours davantage d'acuité. L'instabilité des gouvernements et leur manque d'initiative ne leur permet de prendre aucune décision suivie d'effet. Le roi, conscient semble-t-il des impasses dans lesquelles se trouve le pays, ne veut pourtant prendre la responsabilité d'initier des réformes: il craint de perdre le soutien du monde politique conservateur, qui est le plus fidèle à la couronne.

Le 15 août 1909, se produit un coup d'Etat militaire, mené par une ligue d'officiers en collaboration avec un groupe de jeunes politiciens libéraux. Georges 1er, voyant que l'armée, seule force organisée du pays, suit le mouvement, accepte le coup de force qui suspend le gouvernement en place. La population d'Athènes, et même les organisations syndicales, font bon accueil au mouvement. Les exigences de la « Ligue militaire et politique » qui prend le pouvoir sont simples: une nouvelle Constitution, qui limite quelque peu les pouvoirs royaux et institutionnalise les réformes politiques de Trikoupis, l'assainissement de la vie politique et parlementaire, une purge de l'appareil administratif, et une réorganisation de l'armée. Venizélos est appelé de Crète, et prend la tête du Parti libéral, qui remporte triomphalement les élections au début de 1910. Le nouveau gouvernement peut enfin s'engager sur la voie d'une profonde transformation de la société grecque.

La « révolution militaire » de 1909 est un rare exemple de coup d'Etat dont les auteurs directs ne retirent pas de bénéfice politique personnel, et ce volontairement. Les officiers putschistes rentrent dans le rang, leur chef, le colonel Zorbas (!) prend sa retraite en 1911, et ne fait plus parler de lui. Tout laisse donc à penser que les politiciens libéraux soient les commanditaires du coup de force, même s'il n'existe pas de preuve formelle, et que l'historiographie grecque reste laconique sur le sujet… 1909 ne constitue donc pas un « putsch » au sens classique du terme comme les nombreux autres que connaîtra la Grèce par la suite, mais tient plutôt lieu de « Révolution bourgeoise ». Cette dernière qui se fait cependant dans les formes. La monarchie est maintenue, et le nouveau régime réprime certaines « manifestations d'impatience », notamment de la part des paysans, dans les mois qui suivent le coup d'Etat.

En fait, on peut souligner dans la nouvelle situation 3 aspects principaux et complémentaires: en premier, une volonté de modernisation de la société grecque, et la création de conditions favorables au développement d'un capitalisme local et d'une société bourgeoise de type occidental. En second, il s'agit de poursuivre et achever la libération des territoires et populations grecs encore sous domination ottomane. Ces deux objectifs atteints, on pourra mettre un terme au régime de dépendance vis-à-vis de l'étranger dans lequel se trouve la Grèce depuis sa naissance.

Or, comme on pourra le remarquer dans les années 1920, période de l'industrialisation de l'économie grecque dont 1909 constitue le prélude politique, la capitalisme grec ne se développera pas de manière autonome car il a besoin d'argent étranger: son développement va donc accroître la dépendance de la Grèce vis-à-vis de ses créanciers, en particulier de la Grande-Bretagne.

Enfin, on peut constater qu'il existe dès 1909 une concordance de fait entre les analyses et intérêts britanniques concernant la Grèce et la Méditerranée orientale et les ambitions grecques. Les nouveaux dirigeants de la Grèce sauront les mettre rapidement et efficacement à profit.

Toujours est-il qu'une fois au pouvoir, les Libéraux engagent d'importantes réformes, aux niveaux institutionnel (nouvelle constitution avec quelques limitations aux prérogatives royales), ainsi qu'administratif (développement de services publics, améliorations dans la justice et l'éducation, volonté de lutte contre la corruption). Les forces militaires sont réorganisées par une mission militaire française pour l'armée et une mission navale britannique pour la marine. Elles sont également rééquipées, avec 6 navires de guerre achetés en Angleterre et en Allemagne, et un croiseur-cuirassé, commandé depuis 1908 et livré en 1911. L'artillerie est modernisée par l'achat de canons Schneider de 75 et 155 mm, supérieurs aux pièces Krupp de 77 et 105 mm utilisés par l'armée turque. Ces matériels sont payés par des souscriptions publiques ou des dons, notamment de riches Grecs vivant à l'étranger.

Afin de désamorcer le mécontentement populaire accumulé durant la dernière décennie, et parfois quelque peu déçu par les résultats concrets de la « révolution », des réformes sociales sont également engagées. L'impôt sur le revenu est enfin introduit, une réforme agraire partielle est promulguée (elle ne sera achevée qu'en 1934). On encourage la création de coopératives agricoles par l'octroi de prêts avantageux; le mouvement ouvrier, encore embryonnaire, est cependant reconnu par l'intermédiaire de lois syndicales.

10. Les intérêts et alliances balkaniques.

Résolus à entreprendre la guerre qui achèvera la formation territoriale du pays, les nouveaux dirigeants sont toutefois conscients que la Grèce ne peut agir qu'avec la Serbie, la Bulgarie et le Monténégro.

A cet égard, il faut rappeler les objectifs des 3 « principaux » pays, en relevant sur quels points ceux-ci peuvent entraîner des conflits de partage.
La Grèce veut l'incorporation définitive de la Crète, ainsi que des îles de l' Archipel égéen, ce qu'aucun autre Etat ne lui conteste. Sur le continent, les objectifs sont la libération de l'Epire, et celle de la Macédoine du Sud-Ouest jusqu'au Strymon, ainsi que la Chalcidique et Thessalonique.

Le but des Serbes est la région de Novi-Pazar, le Kosovo, Skopje et la Macédoine septentrionale jusqu'à Monastir, ainsi que le cours supérieur de l'Axios (Vardar).

Quant aux objectifs bulgares, ils comprennent la plus grande partie possible de la Macédoine, entre Kavala, Thessalonique, Monastir et Skopje, jusqu'à l'Aliakmon, ainsi que la Thrace, entre le Nestos, Andrinople, et la rive septentrionale de la Mer de Marmara.

Un coup d'œil sur une carte (p. 219), nous montre aisément que Grecs et Serbes ont peu de probabilités de conflit mutuel. Tous deux en ont par contre beaucoup avec les Bulgares. Le partage de la Macédoine reste un point très sensible. Auprès des Bulgares et de leur Tsar Ferdinand 1er, le rêve de San Stefano est toujours présent.

Les alliances se mettent pourtant peu à peu en place. Un traité greco-serbe existe depuis 1867, qu'on ne prend même pas la peine de confirmer, tant paraît ténue la possibilité d'un litige entre Belgrade et Athènes.

Des pourparlers en vue d'une alliance serbo-bulgare débutent en 1910 sous l'égide de la Russie, soucieuse de coordonner autour d'elle la politique des pays slaves. Après de laborieuses négociations, un traité est conclu entre Belgrade et Sofia en mars 1912: il prévoit une aide militaire réciproque, ainsi qu'un partage des éventuels territoires conquis.

En mai 1911, Venizélos propose une entente au premier ministre bulgare Gueshev. Après une année de discussions, un traité secret d'alliance est signé en mai 1912. Prudemment, ce document ne prévoit aucune clause de partage territorial. L'idée même d'un traité entre les deux pays est si controversée auprès des opinions grecque et bulgare, qu'on garde celui-ci secret, même si presque tout le monde est au courant. S'il contenait en plus des clauses de concessions mutuelles, celles-ci seraient considérées comme de la trahison. Des conventions militaires entre la Grèce et le Monténégro d'une part, ce dernier et la Bulgarie de l'autre complètent l'ensemble.

Ce réseau d'accords représente moins une véritable coalition qu'une convergence momentanée d'intérêts dont la dénominateur commun est la fin de l'occupation turque dans les Balkans. En prenant leurs intérêts en mains, Grecs Serbes et Bulgares se rendent compte que ceux-ci sont infiniment compliqués: aux problèmes ethniques s'ajoutent des questions économiques (la possession des riches plaines agricoles de Macédoine et de Thrace, de l'axe ferroviaire Constantinople – Thessalonique – Skopje – Belgrade, ainsi que des ports de Thessalonique et de Kavala), et stratégiques le contrôle des débouchés maritimes de l'Europe centrale sur la Méditerranée orientale, ainsi que celui des Détroits). Et malheureusement pour les pays concernés, ces intérêts ne les concernent pas seuls, mais suscitent aussi l'inquiétude ou la convoitise des grandes puissances[1].

11. Les réactions des puissances. Les prémices de la guerre.

Prises dans les considérations de leurs propres intérêts que nous avons déjà évoqués, ces puissances sont surprises de la détermination dont font preuve les pays balkaniques, jusqu'alors plus ou moins sous tutelle ou en tous cas sous contrôle.

L'Autriche – Hongrie est la plus contrariée, car l'alliance balkanique menace ses propres visées. A partir de la Bosnie qu'elle vient d'annexer (1908), Vienne entrevoit en effet d'étendre son influence sur l'Albanie, la Macédoine centrale et le cours de l'Axios (Vardar) jusqu'à Thessalonique. Elle obtiendrait ainsi le débouché maritime qu'elle convoite. L'Allemagne soutient son alliée, bien que tièdement. Par ailleurs, elle est également l'alliée de l'Empire ottoman, dans lequel elle investit passablement, et dont elle entraîne et fournit l'armée. Toutefois, dans les deux guerres balkaniques qui vont suivre, elle fait preuve, comme nous le verrons, d'une relative réserve envers les Turcs, considérant peut-être que le maintien de leurs territoires européens ne peut être que préjudiciable.

La politique française est plutôt hésitante, conséquence peut-être de son changement de gouvernement en 1911: Aristide Briand laissait vendre des armes aux Serbes et aux Grecs, et entraînait leurs armées. Poincaré les incite à la modération, et ménage la Turquie, afin d'y préserver des intérêts économiques et financiers, ainsi que l'influence française au Levant[2].

L'Angleterre et la Russie misent pour leur part sur un retrait de l'Empire ottoman hors du continent européen. Nous avons déjà évoqué la position de Londres, que la mainmise économique allemande en Asie mineure et au Moyen – Orient inquiètent. L'affaiblissement d'un ennemi potentiel ne serait donc pas malvenu, et affermirait le protectorat anglais sur l'Egypte et Suez. St. Petersbourg voit la coalition balkanique d'un très bon œil, et verrait

---

[1] Voir à ce sujet: CASTELLAN, G. « Histoire des Balkans », op.cit. et IORGA, N. « Histoire des Etats balkaniques jusqu'en 1924», op.cit.

[2] Voir à ce sujet: THOBIE J. "Intérêts et Impérialisme français dans l'Empire ottoman (1895-1914), op.cit.

encore mieux ses protégés bulgares sur les Détroits. Cette éventualité est toutefois inacceptable pour l'Angleterre.

De toute manière, ces puissances sauront éviter que le jeu de leurs alliances ou protections les fasse intervenir directement dans les guerres de 1912-13, quitte à se jeter allègrement dans le piège suivant, durant l'été 1914...

En 1911 - 1912, un conflit éclate en Libye entre l'Empire ottoman (alors suzerain de ce pays), et l'Italie, qui veut en faire une colonie. Très localisé et n'engageant que peu de troupes, cette guerre n'en affaiblit pas moins la Turquie sur le plan moral. Remarquons également que l'Allemagne ne bouge pas le petit doigt durant ces événements, dans la mesure où tant la Turquie que l'Italie sont à l'époque ses alliés. Au passage, les Italiens interviennent brièvement en Mer Egée, où ils occupent sans coup férir Rhodes et le Dodécanèse. Ils déclarent en juillet 1912 leur occupation comme « provisoire », mais garderont ces îles jusqu'en 1943.

Durant l'été 1912, la France et l'Autriche, dans une singulière concordance de vues, font d'ultimes tentatives pour éviter la guerre. Le gouvernement Poincaré applique la méthode de la « carotte et du bâton », et met en garde les alliés contre toute modification du statu-quo régional. Ajoutant que même victorieux d'un conflit, les Etats balkaniques ne devaient pas s'attendre à ce que les puissances entérinent leurs gains territoriaux, Paris promet par contre d'amener les Turcs à de « sérieuses concessions » concernant les populations Européennes de l'Empire. On devine aisément la fraîcheur avec laquelle Athènes, Belgrade et Sofia accueillent cette initiative, transmise par les ambassadeurs d'Autriche dans chaque pays... Et de fait, elle ne contient rien de nouveau par rapport aux promesses du siècle passé. Cette ultime tentative de préserver « la paix », c'est-à-dire la domination ottomane sur des populations grecques et slaves, échoue car entre temps, comme le dit de manière caractéristique l'historien français Georges Castellan, « les Balkaniques décidèrent tous seuls »[1]...

Après avoir mobilisé, les 4 pays adressent le 18 septembre 1912 un ultimatum à Constantinople, demandant que la Macédoine, l'Epire et une partie de la Thrace leur soient remises. La Porte ne répond pas, et la tension dure encore quelques jours, jusqu'au 27 septembre, lorsque le Prince Nicolas du Monténégro déclenche les hostilités et déferle avec ses troupes sur la garnison turque de Shkodra, en Albanie du Nord. Après avoir réitéré leur demande en date du 2 octobre, la Grèce, la Serbie et la Bulgarie déclarent à leur tour la guerre les 4 et 5 octobre 1912.

---

[1] Voir à ce sujet: CASTELLAN, G. « Histoire des Balkans », op.cit.

CHAPITRE II

DES GUERRES BALKANIQUES AU TRAITE DE SEVRES : EXPANSION ET DISSENSIONS NATIONALES (1912 – 1920).

1. La Première Guerre balkanique: octobre 1912 – mai 1913.

Mobilisés dès septembre, les Grecs sont sur pied de guerre début octobre. L'armée hellène se compose du corps de Thessalie (7 divisions et 180 pièces d'artillerie), et de celui d'Epire (1 division, 24 canons, et un bataillon « garibaldien » de volontaires étrangers). En face, 6 divisions turques, dont 5 sur le front thessalien, avec 160 canons, ainsi que les garnisons et fortifications de Thessalonique et de Iannena.

L'effort principal se porte sur la Macédoine méridionale. Commandées par le fils de Georges 1er, le prince héritier Constantin, le général Danglis et le colonel Métaxas comme chef d' état-major, les troupes grecques avancent rapidement dès le 5 octobre. Après une campagne de 15 jours et 2 batailles victorieuses, elles sont le 23 octobre devant Thessalonique. Des négociations sont engagées pour la reddition des troupes ottomanes. Dans l'intervalle, un corps d'armée bulgare s'avance également sur la métropole macédonienne depuis le Nord-Est. Les Grecs investissent finalement la ville le 27 octobre, ne devançant leurs alliés que de quelques heures.

En Macédoine, l'objectif stratégique de l'armée hellène est ainsi atteint. Dans les semaines qui suivent, elle poursuit son avance vers le Nord, vers Kastoria et Florina, et effectue le 14 décembre sa jonction avec les Serbes. Ceux-ci ont libéré Skopje, le cours supérieur de l'Axios (Vardar), et Monastir (Bitola). Quant aux Bulgares, ils ont investi la Thrace, pris Andrinople, et arrivent vers l'Est à 50 km de Constantinople. Ils libèrent également Kavalla et la Macédoine orientale, jusqu'aux faubourgs de Thessalonique.

Sur le front d'Epire, l'avance des Grecs est plus lente. Ils libèrent Préveza le 4 novembre, et mettent le siège devant Iannena à la mi-décembre. La ville est défendue par un important système de fortifications. Une guerre de positions commence alors entre les deux armées, chacune renforcée par des unités venues de Macédoine. Par un hiver assez rude, de très durs combats ont lieu, épuisant les combattants de chaque camp. La capitale de l'Epire ne sera libérée qu'en février 1913, au prix de lourdes pertes. Jusque là, les troupes hellènes prennent le contrôle de toute la région, jusqu'à Tepeleni et Korytsa vers le Nord, mais s'arrêtent toutefois aux abords du port de Valona, en Albanie méridionale: Venizélos connaît l'intérêt des Italiens pour ce pays et ne permet pas d'y avancer.

Une conférence de paix commence à Londres en décembre 1912. Des armistices séparés sont ainsi conclus, puis rompus, entre belligérants durant l'hiver et au début du printemps 1912 – 1913. Les deux derniers mois d'hostilités (mars et avril 1912) ne voient pratiquement plus de combats.

Le 5 mars 1913, le roi Georges 1er est assassiné à Thessalonique par un dément, dont certaines rumeurs invérifiables, notamment dans la presse, disent qu'il aurait été manipulé par les services secrets allemands. Quoi qu'il en soit, sa mort porte sur le trône son fils Constantin 1er, qui règnera dans un style assez différent de celui de son père. Né en 1868, le nouveau souverain reçoit une formation militaire dès l'adolescence. Un de ses précepteurs est l' historien Paparrigopoulos, que nous mentionnons plus haut comme l'un des inspirateurs du nationalisme hellénique et de la « Grande Idée ». Le prénom même de Constantin est historiquement « chargé » pour les Grecs, dans la mesure où il marque une continuité avec le fondateur et le dernier empereur de Byzance. Lorsqu'il devient roi, ses partisans les plus fervents l'appelleront d'ailleurs « Constantin XII », par référence à Constantin XI Paléologue…

Il parfait sa formation d'officier à l'Académie militaire de Potsdam à partir de 1886. Il y fera la connaissance de la Sœur de Guillaume II, Sophie de Hohenzollern, qu'il épouse par amour, fait assez rare dans les familles régnantes de l'époque. Une forte amitié le lie au Kaiser, qui le fera feld-maréchal de l'armée allemande suite aux Guerres balkaniques.[1]

Constantin commande déjà les forces grecques lors de la guerre de 1897. Après la défaite, des accusations sont portées contre lui, qu'il réfute point par point dans un rapport rendu public. Il paraît certes discutable, même selon les normes de l'époque, que l'armée ait pu être confiée à un général de

[1] Voir à ce sujet : MELAS Georges, « Constantin, souvenirs de son ancien secrétaire », op.cit.

29 ans, non dépourvu de qualités, mais sans expérience au feu. Le prince héritier n'en est pas moins chargé un an plus tard de la réorganisation des forces armées. Il s'adjoint dans cette tâche quelques officiers, dont le colonel Métaxas, également formé en Allemagne, qui resteront très fidèles à sa personne par la suite. Toutefois, l'activité militaire du prince héritier prend fin à la suite du coup d'Etat de 1909. Il ne sera rappelé à la tête de l'armée qu'en 1912 par Venizélos. Ce dernier agit dans un but d'unité nationale, et désire associer la monarchie à la probable issue victorieuse du conflit à venir.

Au contraire de son père, qui garde durant son règne une certaine « froideur nordique », Constantin est un « Grec », élevé dans la religion orthodoxe et le nationalisme rêveur mais conservateur du 19e. Sa formation allemande, ainsi que l'influence certaine de sa belle-famille doivent cependant l'avoir ramené à davantage de modestie et de réalisme quant aux possibilités de son pays. Il n'épouse ainsi jamais les positions et aspirations de la « bourgeoisie nationale » et des Libéraux…

Sans être un grand stratège, il fait preuve lors des Guerres balkaniques de qualités militaires évidentes Son commandement et sa méthodologie « allemandes » ne sont toutefois pas toujours compatibles avec la formation et les tactiques « françaises », soit plus fougueuses, de la plupart de ses subordonnés. Quoi qu'il en soit, ses victoires lui valent une immense popularité dans le pays, appuyée par Venizélos, toujours soucieux d'une bonne collaboration avec la famille royale.

2. La guerre sur mer. La libération de l'Archipel.

Notre propos n'est pas l'Histoire militaire ou navale. Toutefois, les Guerres balkaniques sont assez méconnues, et méritent qu'on s'y arrête un peu sous cet angle, dans la mesure où elles constituent la « répétition générale » de la guerre de 1914-1918. Les combats terrestres ne sont plus les batailles du 19e, que ce soit par la manière d'utiliser la cavalerie, l'artillerie de différents calibres, ou les tranchées. Quant à la guerre sur mer, elle se révèle encore plus « moderne », consacrant la supériorité d'un matériel de technique récente manié par un personnel bien formé, sur le nombre et la seule puissance de feu.

Des quatre pays de l'Entente balkanique, la Grèce possède seule une marine de Guerre. Commandée par le vice-amiral Koundouriotis, elle compte en 1912 4 navires de ligne (3 anciens cuirassés construits en 1889, et un croiseur-cuirassé neuf, l'Avéroff), 10 destroyers modernes, 6 torpilleurs plus anciens, et 2 submersibles. Les équipages sont bien entraînés, et les cadres ont une formation d'assez haut niveau, conséquences des traditions maritimes du pays ainsi que de l'apport théorique de la Mission navale britannique depuis 1910. La flotte ottomane aligne de son côté 4 cuirassés construits à la fin du 19e et achetés à l'Allemagne, 2 croiseurs, et une quinzaine de destroyers et torpilleurs dont la moyenne d'âge est supérieure à celle de leurs congénères hellènes. Officiers et équipages sont nettement moins bien formés que les Grecs. La Porte accorde en effet une attention prioritaire à ses forces terrestres, équipées et entraînées par du matériel et des instructeurs allemands.

L'escadre de Koundouriotis prend la mer le 5 octobre 1912 en direction de Lemnos, qu'elle libère le 7 pour y installer sa base d'opérations. Pour l'anecdote, la puissance de feu de l'Avéroff et des 4 destroyers les plus modernes lors de cette première phase, se limite à des pétards d'exercice. Les 5 navires viennent en effet d'être incorporés à la flotte, mais sans leurs munitions qui, en route vers la Grèce, ont été bloquées en Italie au début des hostilités. Le gouvernement d'Athènes n'a alors d'autre ressource que de faire appel au trafiquant d'armes international Basil Zacharoff, qui se charge de livrer les précieux obus quelques jours plus tard… durant octobre et novembre 1912, les navires grecs partagent leurs activités entre la surveillance des Détroits, où se trouve la flotte adverse, et le transport de troupes ainsi que des bombardements de soutien à l'armée bulgare sur le front de Thrace. Pour leur tâche de surveillance, les Grecs utilisent pour la première fois de l'Histoire militaire deux hydravions qui survolent à plusieurs reprises les Dardanelles.

Le 4 décembre 1912, la flotte turque tente une sortie. Au cours d'un engagement au large du Cap Hellé, elle est repoussée et doit regagner la protection des batteries côtières de Gallipoli. Dans les semaines qui suivent, forte de l'assurance que lui donne ce premier succès, la marine grecque libère toutes les îles de l'Egée orientale, jusqu'au Dodécanèse.

Le 5 janvier 1913, la flotte turque franchit à nouveau les Dardanelles et rencontre les navires de Koundouriotis au large de Lemnos. Cette fois-ci le combat est décisif: la ligne grecque parvient d'abord à « barrer le T » sur ses adversaires, c'est-à-dire à se placer perpendiculairement à leur route, ce qui lui permet d'utiliser l'ensemble de son artillerie avec précision. Par la suite, l'Avéroff poursuit seul l'escadre ottomane qui fuit à nouveau vers les Détroits et, utilisant sa vitesse, passe alternativement d'un bord à l'autre de ses adversaires. Deux cuirassés turcs sont ainsi mis hors d'usage, et les deux autres gravement endommagés. La flotte turque ne s'en relèvera pas, et la maîtrise de l'Egée appartient désormais aux Grecs.

Cette relation de la guerre navale serait incomplète sans l'épisode du croiseur « Hamidieh », qui parvient le 30 décembre 1912 à déjouer la surveillance hellène et franchir les Dardanelles pour s'échapper vers le Sud. Précurseur des « corsaires » des prochains conflits mondiaux, le croiseur turc cause de sérieux émois à l'opinion et au gouvernement grecs, en attaquant et coulant quelques cargos dans l'Egée. Après Lemnos, Koundouriotis envoie contre lui 4 destroyers qui poursuivent le « Hamidieh » jusqu'à Beyrouth, Haifa, puis Port-Said. Après avoir franchi le Canal de Suez, le croiseur se rend au Yémen où il restera jusqu'à la fin de la guerre.

3. La Conférence et le Traité de Londres.

Les rapides victoires militaires et navales des alliés surprennent par leur ampleur, et surtout empêchent toute possibilité d'intervention ou de combinaison diplomatique pour tenter de préserver la domination ottomane sur le continent européen. De nouveaux équilibres devront dès lors être cherchés à partir de la situation née du conflit. Ceux-ci doivent toutefois sauvegarder et même développer les influences de certaines grandes puissances dans la région. Dès novembre 1912, l'effondrement des fronts amène d'autre part les Turcs à demander aux puissances leur intervention en vue d'un armistice. Celui-ci est conclu avec la Bulgarie et la Serbie le 20 novembre. A cette date, et malgré le fait que les Bulgares n'ont pas pris Andrinople, la capitale de la Thrace, les troupes des deux pays ont à peu près atteint leurs objectifs. Pour les Grecs, il restait par contre à prendre Iannena en Epire, à neutraliser la flotte turque en Egée, et à libérer les îles. Athènes ne cesse donc pas les hostilités, mais participe toutefois à la conférence mise sur pied à Londres par les grandes puissances entre représentants de ces dernières, des alliés balkaniques, et de l'Empire ottoman. Venizélos s'y rendra lui-même à plusieurs reprises afin d'appuyer la délégation hellène.

Les travaux commencent le 16 décembre 1912, à St. James Palace. Ils sont présidés par le chef du Foreign Office, Sir Edward Grey. Il apparaît d'emblée que le statu-quo territorial d'avant-guerre, dont la sauvegarde était, on s'en souvient, la préoccupation de l'Autriche et de la France, ne peut être maintenu. L'action des Balkaniques a modelé une réalité nouvelle, dont on doit tenir compte. Les revendications des alliés, fondées pour l'essentiel sur la situation militaire se résument ainsi:

1. Remise aux trois pays de l'ensemble des territoires européens de l'Empire ottoman et des îles de l'Egée orientale, à l'exception d'une zone de quelques kilomètres à l'Ouest de Constantinople ainsi que de la presqu'île de

Gallipoli, et sous réserve de la création et délimitation ultérieures d'une Albanie indépendante.

2. Partage de ces territoires entre les 4 vainqueurs, et fixation de frontières définitives, garanties par les puissances.
Les Turcs refusent ces conditions, demandent le retrait des armées sur les lignes de septembre 1912, et ne concèdent que la création d'une "Entité macédonienne" autonome, placée sous la suzeraineté de la Porte. Cette réponse, qui ne correspond à aucune réalité, est évidemment inacceptable pour les Balkaniques, qui ajournent les pourparlers dès le 6 janvier 1913. Entre temps, les Grecs neutralisent la flotte turque et la menace qu'elle constituait pour les îles et les arrières de l'armée bulgare en Thrace, et à Paris, un gouvernement Briand succède le 23 janvier au cabinet Poincaré, privant le gouvernement ottoman d'un important soutien. La conférence reprend à la fin du mois, suite à des pressions des puissances vis-à-vis de l'Empire ottoman afin que celui-ci fasse preuve de plus de réalisme. Une nouvelle rupture se produit début février, qui coïncide avec la reprise des hostilités par les Serbes et les Bulgares[1].

La libération d'Andrinople et de Iannena à fin février, respectivement par les Bulgares et les Grecs, font perdre aux Turcs tout espoir de renverser la situation militaire. Quant à l'attitude des grandes puissances durant la Conférence, elle se résume de la manière suivante:

L'Angleterre, la Russie et la France (depuis fin janvier) sont favorables, à des degrés divers, à une reconnaissance du nouvel état de fait, à quelques aménagements près et pourvu que les Etats balkaniques prennent chacun en charge proportionnellement à leurs nouveaux territoires la part des emprunts ottomans correspondant aux territoires européens de l'Empire.

Les Empires allemand et austro-hongrois, ainsi que l'Italie, pour des raisons et à des degrés divers, soutiennent le point de vue ottoman. Vienne soutient vivement la proposition d'une Macédoine autonome, préservant ainsi ses possibilités futures d'intervention dans la région et une mainmise sur Thessalonique et l'Egée. Berlin est plus mitigé dans son soutien: les liens dynastiques avec la Bulgarie (dont le roi Ferdinand est un Saxe-Cobourg) et la Grèce (Sophie, épouse de Constantin est une sœur de Guillaume II), les perspectives d'une alliance avec la Bulgarie, ainsi que le fait qu'un affaiblissement de la Turquie va accentuer sa dépendance envers l'Allemagne, sont les raisons principales de cette modération. Quant au gouvernement italien, il craint que ses visées sur l'Albanie et la rive Est de

---

[1] Voir à ce sujet: MARKEZINIS, S. « Histoire politique de la Grèce moderne » T. 3, op.cit.

l'Adriatique ne soient compromises par les Serbes et les Grecs. De plus, il redoute de devoir restituer le Dodécanèse à ces derniers si les autres îles de l'Egée orientale leur étaient attribuées.

Le sort des armes, mais aussi l'ambivalence de l'Allemagne, permettent aux alliés balkaniques de satisfaire la majeure partie de leurs revendications: pour résumer, ce sera la position « anglo-franco-russe » qui va constituer la trame des accords conclus par le Traité de Londres du 17 mai 1913, qui met fin à 5 siècles d'occupation ottomane de l'Europe du Sud-Est. Dans l'ensemble et à quelques corrections près, les territoires libérés sont incorporés à chacun des pays alliés selon les lignes de démarcation militaires. Bulgares et Serbes devront toutefois reculer, respectivement en Thrace orientale afin de ne pas menacer directement Constantinople et les Détroits, et en Albanie, qui devient formellement indépendante, en fait vassale de Rome et de Vienne, dont on veut ménager les susceptibilités. La Grèce devra aussi céder la partie septentrionale de l'Epire au nouvel Etat, et ne garde pour l'instant les îles de l'Egée orientale que sous statut d'administration. Le Dodécanèse reste, sous réserve d'accords ultérieurs, occupé par l'Italie. La Crète est par contre reconnue comme grecque. Les trois pays assureront naturellement, au prorata de leurs conquêtes respectives, la « part européenne » de la dette ottomane.

4. La Seconde Guerre balkanique: juin-juillet 1913.

La libération de la Macédoine amène les armées grecque, serbe et bulgare face à face dans une région des plus instables et compliquées des points de vue historique et ethnique, marquée par les antagonismes, la haine et les massacres mutuels. Attachée au rêve de San Stefano, la Bulgarie ne peut admettre que les parties méridionale et occidentale de la Macédoine, dont elle revendique la possession exclusive, ainsi que Thessalonique, lui aient échappé. Dans l'optique de ses dirigeants et de Ferdinand 1er, une nouvelle guerre devrait lui permettre d'annexer ces territoires et devenir la puissance hégémonique de la région.

Dès mars 1913, les relations entre alliés, Grecs et Serbes d'une part, Bulgares de l'autre, se dégradent sensiblement. A partir de mi-mai, elles deviennent franchement mauvaises, et les incidents et provocations se multiplient de part et d'autre. Il apparaît de plus en plus clairement que les problèmes existant entre la Bulgarie et ses anciens partenaires devront être réglés par la force. A ce titre, le renvoi par Ferdinand du premier ministre Gueshev, plutôt modéré, au lendemain de la signature du Traité de Londres, et son remplacement par le nationaliste Daneff, sont significatifs. En parallèle, des négociations gréco-serbes sont engagées dès février 1913, et aboutissent à la conclusion d'une nouvelle alliance militaire, dirigée cette fois contre la menace bulgare, le 1er mai.

Début juin 1913, sur une ligne de front longue d'une centaine de kilomètres entre les fleuves Strymon et Axios et légèrement au Nord de Thessalonique, 6 divisions grecques font face à un nombre égal de grandes unités bulgares, commandées par le général Ivanoff. Une situation semblable prévaut sur la frontière serbo-bulgare. Au matin du 17 juin 1913, l'ensemble des forces bulgares passe à l'attaque contre les Grecs et les Serbes. Par cette brusque offensive, Ferdinand veut surprendre ses adversaires et leur arracher le plus de territoires possibles avant une intervention des grandes puissances qui ferait cesser les hostilités. Mais ses adversaires ne sont pas surpris car ils s'attendaient à une offensive. Ils réagissent vivement et repoussent l'attaque. A nouveau commandée par Constantin, l'armée grecque avance vers le Nord et vers l'Est, dégage Thessalonique et traverse le Strymon. Après trois engagements victorieux, elle prend les villes de Serres et Drama en Macédoine orientale. Simultanément, la marine fait débarquer des troupes à Kavalla. Dès le 27 juin, la Roumanie se joint à la curée et déclare la guerre à la Bulgarie, suivie par l'Empire ottoman, qui récupère ainsi Andrinople. Après un mois de guerre, attaqué et battu sur tous les fronts, Ferdinand accepte un armistice. Le 30 juillet s'ouvre à Bucarest une nouvelle conférence de paix.

5. Le Traité de Bucarest. Le bilan des guerres.

Ses seuls succès militaires, ni même des critères ethniques parfois évidents, soit le fait que la Macédoine méridionale et en particulier les villes comptent une population en majorité grecque, ne suffisent pas pour garantir à la Grèce la possession des territoires nouvellement acquis. Le port de Kavalla en particulier, débouché maritime important sur le Nord de l'Egée, reste convoité par la Bulgarie, dont certains arguments sont pertinents: la Grèce possède déjà Thessalonique, et il ne serait pas favorable pour l'équilibre régional de laisser un seul pays contrôler l'ensemble des côtes septentrionales de l'Egée. Ces arguments trouvent un certain écho à Vienne, qui vient de voir ses ambitions vers le Sud s'écrouler, ainsi qu'à St.Petersbourg où une certaine solidarité avec la Bulgarie s'allie maintenant au souci de ne pas laisser se développer aussi près des Détroits une Grèce relativement forte et soupçonnée d'anglophilie...C'est à nouveau l'Allemagne, en soutenant le point de vue hellène aux côtés des Anglais, qui fera pencher favorablement la balance des négociations, menées par ailleurs de main de maître par un Venizélos au sommet de son prestige et de sa crédibilité internationale[1].

Le Traité de Bucarest, signé le 10 août 1913, entérine ainsi la situation et les rapports de force nés des deux conflits successifs, en même temps qu'il met un terme officiel aux hostilités qui ont secoué les Balkans depuis 10 mois. Toutefois, et pour l'ensemble de la région, la libération de l'occupant turc ne signifie pas, et de loin, la mise en place d'un équilibre harmonieux: les problèmes liés aux disparités ethniques, aux minorités, aux intolérances mutuelles, au sous-développement économique et social, vont continuer à empoisonner la vie et les relations des pays et peuples balkaniques au-delà même de la fin du 20e siècle. Il en va de même pour les ingérences extérieures qui prendront toujours appui sur ces problèmes et les amplifieront même.

Pour ce qui concerne la Grèce, il apparaît clairement qu'elle retire les principaux avantages des Guerres balkaniques, dont elle est le véritable vainqueur. Son territoire a presque triplé, et sa population, passant de 2,5 à 5 millions d'habitants, a doublé. La partie la plus riche de la Macédoine, et notamment Thessalonique et Kavalla, lui revient. Cet agrandissement ouvre d'importantes perspectives économiques et stratégiques, sur les plans du commerce, de l'agriculture et des communications. Du pays étriqué et handicapé qu'elle était au 19e, la Grèce devient une entité non négligeable au sud des Balkans et en Méditerranée orientale, tenant en mains des clés importantes pour son développement économique et social. Les îles orientales de la Mer Egée lui seront rattachées *de Jure* en février 1914, en contrepartie de la cession définitive de l'Epire du Nord à l'Albanie. La majorité du peuple grec est maintenant réunie en un seul Etat; ne subsistent en dehors que les communautés de Smyrne et des côtes d'Asie Mineure, de Constantinople, ainsi que les populations grecques de Thrace, de l'Epire du Nord, du Dodécanèse et de Chypre, qui totalisent approximativement 2 millions de personnes. Mais dès cette époque, la Grèce va aussi connaître des problèmes de minorités: d'importantes communautés turques et slavo-macédoniennes (entre 5 et 600'000 personnes au total) se trouvent sur son territoire, en particulier en Macédoine. Concernant les Turcs, la question sera en grande partie résolue en 1923, par des échanges de populations. Quant aux Slavo-Macédoniens, les autorités auront envers eux une politique d'assimilation forcée entre 1914 et 1940. Ils seront pour la plupart forcés à l'assimilation définitive ou au départ, après 1945 puis à la suite de la Guerre

---

[1] Voir à ce sujet: COLLECTIF, « Histoire de la Grèce du 20e siècle » T. 2, op.cit. et MARKEZINIS, S. « Histoire politique de la Grèce moderne », T. 4, op. cit., ainsi que IORGA, « Histoire des Etats balkaniques jusqu'en 1924 », op.cit.

civile, compte tenu aussi de leur attitude durant cette dernière ainsi que pendant le Second Conflit mondial.

Considérée avec le recul du temps et comparée avec ce qui précède et ce qui suivra, la période 1909-1913 constitue pour l'Etat et la nation grecs un moment unique de cohérence, de volonté et de dynamisme clairement définis des politiques intérieure et étrangère. Ces 4 années, appuyées il est vrai sur les relatifs assainissement et progrès économiques de la décennie qui les précède, voient la préparation volontaire et minutieuse d'un pays, pratiquement *ex-nihilo,* en vue de la réalisation d'un but national déterminé. Les instruments principaux en sont d'une part une politique étrangère habile et conséquente, apte dans le contexte de l'époque à saisir et exploiter l'évolution des rapports de force internationaux, à profiter de convergences d'intérêts, et créer un réseau d'alliances. Qui plus est, une concorde nationale inégalée ainsi que l'effort de préparation et d'exécution militaires de deux guerres victorieuses successives viennent appuyer et parachever ces succès.

L'évolution de la situation et de tensions internationales croissantes, prélude au conflit généralisé qui va éclater moins d'une année après la fin des Guerres balkaniques, ne laissent pas à la Grèce le temps de « souffler » et de s'organiser dans ses nouvelles frontières. Celles-ci sont presque immédiatement remises en question par les voisins Turcs et Bulgares. Dès la fin de 1913, l'Empire ottoman se lance dans un programme d'achat d'armements navals et terrestres, financé par l'Allemagne, auprès d'entreprises allemandes et britanniques. Athènes est alors obligée de se lancer dans la course, et d'effectuer des commandes et acquisitions, ces dernières parfois hâtives, de matériel et de navires en France, Angleterre, Allemagne, ainsi qu'aux Etats-Unis. Le tout est évidemment financé par un alourdissement sensible de la dette publique…

De manière générale, entre la seconde moitié de 1913 et le début de 1914, le pays connaît une succession de climats d'euphorie et d'inquiétude liés aux « révisionnismes » turc et bulgare, ainsi et surtout qu'aux attitudes et intentions réelles ou supposées des grandes puissances à leur égard et dans leur politique régionale. Des élections générales ont lieu au printemps 1914. Elles reconduisent triomphalement les Libéraux au pouvoir et Vénizelos à la présidence du conseil. Ces résultats inquiètent quelque peu le palais, où l'on craint que la popularité du premier ministre ne fasse ombrage à celle du roi. Ces deux fortes personnalités ne tarderont d'ailleurs pas à entrer en conflit ouvert une année plus tard.

6. La Première Guerre mondiale: une neutralité impossible.

Au début des hostilités, la Grèce reste neutre tout en mettant une partie de sa flotte commerciale au service de l'Entente. Une lecture « extensive » du traité d'alliance entre les deux pays pourrait certes imposer à la Grèce d'entrer en guerre aux côtés de la Serbie pour faire face à l'invasion autrichienne. Mais Belgrade lui-même ne demande pas une telle mesure, et le gouvernement Venizélos se contente d'approvisionner son voisin en munitions, sur les stocks de l'armée hellénique ainsi que par des importations de France. Cette neutralité bienveillante correspond d'ailleurs aux vœux des Anglais et des Français, peu soucieux à l'époque de voir la guerre s'étendre à la partie méridionale des Balkans.

Cette situation va changer dès l'entrée en guerre de l'Empire ottoman aux côtés de l'Allemagne en octobre 1914, l'offensive autrichienne contre Belgrade durant l'hiver suivant, et surtout le débarquement allié aux Dardanelles en mars 1915. Dans ce nouveau contexte, les propagandes et les diplomaties de Londres et de Paris deviennent très actives auprès des neutres de la région, en particulier des Grecs et des Bulgares. Dirigeants, diplomates, journalistes et agents de l'Entente se livrent ainsi à une débauche de promesses, flatteries, menaces et intrigues vis-à-vis des deux gouvernements, des partis politiques et des cours royales. Avec duplicité et absence de scrupules, les « démocraties occidentales » disposent de territoires, de villes et de populations entières, promettant à Sofia de lui laisser annexer les territoires grecs et serbes (!) qu'elle revendique, et simultanément à Athènes rien moins que Constantinople et l'Asie Mineure... La propagande des Empires centraux et en particulier de l'Allemagne est certes plus discrète, car elle se limite à la cour royale et à certains politiciens, militaires et cercles germanophiles d'Athènes. Elle n'en est pas moins très active: les missives et dépêches tour à tour flatteuses ou menaçantes signées « Willie » par le Kaiser et adressées à son beau-frère « Tino » pour l'adjurer de rester neutre sont nombreuses et significatives[1].

La Bulgarie se range finalement du côté des Allemands, alors que la Grèce continue à s'en tenir à une neutralité de plus en plus inconfortable: en effet, ses deux adversaires régionaux sont entrés en guerre, et expriment clairement leur volonté d'abroger à leur profit les Traités de Londres et de Bucarest. Renouant avec de vieux démons, les dirigeants de la Grèce ne sauront mettre en avant entre 1915 et 1917 que leurs dissensions et leur manque de clairvoyance face au cynisme et à la brutalité des politiques tant

[1] Voir à ce sujet : MARKEZINIS, S. « Histoire politique de la Grèce moderne », T 3, op.cit. et COSMIN, S. « Les dossiers secrets de la Triple Entente ...», op.cit.

alliée qu'allemande envers le pays. De profondes divergences existent en effet quant à la politique à suivre: Venizélos et les Libéraux sont pour l'entrée en guerre aux côtés de l'Entente, qui leur semble la seule possibilité pour la Grèce de prendre part au démembrement de l'Empire ottoman après une victoire alliée. Celle-ci leur semble probable, et constitue une occasion pour le pays de participer activement à la réorganisation du monde de l'après guerre, de parachever ainsi ses succès, et d'accéder au rang de puissance régionale crédible. Une telle perspective est la suite logique aux efforts et aux transformations de la période 1909-1913. Au contraire, une victoire allemande serait également celle de la Turquie et de la Bulgarie, et remettrait en cause les acquis des Guerres Balkaniques. La vision des Libéraux est certes conséquente. Leurs méthodes seront toutefois discutables, et iront jusqu à l'appel à l'étranger pour renverser le roi et les gouvernements durant 1916-1917, ce qui les fait apparaître comme de simples agents de l'Entente.

A l'opposé, on trouve le roi Constantin 1er et le courant politique conservateur, qui sont partisans de la neutralité, voire des Empires centraux. Constantin a épousé la sœur du Kaiser, il est feld-maréchal de l'armée allemande. Certaines personnalités, tels Dimitrios Gounaris, nouveau dirigeant des Conservateurs ou le général Métaxas, chef d'état-major de l'armée ont étudié dans des universités ou des académies militaires allemandes, et affichent leurs sympathies pour le Reich. Ils ne vont cependant pas jusqu'à envisager une alliance à court terme avec l'Allemagne, sachant que cela provoquerait une réaction très violente de la part des Français et des Britanniques, connaissant aussi la forte dépendance économique du pays envers ces derniers. Ils optent donc pour une neutralité attentiste, suivis en cela par une partie importante de l'opinion qui, hors de toute considération de politique internationale, aspire à la paix. La faiblesse de leur raisonnement réside évidemment dans le fait que les deux « ennemis jurés » de la Grèce sont alliés de l'Allemagne: leurs exigences après une éventuelle victoire de celle-ci pèseraient naturellement plus lourd que l'amitié et la reconnaissance du Kaiser pour son beau-frère...

Après l'échec de l'expédition des Dardanelles en mars 1915, Venizélos accepte de laisser les troupes anglo-françaises se replier à Thessalonique dans la perspective d'y préparer une campagne pour secourir la Serbie. Au mépris du respect de la majorité parlementaire issue des élections de 1914, Constantin renvoie alors le premier ministre et nomme à sa place Gounaris, chef de l'opposition et partisan déclaré de l'Allemagne. Des élections sont prévues pour l'été 1915. Les Libéraux remportent toutefois le scrutin, et le Roi est forcé de rappeler Venizélos. Voyant l'accélération des événements sur la scène internationale (effondrement de la Serbie, entrée en guerre de la Bulgarie), celui-ci estime en septembre 1915 que le moment est opportun pour rejoindre les Alliés. En tant que chef des armées, Constantin s'y oppose, acculant à nouveau le premier ministre à la démission. Le roi confie alors le pouvoir à des conservateurs modérés (Zaïmis, Scouloudis), qui ne savent que temporiser de manière plutôt malhabile, alors que les Temps sont à l'action...Ces vaines combinaisons politiciennes se déroulent dans l'atmosphère d'intrigues et de pressions étrangères décrites ci-dessus.

7. L'entrée en guerre: 1916-1918.

Dès 1915, des négociations secrètes ont lieu entre le roi et les Allemands, autorisant ceux-ci à occuper certaines places fortes en Macédoine en contrepartie de la présence alliée à Thessalonique. En mai 1916, des troupes allemandes et bulgares entrent ainsi en Grèce, occupent le port de Kavalla, et désarment la garnison grecque avant de la transférer en Allemagne où elle sera internée. Ces événements provoquent la réaction immédiate de Venizélos et des Libéraux d'une part, ainsi que celle des Franco-Britanniques de l'autre. Ces derniers ont d'autre part peu à peu transformé leur présence à Thessalonique en occupation militaire, et mènent une guerre de propagande contre Constantin et Gounaris à travers la presse, et même la littérature, comme en témoignent des écrits enflammés contemporains, notamment de Pierre Loti, contre le Roi, « la Sophie » et, de manière plus générale, « la Grécaille »[1]... Leurs arguments sont maladroitement relayés, pratiquement tels quels, par les Libéraux, qui ne semblent pas se rendre compte du pathétique de leur situation... Si, liens dynastiques aidant, la terminologie britannique garde la tête relativement froide, celle de la France devient franchement ordurière.

D'autre part, les pressions et exigences des Alliés deviennent de plus en plus inacceptables pour les gouvernements royaux: il s'agit par exemple une fois de faire traverser tout le pays, et en armes, à l'armée serbe repliée à Corfou (plus de 200'000 hommes) afin de l'embarquer vers la France depuis Athènes, une autre de cantonner l'armée grecque dans le Sud du Péloponnèse... Des policiers français sont même envoyés au printemps 1916 au Pirée pour y arrêter, avec l'aide de sympathisants libéraux, tel armateur supposé ravitailler des sous-marins allemands...Les Conservateurs et le Palais réagissent en déclenchant une répression contre les « traîtres vénizélistes »: des personnalités sont molestées, exilées ou emprisonnées, leurs biens confisqués. On atteint même le grotesque en faisant solennellement et publiquement excommunier Venizélos en effigie par l'archevêque d'Athènes...

---

[1] Voir à ce sujet : LOTI, P. « Voyages, La Grécaille », op. cit.

En novembre-décembre 1916, une escadre française bloque puis bombarde Athènes et Le Pirée, avant d'y débarquer des troupes qui se heurtent quelques jours aux unités fidèles à Constantin puis occupent la capitale. De son côté, Venizélos, soutenu par une bonne partie de l'armée et de la marine, et fort de sa majorité aux élections de l'année précédente, entre en dissidence durant l'été 1916. Il forme une « Ligue de Défense Nationale » (« *Ethniki Amyna* ») composée de civils et de militaires (notamment l'amiral Koundouriotis et le général Danglis, héros des Guerres balkaniques). Avec l'aide des alliés, il prend ainsi le pouvoir, d'abord à Thessalonique, puis à Athènes en mai 1917. Constantin doit quitter le pays et céder le trône à son fils cadet, Alexandre 1er, qui va régner jusqu'à sa mort accidentelle en 1920. Fait unique pour un Roi de Grèce et qui mérite d'être relevé, le nouveau souverain se limitera au rôle prévu pour lui par la Constitution, sans intervenir dans la conduite des affaires. Réticent lorsqu'il monte sur le trône, Alexandre se prend peu à peu au jeu de son brillant premier ministre. Si leur collaboration est difficile au début, elle se révèle pourtant harmonieuse et constructive avec le temps[1]. Exilé en Suisse, Constantin ne ménage d'ailleurs pas ses critiques envers son fils, qu'il accuse presque de « trahison »...

A partir de 1917, la Grèce entre ainsi officiellement en guerre aux côtés des Alliés. Ses troupes, soit une dizaine de divisions, prennent une part active aux opérations contre les armées Germano-Bulgares sur le front macédonien, ainsi que contre la Turquie, sous le commandement suprême des généraux français Sarrail puis Franchet d'Esperey.

La « division nationale » de 1914-1917 ne peut être réduite à la simple opposition entre un roi pro-allemand et un premier ministre pro-allié, ou même entre deux partis, neutraliste et belliciste. Deux lignes de force, complémentaires mais aussi contradictoires influencent alors la politique extérieure voulue pour la Grèce par sa bourgeoisie nationale qui a accédé au pouvoir en 1909. Ce sont en premier lieu le capitalisme grec naissant et, en second lieu, la dépendance envers l'étranger, en particulier l'Angleterre. Le capitalisme grec, encore essentiellement maritime et commercial à l'époque, est expansionniste: son projet est de créer un grand Etat hégémonique en Méditerranée orientale avec l'aide et la bénédiction de la Grande-Bretagne, dont il serait l'allié privilégié dans la région. On ne peut toutefois accéder à ce but sans l'aide des Alliés, et les liens de dépendance étroite avec ces derniers restent indispensables, de même qu'avec le capitalisme anglais dans des domaines comme le marché financier international, le commerce, et les transports maritimes. Les bouleversements et la redistribution de cartes au

[1] Voir à ce sujet : MARKEZINIS, S. « Histoire politique de la Grèce moderne » T.4, op.cit.

niveau international et régional que va forcément entraîner le conflit en cours sont une occasion pour réaliser ces projets. Telle est en résumé la position exprimée à travers Venizélos et le Parti libéral, et qui trouve à l'époque de sérieux échos auprès des dirigeants anglais, notamment Lloyd George, Lord Curzon, ou même Balfour.

A l'opposé, les conceptions des Conservateurs et du Roi, au-delà même de la « germanophilie » de telle ou telle personnalité, sont celles d'une Grèce « petite mais honorable »: cette notion recouvre d'une part une résistance à toute évolution de l'Etat vers une démocratie bourgeoise et une économie capitaliste modernes; d'autre part, l'interdiction de « jouer dans la cour des grands » en prétendant à un rôle de puissance régionale. Elles expriment l'ancienne classe des notables du 19e, du moins ceux qui ne savent ou ne veulent s'adapter aux changements sociaux, politiques et territoriaux du début du 20e, et qui ont peur de perdre leurs privilèges restants. Quant au Roi, il reste « garant » depuis le 19e de la « discipline » des Grecs devant les puissances. Paradoxalement, mais également du fait de la personnalité et des sympathies de Constantin, il reste fidèle à sa mission même lorsqu'il se heurte ainsi aux intérêts momentanés de la France et de l'Angleterre. Il se trouve enfin que les idées de neutralité et de paix, exprimées après la période des Guerres Balkaniques qui ont tout de même coûté au pays près de 9'000 morts et de 30'000 blessés, trouvent un certain écho auprès de la population, assurant aux conservateurs et à Constantin de nombreux partisans.

De manière générale, on peut caractériser cette « division nationale » comme le résultat de l'incapacité des classes dirigeantes hellènes à dépasser leurs querelles d'intérêts particuliers et élaborer un projet commun de développement du pays et de l'Etat. En découle également l'incohérence de la politique étrangère, qui peut passer d'un jour à l'autre et pour chaque faction d'un nationalisme sourcilleux à la quasi trahison et soumission totale et servile à l'étranger. Une profonde coupure au sein de ces classes dirigeantes va en résulter, qui conduira à un désastre national en 1922, puis subsistera jusqu'après 1945. Aujourd'hui encore, ce clivage reste perceptible pour l'observateur attentif...

8. La « Grèce des 2 continents et des 5 mers »: le Traité de Sèvres.

En septembre 1918, les troupes alliées déclenchent une offensive généralisée sur les fronts bulgare et turc, en Macédoine et en Thrace. Fin octobre, Constantinople et Sofia capitulent: l'armistice de Moudania met fin aux hostilités sur les « Fronts d'Orient » le 30 octobre 1918.

Sa participation au conflit depuis 1917 permet à la Grèce de s'asseoir à la table des vainqueurs. Mais ses dissensions internes l'ont mise en position de relative faiblesse: dans les négociations et les rapports de force respectifs, la dépendance des « venizélistes » envers les Anglo-Français sera à ce titre presque aussi préjudiciable que la « germanophilie » de Constantin et de ses gouvernements. Chaque fois que les exigences des Grecs deviendront trop importantes, on ne manquera pas, surtout à Paris et à Rome, de leur rappeler l'une ou l'autre. Il apparaît clairement que si le Roi et son premier ministre, ainsi que les courants qu'ils représentent, avaient su mener une politique commune et cohérente, apte à saisir les opportunités qui s'offraient, la position du pays eût été de loin plus avantageuse et solide vis-à-vis de ses puissants alliés.

Venizélos fait néanmoins preuve d'une énergie et d'une activité débordantes durant les conférences et négociations qui précèdent la signature des traités de paix. Voici comment le décrit le diplomate anglais Harold Nicolson: « Il devint l'une des vedettes de la Conférence. Wilson, peu porté pourtant à des emballements de cette nature, parlait de lui comme du plus grand homme qu'il eût rencontré. Dans les dîners, Venizélos subjuguait les convives avec les récits de sa vie de guérillero dans les montagnes de la Crète... Et toujours, la conversation abondait en références au passé glorieux de la Grèce et au grand avenir qui l'attendait... Ajoutez à cela que c'est un magnifique gaillard musclé et souriant, dont les yeux étincellent derrière ses lunettes... »[1]

A l'époque, la Grande-Bretagne domine presque sans partage les régions du Moyen-Orient et de Méditerranée Orientale. Elle se taille la part du lion dans le démembrement de l'Empire ottoman, en particulier des possessions arabes de celui-ci en Jordanie, Palestine, Mésopotamie, autour du Golfe persique, ainsi qu'en Perse et jusqu'au Caucase. La politique anglaise dans l'empire vaincu et disloqué, qui bénéficie de la tiède collaboration du Sultan Mehmed VI et du gouvernement de Ferid Pacha à Constantinople, vise à réduire la Turquie à l'Anatolie et à partager le reste: les zones côtières et orientales deviendront zones d'occupation européennes ou républiques indépendantes, faciles à contrôler. Cette politique sert évidemment avant tout les intérêts de l'Empire britannique. Elle garantit la domination du Moyen-Orient, soit du Canal de Suez et des gisements pétroliers qu'on est en train de découvrir, ainsi que des Détroits. Mais sur le moment, elle sert (et utilise) aussi les causes des peuples et nations dominées par les Turcs depuis des siècles: Arabes, Kurdes, Arméniens, ainsi que les Grecs de Constantinople, du Pont et de l'Ionie (côtes septentrionale et occidentale) de l'Asie Mineure.

---

[1] Voir à ce sujet : MAC MILLAN, M. « Les artisans de la paix », op.cit.

A tous ces peuples, ainsi qu'à la Diaspora juive, des promesses, souvent contradictoires, ont été faites durant le conflit. Les Arabes acquièrent une indépendance théorique sous la tutelle britannique (et française pour ce qui concerne la Syrie) jusqu'au lendemain de la Seconde guerre mondiale. Les Juifs attendront jusqu'en 1948, passant par le génocide nazi. Kurdes, Arméniens et Grecs verront quant à eux leurs « amis » trahir leurs promesses, pour connaître ensuite qui le génocide qui l'épuration ethnique de la part du nationalisme turc.

Dans ce monde de l'après-guerre qui se dessine, la Grèce de Venizélos entend jouer un rôle de premier plan: elle participe à l'occupation militaire de Constantinople et de la zone des Détroits et assure le soutien logistique à travers l'Egée aux forces alliées présentes en Asie Mineure. Au printemps 1919, elle envoie un corps expéditionnaire de près de 20'000 hommes en Ukraine et en Crimée pour combattre les Bolchéviques. Dans le cadre de la Conférence de la Paix, une intense activité diplomatique est déployée dans le but de faire reconnaître la pérennité de la présence hellénique en Asie Mineure, et une place prépondérante dans les Balkans et en Méditerranée orientale. Les demandes concrètes formulées par Venizélos sont l'adjonction à l'Etat grec de Smyrne et de l'Ionie, de la Thrace orientale, du Dodécanèse et, à travers une participation à la gestion des Détroits, pourquoi pas de Constantinople..? La Russie n'est en effet plus en mesure de revendiquer quoi que ce soit dans la région, et d'importantes garanties sont données à l'Angleterre par celui qui se veut « son allié le plus sûr ». Dans ce sens, le premier ministre grec oublie toute mention à Chypre, dont le retour à la Grèce était pourtant l'une des promesses du Secrétaire au Foreign Office de 1915-1916, Sir Edward Grey. De même, l'Epire septentrionale est définitivement laissée à l'Albanie, c'est-à-dire à la zone d'influence italienne, en contrepartie des accords Tittoni (ministre italien des affaires étrangères) – Venizélos de juillet 1919, qui stipulent une restitution à la Grèce du Dodécanèse (Rhodes exceptée) après 5 ans. Ce document n'est jamais honoré par les Italiens, et Mussolini le répudie en 1924[1].

La géographie (voir carte en page 219) nous montre que les ambitions grecques créent un Etat que sa répartition géographique rend peu homogène et difficile à défendre, sans compter les problèmes de minorités qui s'y poseront avec les populations turques des territoires d'Asie Mineure. Ces problèmes le condamnent à rester de manière permanente en position défensive sur sa frontière anatolienne contre un nationalisme turc dont le but sera la reconquête des côtes orientales de l'Egée. Il peut aussi tenter de

[1] Voir à ce sujet : MAC MILLAN, M. « Les artisans de la paix », op. cit. ainsi que KITSIKIS, D. « Propagande et pressions en politique internationale… », op.cit.

repousser cette frontière de plusieurs centaines de kilomètres plus à l'Est afin de disposer d'une « profondeur stratégique » qui rend sa défense plus crédible, mais augmente ainsi les populations potentiellement hostiles sur son sol. Par ailleurs, si les dirigeants anglais comme Lloyd George ou Lord Curzon sont favorables et même parfois enthousiastes envers les demandes de Venizélos, plusieurs parmi leurs hauts fonctionnaires et diplomates le sont moins, et doutent que la Grèce soit capable de « digérer » tout ce que sa « gourmandise » lui fait revendiquer. Le pays doit en effet déjà gérer ses agrandissements de 1912-13 ce qui ne va pas sans difficultés, et son instabilité politique fait craindre qu'il ne puisse en assumer davantage, ni jouer le rôle de « gendarme régional » que le cabinet britannique voudrait lui attribuer. Il est ironique de constater que ces préoccupations rejoignent en fait celles exprimées par les conservateurs grecs et le roi Constantin…

Par ailleurs, les aspirations grecques sont évidemment tributaires des projets de l'impérialisme britannique dans la région. Ces derniers sont parfois, sinon en conflit, du moins en concurrence avec ceux de la France: Paris veut assurer sa domination sur la Syrie et sa zone côtière et chrétienne dont on fera le Liban, et lorgne également sur une partie des pétroles irakiens. Pour ce qui concerne Suez, si la primauté stratégique anglaise n'est pas contestée, la compagnie concessionnaire du canal est en majorité française, et les Français tiennent donc à préserver leurs gros intérêts en Egypte. Les Accords secrets Sykes-Picot (les diplomates anglais et français qui ont négocié et signé ce document) de mai 1916 prévoient certes de manière assez précise le partage des dépouilles de l'Empire ottoman après la guerre. Mais au-delà même de ses engagements internationaux, ou des sensibilités des partis et politiciens qui se succèdent au pouvoir, la France voit dans une Turquie forte une bonne garantie de stabilité et de ses intérêts régionaux, ainsi et surtout que de ses débouchés commerciaux. Dans les Balkans enfin, Clemenceau favorise la création d'une Yougoslavie aussi hypertrophiée qu'artificielle sous la domination de la dynastie Karageorgévitch qui lui est acquise. De manière générale, la France choisit donc d'autres alliés et points d'appui dans la région, parfois au détriment des intérêts de la Grèce, trop proche de Londres et mal considérée pour son attitude ambiguë de 1915-17. Mais la France ne dispose pas de forces et d'un poids suffisants dans la région pour contrecarrer les Anglais ou même les Grecs sur le terrain. Elle mènera donc une politique de doubles-jeux et d'intrigues. Toutefois les Britanniques devront tenir compte de ces aspirations françaises, et composer avec elles, fût-ce au détriment de leurs partenaires moins importants.

En mai 1919, sur mandat allié, la région de Smyrne et son arrière-pays sont placés sous l'administration de la Grèce. La population de la ville et de la zone côtière comprend alors entre 50 et 60% de chrétiens, Grecs, Arméniens et Levantins. Ces derniers sont des occidentaux, d'origine italienne ou française pour la plupart, établis dans la région depuis les 18e et 19e siècles. Les Grecs sont majoritaires (à près de 70%) au sein de la communauté chrétienne. Vers l'intérieur des terres se trouve également un certain nombre de villages grecs, mais la majorité des agglomérations devient turque à mesure qu'on se dirige vers l'Est. Le débarquement des troupes hellènes à Smyrne, le 15 mai 1919 est un événement dont le retentissement est énorme: pour le peuple et la conscience nationale grecs, il marque le début de la réalisation concrète de la « Grande Idée »... Constantinople et le reste de l'Asie Mineure occidentale ne peuvent que suivre... Le regroupement des nationalistes turcs sous l'impulsion de Mustafa Kemal Pacha qui commence alors pourrait donner l'occasion d'en prendre le contrôle de force. Une politique coloniale en Anatolie commence même à être envisagée.

Des violences à l'encontre d'une partie de la population turque suivent l'arrivée des Grecs à Smyrne. Près d'un demi-millier de Musulmans sont tués dans la ville et ses environs, par des irréguliers que les troupes hellènes laissent faire lorsqu'elles ne leur prêtent pas main-forte. Le nouveau gouverneur nommé par Venizélos, Aristide Stergiadis, lui-même originaire de Smyrne, parvient toutefois à calmer les esprits et à rétablir l'ordre après quelques semaines. Sa politique tente désormais de promouvoir la concertation entre les communautés afin de leur permettre de vivre ensemble et de perpétuer la tradition de tolérance et de cosmopolitisme qui caractérisait Smyrne. Les nationalistes et beaucoup de militaires grecs lui mettent les bâtons dans les roues, et l'accusent de « trahison »... Malgré cela, Stergiadis restera en fonctions jusqu'en 1922. Sa modération et son manque de fanatisme restent toutefois un péché impardonnable pour l'historiographie grecque...

La perte d'une partie de l'Asie Mineure marque également en profondeur la conscience nationale turque: le Grec constitue désormais l'ennemi désigné et immédiat. Dès juin 1919, l'un des meilleurs généraux du Sultan, vainqueur à Gallipoli en 1915, Mustafa Kemal, est reconnu comme le dirigeant du nationalisme turc. Il est entouré d'officiers, de hauts fonctionnaires et d'intellectuels issus du mouvement Jeune-Turc d'avant-guerre. Durant 1919, un grand nombre de militaires et de notables se rallient à lui. Le Pacte National de janvier 1920 affirme le principe de l'indivisibilité des territoires turcs au moment de l'armistice de Moudania, mais aussi et surtout la primauté de l'ethnie, de la culture et de la langue turques au sein de ces territoires, dont certaines parties sont pourtant largement multi-ethniques.

Les autorités d'occupation britanniques et grecques commencent alors à mesurer l'ampleur du phénomène, et réagissent dans leurs zones respectives en emprisonnant ou expulsant des militants Kémalistes. Comme nous l'avons mentionné, ceux-ci se recrutent surtout parmi les élites. Le mouvement de Mustafa Kemal n'est pas un mouvement populaire, dans le sens qu'il ne mobilise pas les masses en vue d'une quelconque révolution. Il s'agit avant tout d'une structure politique et idéologique, axée sur les principes du nationalisme et de la domination de la nation turque, qui met sur pied une armée pour arriver à ses fins. En avril 1920, une Grande Assemblée Nationale turque réunie à Ankara proclame la déchéance du Sultan et charge Mustafa Kemal de la reconquête des « territoires turcs », à commencer par la région de Smyrne. A terme, les forces nécessaires ne feront pas défaut au généralissime turc: son armée pourra compter sur les vétérans et les stocks des troupes ottomanes, l'énorme réservoir de recrutement de la rude paysannerie anatolienne, ainsi que sur l'aide de la Russie soviétique. A partir de 1921, il pourra aussi compter sur la sympathie de la France, qui lui fournira même des armes depuis la Syrie, via sa zone d'occupation en Cilicie.

La proclamation des nationalistes turcs est suivie d'un mandat allié, à l'initiative de la Grande-Bretagne mais toutefois approuvé par la France, qui charge les forces grecques de Smyrne d'avancer en Anatolie et de dissoudre les forces Kémalistes. Au début de l'été 1920, les deux armées entrent en contact, et commencent une guerre qui va durer deux ans. Mi-juillet 1920, les Grecs progressent en direction d'Ankara.

Pour ce qui concerne les opérations militaires en Asie Mineure, aussi bien que celles d'Ukraine et de Crimée une année plus tôt, l'armée grecque est relativement bien équipée, avec du matériel récent. L'aide militaire alliée entre 1918 et 1920, pour l'essentiel anglo-américaine, est estimée à un total de 30 millions de £ (dont 20 millions d'origine britannique). Il s'agit concrètement de 4 à 500 pièces d'artillerie, de véhicules et animaux (chevaux, mulets) de transport, de matériel ferroviaire, et d'une trentaine d'avions. Egalement un important équipement léger (armes d'infanterie, mitrailleuses, mortiers, etc…), des munitions et des explosifs. Il va de soi que cette aide n'est pas gratuite, et que ces 30 millions de £ vont alourdir la dette publique extérieure grecque. Ces équipements, à part quelques avions, ne sont pas anglais: ils proviennent surtout de stocks français rachetés après la guerre par les gouvernements britannique et américain. De plus, la Grèce reçoit à titre de réparations de guerre 4 destroyers autrichiens de type Ulan et quelques armes allemandes, notamment celles prises à la Bulgarie[1]. Sur

[1] Voir à ce sujet : BLOUDANIS, N. « Dépendance et Impérialisme… », op. cit.

l'insistance de l'Angleterre et après de laborieuses négociations au cours desquelles les réserves françaises commencent nettement à apparaître, est conclu en août 1920 le Traité de Sèvres. Le moins qu'on puisse en dire, même si toutes les parties en présence (y compris la France et le gouvernement « officiel » turc qui est encore celui du Sultan) le signent, c'est qu'il s'agit d'un document spéculatif. En effet, et particulièrement pour la Grèce, il ne reflète pas un accord résultant d'une situation donnée ou établie, mais un projet qui reste à réaliser par ses initiateurs, ou tout au moins sérieusement à consolider. Il est immédiatement remis en cause par les nationalistes turcs, dont il décuple les ressentiments, et rapidement contesté par la France et l'Italie, qui le signent d'une main et commencent à soutenir Kemal de l'autre... Rome voit en effet d'un mauvais œil grandir la puissance grecque sur son flanc Sud-Est, et aurait bien vu ses propres troupes prendre possession de la zone de Smyrne à la place des Grecs.

Pour la Grèce, le Traité de Sèvres prévoit l'adjonction (après 5 ans et un référendum) de la province de Smyrne et d'une partie de la côte de l'Ionie (côte occidentale de l'Asie Mineure), ainsi que la Thrace orientale. Constantinople reste à la Turquie, les Détroits sont placés sous mandat international. Un Kurdistan autonome et une Arménie indépendante sont proclamés. L'autonomie est également prévue pour les populations grecques du Pont (rive méridionale de la Mer Noire), et de Constantinople. Si il ne réalise pas entièrement les aspirations des Grecs, le traité laisse toutefois à celles-ci de sérieuses perspectives. Mais tout cela, en plus de ce qui est accordé, reste encore « à gagner » en menant une longue et coûteuse campagne contre Kemal. « La Grèce des deux continents et des 5 mers » selon un slogan venizéliste de l'époque reste donc à faire...

Sèvres n'en est pas moins considéré comme un succès à Athènes, où l'on espère consolider le statu-quo, et obtenir bien davantage une fois la guerre victorieusement terminée. La fin de la Première Guerre mondiale permet ainsi à la Grèce d'envisager la situation avec optimisme: les nouveaux territoires sont riches, la Thrace du point de vie agricole, Smyrne et son territoire comptent d'importantes et opulentes bourgeoisies hellène et levantine, ainsi que des installations industrielles et portuaires développées. Elle tient désormais les deux rives de l'Egée, son domaine naturel, avec de sérieuses perspectives de pénétration économique voire coloniale en Anatolie.

En apparence, la bourgeoisie grecque se voit ainsi dotée d'un Etat, d'une infrastructure territoriale et économique, ainsi que d'une force militaire à la mesure de son dynamisme et de ses ambitions. Elle peut alors sérieusement songer à créer une nation moderne, une puissance régionale avec laquelle on devra compter, capable à terme de s'affranchir des tutelles étrangères pour devenir un partenaire relativement important de la Grande-Bretagne et des pays occidentaux.

CHAPITRE III

DU DESASTRE D'ASIE MINEURE A LA DICTATURE GEORGES II – METAXAS (1920 – 1940)

1. La situation jusqu'à l'automne 1920. Le retour de Constantin.

Depuis mai 1920 et sur mandat allié, l'armée grecque mène l'offensive contre les forces naissantes de Kemal, obligeant au début celles-ci à se disperser ou à reculer vers l'Est. A mi-juillet, la France et l'Italie exigent une suspension des opérations sous peine de retirer son mandat à la Grèce. Le but de cette démarche est de sauver Kemal dont les forces sont encore relativement faibles, et la Turquie: comme le souligne un article du journal « Le Temps » du 25 juillet 1920, un démembrement de celle-ci constituerait « une diminution du patrimoine français en Orient » A quelques jours de la signature du Traité de Sèvres, (10 août 1920) Venizélos obtempère, mais au lendemain - même de celle-ci, Français (le gouvernement Millerand) et Italiens annoncent leur intention de ne pas ratifier le document. Toutefois, le premier ministre grec pense encore pouvoir imposer une application du traité grâce à une victoire militaire. A la faveur aussi d'un changement de gouvernement à Paris (Briand, qui est plus favorable aux Grecs, devient président du conseil), les opérations militaires reprennent en septembre 1920. Mais entre temps, les forces de Kemal auront eu le temps de souffler et de se regrouper sur les hauts plateaux anatoliens. D'autre part, les problèmes internes de la Grèce freineront les opérations entre fin octobre 1920 et le printemps 1921.

Les apparents succès en politique étrangère n'empêchent pas l'installation d'un climat d'instabilité et de guerre civile dans le pays. De nombreuses personnalités conservatrices sont victimes de persécutions et des procès douteux leur sont intentés: le général Métaxas, ancien chef d'état-major du Roi, est condamné à perpétuité pour « haute trahison » au début de 1920. De son exil helvétique, Constantin et son entourage multiplient les déclarations et les intrigues contre le « régime venizéliste », et même Alexandre 1er. Le 11 août 1920, au lendemain de Sèvres, Venizélos est victime d'une tentative d'assassinat à la Gare de Lyon de la part de deux royalistes fanatiques. Il s'ensuit naturellement de nouvelles représailles et violences contre ses adversaires en Grèce. Des élections sont prévues pour le 1er novembre 1920. Entre temps, la mort (semble-t-il accidentelle) d'Alexandre 1er le 12 octobre, vient compliquer et aggraver la situation. Appelé par le gouvernement à succéder à son frère, le prince Paul, second fils de Constantin décline l'offre en soulignant que son père est seul souverain légal: le scrutin de novembre suivant prend ainsi un aspect référendaire, et place de fait les électeurs devant le choix « Venizélos ou Constantin »...

Les Conservateurs prêchent la démobilisation et la paix, promettent de mettre rapidement fin à la guerre d'Asie Mineure et de permettre le retour des soldats dans leurs foyers. Contre toute attente ils remportent les élections, bénéficiant aussi de près de 50'000 suffrages des minorités turques de Macédoine et de Thrace... Mais leur succès est principalement dû à la lassitude du peuple grec pour les guerres incessantes depuis 1912. Ainsi, Dimitris Gounaris, chef du Parti Populiste (conservateur), devient premier ministre au début de 1921, après quelques semaines d'un gouvernement de transition. Auparavant, un plébiscite rappelle Constantin sur le trône le 5 décembre 1920, malgré les protestations et menaces de la France et de l'Angleterre. Compte tenu de l'attitude du roi durant le conflit mondial, les deux pays annoncent leur intention d'interrompre toute assistance financière et militaire aux nouveaux dirigeants. Nous savons en fait que cette assistance est uniquement britannique depuis 1919 et que, malgré la démarche commune, Paris tient beaucoup plus à cette décision que Londres: même si Aristide Briand s'était montré quelque peu plus ouvert aux thèses grecques depuis septembre, sa sympathie allait avant tout à Venizélos. La chute, et même l'exil de ce dernier après les élections lui font prêter davantage l'oreille au « lobby » favorable à la Turquie en France. En fait, ils lui offrent un prétexte pour justifier à posteriori le changement d'attitude français envers la Grèce qui, comme nous l'avons vu, remonte au début de 1920... Quant aux Anglais, ils sont embarrassés à tous points de vue: mesurant le ridicule d'une « punition rétroactive » à Constantin et Gounaris qui affaiblit en fait leur allié, inquiets pour leurs intérêts stratégiques dans la région comme pour ceux financiers et commerciaux en Grèce, ils choisissent néanmoins d'adopter pour l'instant une position commune avec la France, espérant tempérer celle-ci à terme. Le cabinet Lloyd George veut soutenir son allié et imposer sa conception de la nouvelle répartition régionale, dans laquelle la Grèce joue un rôle-clé, quels que soient ses dirigeants et leurs rôles antérieurs. Mais, d'autre part, Londres ne peut envenimer ses relations avec la France et l'Italie, qui sentent leurs propres intérêts menacés par une Grèce forte. Enfin, certaines réserves exprimées par des hauts fonctionnaires britanniques depuis deux ans déjà quant à la stabilité de la Grèce et à ses capacités de gérer un statut de puissance régionale et d'allié privilégié, regagnent l'oreille de certains membres du gouvernement de Londres[1]...

Le soutien britannique restera donc uniquement verbal et ne permettra aucune entorse à l'embargo financier et militaire qui est imposé durant 1921 et 1922. Mentionnons que la Commission Financière Internationale (CFI), chargée depuis 1897 de la supervision des finances et de la dette publique extérieure grecques, va se montrer à cette occasion comme le fidèle cerbère des volontés de Paris et de Londres: mettant son veto à tout emprunt extérieur comme à toute augmentation de la masse monétaire, elle ne laisse d'autre issue aux dirigeants grecs que de mécontenter la population par de nouveaux impôts et taxes afin de faire face à leurs dépenses et obligations. Une solution originale sera appliquée au début de 1922: afin de pouvoir émettre du papier-monnaie, le gouvernement ordonne une « mutilation » des billets de banque, qui devront être coupés en 2 parties, la première représentant le 50% de la valeur nominale du billet, et l'autre un bon d'emprunt intérieur forcé... Précisons enfin que la CFI est désormais (depuis 1916) réduite aux représentants britanniques, français et italiens.

2. Le désastre d'Asie Mineure.

Dès leur arrivée au pouvoir, les Conservateurs font valser les têtes de l'état-major de l'armée ainsi que de nombreuses unités combattantes. Des officiers expérimentés et formés aux nouvelles méthodes de guerre et armements, mais suspectés de « venizélisme » sont remplacés par des généraux et colonels n'ayant plus exercé de commandement au feu depuis 1913. Le résultat ne se fait pas attendre: à la mi-décembre 1920, Ismet Pacha, le futur Ismet Inönü, stoppe l'avance des Grecs en Anatolie centrale et leur inflige leur première défaite lors de la bataille d'Inönü.

De manière générale, la nouvelle équipe au pouvoir brille par son incapacité, voire son indifférence, au mieux son inexpérience: Nikolaos Théotokis, ministre de la guerre s'avoue lui-même « ignorant des affaires militaires », et Gounaris déclare un peu plus tard (mars 1921) : « nous sommes obligés de continuer cette guerre au risque d'y être détruits »... Les généralissimes A. Papoulias et G.Hadjanestis (nommés le premier en décembre 1920, le second au printemps 1922) étaient respectivement colonel et major au moment de

[1] Voir à ce sujet : MAC MILLAN, M. « Les artisans de la Paix », op.cit.

l'interruption de leurs carrières militaires en 1916-17 pour fidélité au Roi Constantin, et n'avaient guère commandé davantage qu'un régiment depuis les Guerres balkaniques. Le prince Andréas de Grèce, frère de Constantin et général de division sur le front anatolien écrit en automne 1921 à Métaxas à propos de Smyrne : « ... cette ville pullule de venizélistes... au point de se demander s'il ne vaut pas la peine de laisser Kemal égorger tous ces affreux... »[1]. Ajoutons encore que la plupart des dignitaires et officiers libéraux écartés ou pas de l'appareil d'Etat ou du commandement, manifestent de leur côté une obstruction systématique qui contribue à la déliquescence générale.

C'est dans ce contexte que le nouveau gouvernement populiste, au mépris de ses engagements électoraux, décide de continuer la guerre et de reprendre à son compte la politique des Libéraux, afin d'en imposer aux alliés et raviver leur soutien, en tous cas celui de la Grande-Bretagne. Dans ce sens, peut-être surestime-t-il aussi le soutien verbal et la marge de manœuvre réelle de Lloyd George. Gounaris ne dispose toutefois plus des instruments ni des moyens d'une campagne militaire importante, pas plus que du contexte relativement favorable dont bénéficiait Venizélos. L'armée est décapitée et commence à être démoralisée, elle n'est plus approvisionnée correctement en armes et en munitions, le pays ne reçoit plus aucune aide matérielle ou financière de l'étranger, sinon l'appui platonique du gouvernement de Londres. A partir de l'été 1921, les actes d'indiscipline et de désertion se multiplient au sein de la troupe: il est caractéristique qu'en juillet 1922, en plein effort final et un mois avant la défaite, le ministère de la guerre doive adresser un avertissement écrit à 225 officiers se trouvant... en permission en Grèce (!), les sommant de rejoindre au plus vite leurs unités sur le front anatolien... Comme le souligne en avril 1921 déjà le général Métaxas, une des seules personnalités conservatrices à rester alors lucide, « une poursuite de la guerre dans les conditions présentes constitue une faute impardonnable... »

Influencé par certains chefs militaires, Gounaris tente pourtant de forcer le destin et remporter une victoire militaire qui permettrait de renverser le rapport de forces international en faveur de la Grèce. Une offensive est lancée en juin 1921, et atteint le fleuve Sakkarya, à une centaine de kilomètres à l'Ouest d'Ankara. La bataille dure un mois, mais en août les Grecs doivent reculer. La cavalerie de Kemal constitue une arme redoutable qui harcèle sans répit les troupes hellènes, coupe leurs lignes de communications et se révèle un instrument de rupture de premier ordre. C'est dans ces conditions que les Grecs arrivent tant bien que mal à tenir le

[1] Voir à ce sujet: METAXAS, I. « Journal personnel », T 2, op.cit.

front d'Anatolie durant l'hiver 1921-1922. Ils sont toutefois épuisés, mal commandés, et leurs lignes de communication avec la côte sont trop étirées. Malgré cela, le gouvernement rejette une proposition de l'état-major au printemps 1922, inspirée par Métaxas, qui demande de consolider et concentrer la défense dans un rayon de 150 km autour de Smyrne.

Le « grand absent » de tous ces événements semble bien être Constantin, qui se tient à une étrange distance malgré sa réputation et ses capacités militaires. La situation pour le moins critique le réclamerait à la tête de l'armée dans les épreuves qu'elle traverse. Pourtant, le Roi ne se rend en Asie Mineure qu'en été 1921 pour une brève tournée d'inspection, participe à quelques réunions du gouvernement et de l'état-major, mais sans prendre vraiment position ou marquer sa présence, du moins publiquement. Cette réserve est étonnante de la part d'une personnalité telle que Constantin, et aucun témoignage ni source dignes de foi ne l'explique vraiment. En bon soldat, le souverain ne doit en effet se faire aucune illusion sur l'issue de la guerre dès 1921 déjà, et nous savons par Métaxas qu'il partage à ce propos les vues de son ancien chef d'état-major. Connaissant la relative fragilité de sa restauration, veut-il éviter d'entrer en conflit avec son premier ministre et les Conservateurs et laisser ceux-ci jouer leur « coup de dés »?

D'autre part, en janvier 1922, la France officialise son changement de camp: le nouveau gouvernement Poincaré signe un Traité d'alliance avec les Turcs qui, en retour, lui reconnaissent son mandat sur la Syrie, et approvisionne désormais ouvertement Kemal en armes et en munitions. Le cabinet français, favorable à outrance à la Turquie au contraire du gouvernement Briand qui était ambivalent, utilisera par contre tous les moyens et pressions dont il dispose pour empêcher la moindre aide britannique à la Grèce[1].

En mars 1922 s'ouvre toutefois une conférence de paix à Paris. Un armistice est proposé dont les Grecs acceptent le principe. Kemal y met toutefois comme condition préalable l'évacuation militaire immédiate de l'Asie Mineure et de Smyrne. La menace que constitue cette demande pour la population civile la rend inacceptable, ce qui amène les pourparlers à l'échec. Pour les mêmes raisons, une tentative de médiation du gouvernement soviétique au début de l'été 1922 connaîtra le même sort.

Ce même été, l'armée grecque d'Anatolie est à bout de souffle. En août 1922, les Turcs passent à l'offensive, et après de durs combats, enfoncent les lignes de leurs adversaires, obligeant ceux-ci à battre rapidement en retraite

[1] Voir à ce sujet: LAZARIDIS, D. « La politique française face à l'expédition grecque en Asie Mineure », op. cit.

vers la côte. Le 8 septembre 1922, les cavaliers de Kemal sont à Smyrne, brûlent la ville et massacrent une partie des habitants qui n'ont pas le temps ou la possibilité de fuir. Le consul américain, M. Horton, estime qu'entre 30 et 40'000 civils grecs habitant Smyrne ou la côte ionienne sont massacrés ou déportés puis assassinés entre le 30 août et le 30 septembre 1922[1]. La page est peu glorieuse pour les dirigeants grecs: en pleine débâcle, le gouvernement populiste ne trouve rien de mieux à faire que de démissionner le 27 août, laissant le Roi seul au pouvoir. Constantin lance un appel à l'union nationale qui est ignoré de tous, puis nomme un gouvernement administratif. De nombreux politiciens libéraux, en Grèce et à l'étranger ne pensent qu'à se réjouir publiquement de la « défaite de leurs adversaires »...Le 11 septembre 1922, une révolution militaire éclate dans les îles de Lesbos et Chios où s'était repliée une partie de l'armée. Une junte d' « Officiers révolutionnaires » débarque deux jours plus tard à Athènes, investit la capitale, et force Constantin à l'abdication puis à l'exil. Le 28 septembre, un armistice est conclu avec les Turcs à Moudania, prévoyant également le retrait de l'armée grecque de Thrace orientale jusqu'au fleuve Evros (Maritza). La dernière victime de cette guerre sera enfin le cabinet Lloyd George, renversé le 29 septembre en raison de son implication dans les événements.

3. Responsabilités, portée et conséquences du désastre de 1922.

Des dizaines de milliers de Grecs de Smyrne et des côtes de l'Asie Mineure massacrés ou morts en déportation, 1'200'000 réfugiés pour un pays de 5 millions d'habitants ruiné, une armée détruite, plus de deux millénaires de présence et de culture hellénique en Asie Mineure violemment déracinés: tel est en résumé le terrible bilan de 1922 pour la Nation grecque, dont le traumatisme reste sensible jusqu'au-delà de la fin du 20e siècle. Au surplus, un demi million d'Arméniens sont à nouveau exterminés ou déportés par le régime kémaliste, à la faveur de sa victoire... En tenant compte du million de leurs compatriotes qui ont été massacrés en 1915-16 par l'Empire ottoman, on s'aperçoit que le Premier Conflit mondial a aussi son holocauste, même s'il est moins connu...

Pour ce qui concerne la Grèce, que dire des responsabilités d'une telle catastrophe? On ne peut les rejeter sur une seule entité ou idéologie, ce qui a peut-être aussi contribué à diluer et estomper les souvenirs au niveau de l'opinion internationale. On peut toutefois discerner et décrire 3

[1] Voir à ce sujet: MILTON, G. « Paradise lost, Smyrna 1922, the destruction of Islam's citz of tolerance », op.cit. et COLLECTIF, « Histoire de la Nation Hellénique » T.14, op.cit, ainsi que KAPSIS, I. « 1922, le livre noir », op.cit.

« responsabilités fondamentales », soit celles des dirigeants grecs, classe politique et roi, des puissances occidentales, France et Angleterre, et du nationalisme turc. Les deux premières s'imbriquent étroitement entre elles et sont difficiles à discerner précisément, du fait des liens et rapports de force existant entre les 3 pays, ainsi que de la diplomatie secrète et des engagements oraux de dirigeants pas toujours suivis d'effet…

Les dirigeants grecs, de même que le Roi Constantin, ont tenu en mains durant et après la guerre de 1914-1918 la possibilité de parachever très favorablement la renaissance et l'expansion nationales. Ils l'ont tenté, chacun à sa manière et selon ses conceptions, et ont échoué, ce qui n'est pas en soi un crime. Mais leurs échecs ont eu pour conséquences la duperie de Sèvres en 1920 et les massacres de Smyrne deux ans plus tard. Leur responsabilité réside tout d'abord dans le fait d'avoir donné une telle dimension aux dissensions de 1915-17 que les interventions extérieures soient devenues inévitables. Allemands et Bulgares s'emparent impunément de Kavalla, Français et Anglais bombardent Athènes, déboulonnent Constantin et son gouvernement, et installent Venizélos après l'avoir amené de fait dans leurs fourgons… Par naïveté et inconséquence criminelles, presque l'ensemble des dirigeants grecs s'est complu dans les disputes, intrigues et trahisons. La situation de profonde faiblesse et de dépendance dans laquelle ils mettaient ainsi le pays a rendu celui-ci inapte à affronter les rapports de force de l'immédiat après-guerre. Par la suite, les Libéraux se lancent en 1920 dans une guerre hasardeuse que la Grèce peut difficilement gagner. Quant aux Conservateurs et au Roi, ils continuent ou laissent continuer cette guerre qu'ils avaient désavouée. Au surplus, ils font fi de la coupure de toute aide étrangère, et affaiblissent et démoralisent une armée qui se bat à 1 contre 2 à 6 ou 700 km de ses bases. Si le coup de dé de Venizélos est hasardeux, celui de Gounaris et consorts que Constantin, par une étrange passivité laisse faire, paraît criminel… On peut en effet affirmer que dès le début de 1921, il apparaît de manière évidente que la Grèce n'est plus en mesure de gérer favorablement tous les avantages que la victoire alliée lui avait offerts.

Les politiques française et britannique en Méditerranée orientale et au Moyen-Orient durant et après la Première Guerre mondiale peuvent, du point de vue des pays et peuples des régions concernées, être considérés comme de parfaits exemples de cynisme, de mauvaise foi, et d'irresponsabilité dans les relations internationales. Anglais et Français ont modelé les frontières au gré de leurs intérêts stratégiques et ceux de leurs compagnies financières ou pétrolières. Ces deux puissances ont exploité sans vergogne ces régions, dressant pour ce faire des populations les unes contre les autres ou exacerbant des conflits existants ou latents, puis sont parties comme des voleurs, laissant sur place des conflits non encore réglés à ce jour...Ces derniers sont connus et hors du sujet du présent ouvrage. La Guerre d'Asie Mineure peut pourtant être aussi considérée comme le premier de ces conflits. La rivalité et l'inimitié gréco-turques du premier quart du 20e siècle n'est certes pas le fait de Paris ou de Londres, pas plus que les funestes décisions des gouvernements grecs ou la sauvagerie dont ont fait preuve les Turcs victorieux. Mais l'expédition de l'armée hellène aux confins de l'Anatolie dès le printemps de 1920 n'a pas été décidée par les seuls Grecs: elle résulte d'un mandat des puissances alliées de dissoudre le mouvement kémaliste dans le but de disposer d'une Turquie docile. Il est important d'autre part de mentionner que par la suite, ce mandat n'a jamais été officiellement retiré. D'autre part, malgré la défection des Français et surtout le fait qu'il suive leur politique d'embargo contre la Grèce, Lloyd George encourage implicitement jusqu'à la fin de 1921 cette dernière à continuer la guerre. Gendarmes naïfs et consentants pour le compte des alliés en 1919-20, les Grecs ont été armés et lancés contre Kemal au moment où cela semblait servir les intérêts anglo-français, puis lâchés et abandonnés à leur sort lorsque les grandes puissances ont préféré trouver d'autres équilibres dans la région[1].

Mustafa Kemal, héritier du mouvement Jeune Turc, incarne avec ses partisans le nationalisme turc dès 1919. Fondateur de la République, il modernise les institutions, la culture et la langue de son pays, modelant l'apparence de celui-ci durant tout le 20e siècle. La République turque naît lors d'une guerre d'indépendance, mais aussi dans le sang des Grecs et des Arméniens massacrés en 1922-23. L'intention avouée du nationalisme turc depuis la fin du 19e est la création d'un Etat national dans lequel l'ethnie turque est dominante, au besoin par l'extermination d'autres populations. En 1922-23, cette extermination est voulue et organisée par les autorités turques. En attestent les ordres donnés aux unités régulières et irrégulières de l'armée kémaliste par le sommet de la hiérarchie militaire. Parmi ces ordres, celui de Nurredin Pacha à ses troupes avançant vers Smyrne, le 27 août 1922: « ... il
est évident que, dans les conditions présentes, la nation grecque se défendra avec fanatisme. Chaque soldat doit donc faire son devoir et tuer ces gens en grand nombre. La patrie ordonne. Ne négligez pas ce devoir. Chaque soldat a l'obligation de tuer 4 ou 5 Grecs vivant à Smyrne pour la grandeur de la patrie... je suis à votre disposition pour des précisions orales... » Kemal mettra fin aux massacres des Grecs à partir de l'armistice, pensant avec raison que la population de l'Ionie constitue un excellent gage pour les négociations à venir. Par contre, l'extermination des Arméniens continue

[1] Voir à ce sujet : THOBIE, J. « Ali et les 40 voleurs... », op.cit.

jusqu'en 1923. Au moment même de sa fondation, le nouvel Etat turc donne ainsi un avant-goût substantiel des génocides qui vont suivre durant le 20e siècle.

En 1923, la situation de la Grèce est catastrophique: les acquisitions territoriales et le regroupement de toute la Nation hellénique en un seul Etat ne parviennent pas à compenser les effets désastreux des énormes dépenses militaires entre 1910 et 1922, des destructions, des morts, et surtout de l'exode imposés aux populations durant 10 années de guerres presque continuelles. Les déficits et l'épuisement de l'économie dus aux conflits sont tels, qu'entre 1914 et 1922 la Drachme se déprécie de 100% par rapport à la Livre Sterling.

En quelques mois, l'arrivée brutale et massive de 1,2 million de réfugiés d'Asie Mineure fait passer la population du pays de 5 à plus de 6 millions d'habitants. A l'échelle de la France contemporaine, cela représenterait 8 millions de personnes. Un tel choc démographique aura d'importantes conséquences sociales et économiques: près de 200'000 familles doivent s'installer autour des villes dans des conditions d'existence atroces. Cinq ans plus tard, en 1928 presque le tiers (31%) de la population athénienne est composée de réfugiés. Leur réinstallation posera d'énormes problèmes humains et économiques et contribuera à une très forte augmentation de la dette extérieure du pays. Mais d'autre part, les Grecs d'Asie Mineure vont enrichir par leur influence tous les aspects de la culture et de la société helléniques. Ils contribueront, comme nous le verrons plus loin, aux grands mouvements sociaux des années 1920 et 1930, et notamment au développement du mouvement ouvrier. Leur origine sociale est surtout petite-bourgeoise ou paysanne: la moitié d'entre eux sera réinstallée à la campagne après 1923, les autres formeront pour la plupart un prolétariat industriel ou artisanal dans les villes. Leur pleine assimilation matérielle et psychologique dans la Société hellénique est à peine achevée à la fin du 20e siècle. Ces 10 ans de guerres ont donc coûté très cher sur le plan humain. Ils ont toutefois permis à la Grèce de devenir, sinon une puissance régionale comme le rêvait sa bourgeoisie nationale, du moins un pays économiquement viable, et surtout homogène. S'ils représentent des tragédies individuelles et familiales énormes, les déracinements et échanges de populations ont eu pour conséquence à terme que, dès la fin des années 1920, la Grèce n'a pratiquement plus eu de problèmes de minorités tant soit peu importants: jusqu'aujourd'hui, près du 95% de sa population se sent et se déclare en effet « grecque ». Dans une région comme les Balkans, cela constitue un énorme avantage…

4. Le Traité de Lausanne. La République.

La révolution militaire de 1922 ramène le courant libéral – bien que sous contrôle des officiers – au pouvoir. Paradoxalement, seule une minorité de ces derniers est « vénizéliste » avant 1921, la plupart étant sans engagement politique voire parfois des royalistes déçus. Un « Comité Révolutionnaire », composé notamment des généraux et colonels Pangalos, Gonatas, Kondylis et Plastiras , des va détenir le pouvoir effectif, et un gouvernement politique administre les affaires courantes. Le Roi Constantin est exilé, et les principaux membres du gouvernement conservateur (dont Gounaris) sont jugés, condamnés à mort et exécutés comme responsables du désastre national. Ce fait provoque une rupture momentanée des relations diplomatiques de la part de la France et l'Angleterre , ce qui ne manque pas de piquant si l'on considère l'ardeur avec laquelle ces deux pays ont soutenu les Conservateurs durant 1921-22…

Venizélos ne prend pas part à la direction des affaires du pays: il dirige seulement, mais comme plénipotentiaire, la délégation grecque à la Conférence de la paix qui s'ouvre à Lausanne en novembre 1922. Après 8 mois de difficiles négociations, - la conférence n'était pas destinée à régler seulement les questions gréco-turques, mai bien l'ensemble des problèmes et relations à venir de la nouvelle République Turque avec les pays occidentaux et l'URSS – le traité de paix est signé en juillet 1923. Pour la Grèce, les clauses essentielles en sont les suivantes:

- Perte de l'Asie Mineure et de la Thrace orientale jusqu'à l'Evros (Maritza)

- Confirmation du rattachement des îles orientales de l'Egée, exceptées Imvros et Ténédos, au large des Dardanelles, ainsi que du Dodécanèse qui reste occupé par l'Italie et ne sera libéré qu'en 1944.

- Echange obligatoire de populations avec la Turquie: 1,2 millions de Grecs d'Asie Mineure et entre 250 et 300'000 Turcs de Macédoine doivent ainsi quitter leur pays natal. Ne sont exceptées de cet échange que les communautés hellénique d'Istanbul (environ 60'000 personnes en 1923) et turque de Thrace occidentale (près de 80'000 personnes).

Malgré certaines protestations et indignations de principe de la part notamment des militaires le Traité de Lausanne est accueilli avec un relatif soulagement en Grèce. Limitant les dégâts du point de vue territorial, il préserve voire étend les acquis des conflits balkaniques, et fixe le pays dans ses frontières quasi-définitives.

Sur le plan politique intérieur, la Comité Révolutionnaire maintient tout d'abord la monarchie, avec le Roi Georges II qui succède à son père exilé, puis avec un régent. Il semble toutefois exister dans le pays un rapport de forces très net en faveur de la république dans la mesure où, tant au près d'une majorité de la population que du corps des officiers, la royauté est alors tenue pour responsable de la défaite de 1922. En octobre 1923, une tentative manquée de coup d'Etat royaliste menée par le général Métaxas renforce encore les républicains. Georges II quitte la Grèce à la fin de l'année, et la république est proclamée en mars 1924, puis ratifiée par un plébiscite. Toutefois, même si 70% des électeurs votent contre la monarchie, les militaires semblent alors imposer d'autorité le nouveau régime, et par là l'affaiblissent. Au surplus, le Roi n'aura été qu'un responsable « indirect » du désastre national, au contraire des politiciens qui y ont directement contribué, et qui l'utilisent comme bouc émissaire... Tout cela confère une nature instable et précaire aux institutions, d'autant plus que les Conservateurs refusent de reconnaître la validité du changement. D'autre part, les interventions et coups de force de l'armée deviennent une tradition, qui aboutira au rétablissement de la monarchie et à la dictature de 1936-1940.

Paradoxalement, Venizélos, dont le mouvement est à l'origine dès 1909 de cette évolution vers la république, est personnellement partisan d'une monarchie constitutionnelle. En janvier 1924 il prend la tête du gouvernement à la condition expresse d'un éloignement des militaires de la scène politique. Le Comité Révolutionnaire cède provisoirement l'avant-scène, tout en gardant en mains tous les postes et garnisons importants au sein des forces armées, et demeure ainsi un noyau de pression redoutable. Ce premier cabinet politique n'aura qu'une existence très brève: le mécontentement et l'agitation populaires dus aux conditions de vie très difficiles, la volonté majoritaire d' « en finir avec la monarchie », et les profondes divergences des Libéraux au sujet de tous ces problèmes amènent sa démission en février. Les militaires reviennent donc au pouvoir derrière un gouvernement « de service », et feront peu après proclamer la république.

De fait, les « officiers révolutionnaires » constituent entre 1922 et 1926 la seule force organisée et capable de tenir en mains l'Etat hellénique afin d'éviter une révolution sociale. La classe politique, libérale comme conservatrice, est dépassée par les événements, la Monarchie est discréditée, il ne reste donc plus que les militaires pour maintenir l'ordre et assurer la continuité de l'Etat bourgeois face aux menaces extérieure (la Turquie) aussi bien qu'intérieure (le mécontentement populaire). Cette dernière semble bien être la plus importante à juguler durant 1923-1924: la défaite, la démobilisation, l'afflux des réfugiés, sont les générateurs d'une situation explosive sur le plan social. En 1923, on ne compte pas les grèves (surtout chez les ouvriers agricoles) et les soulèvements populaires dus à la misère, dans les villes et les campagnes.

5. Le Mouvement Ouvrier. La dictature Pangalos.

Le désastre de 1922 marque l'installation « définitive » au pouvoir de la Bourgeoisie grecque, en même temps qu'il porte un coup fatal à son dynamisme et met en lumière ses faiblesses, notamment sa dépendance vis-à-vis de l'armée et de l'étranger. Si elle supplante donc les notables du 19e, elle doit ce contenter d'un statut qui rappelle le leur. Désormais, et jusqu'à la guerre civile, c'est le Mouvement Ouvrier qui va représenter la force politique ascendante en Grèce. Son origine et ses composantes sont diverses: les premiers syndicats apparaissent dès la fin du 19e, avec la formation d'un embryon de classe ouvrière. A la même époque naissent aussi les premiers groupements d'inspiration socialiste, composés en majeure partie d'intellectuels, et qui sont rapidement intégrés dans le courant libéral et nationaliste de 1909, dont ils vont constituer l'aile gauche, « radicale ». Durant la période entre 1912 et 1922, les guerres, mobilisations et dépenses militaires entraînent une aggravation générale des conditions de vie et un fort mécontentement au sein des classes populaires. Les dirigeants libéraux, obnubilés par leurs « grands desseins », ne perçoivent pas ce phénomène qui sera partiellement récupéré par les Conservateurs, d'abord en 1915-16, puis en 1920 lorsqu'il les ramènera au pouvoir. Dans ces circonstances, de même que durant 1923, on peut sentir le vide politique créé par l'absence d'un mouvement exprimant les intérêts et aspirations des classes populaires.

En 1920 se forment toutefois la Confédération Générale des Ouvriers de Grèce qui regroupe tous les syndicats jusqu'alors dispersés, ainsi que le Parti Socialiste Ouvrier, qui adhère à l'Internationale Communiste et prend en 1924 le nom de Parti Communiste de Grèce (KKE). Faible à ses débuts, il bénéficie après 1922 d'un certain renforcement dû à l'arrivée des réfugiés et à la naissance, parallèle à l'industrialisation des années 1920, d'une véritable classe ouvrière. Malgré tout, le KKE ne dépassera pas, dans les premières années de son existence, un poids électoral de 4-6%. Cette situation évolue au début des années 1930 à cause de la crise, qui amènera de nombreux ouvriers et chômeurs au communisme. Le parti effectue aussi à l'époque un patient travail d'implantation auprès des travailleurs agricoles (notamment du tabac), qui sont très durement touchés par la baisse des exportations et le chômage de 1930-32. La croissance du KKE doit beaucoup aux réfugiés d'Asie Mineure, dont une majorité est d'origine petite-bourgeoise ou paysanne, et qui sont violemment « prolétarisés » par les événements de

1922. Ils constituent de ce fait un terreau idéal pour la révolte: de nombreux cadres et militants du parti en proviennent durant l'entre-deux guerres. D'autre part, et du fait de l'absence d'une tradition sociale-démocrate tant soit peu importante en Grèce, les Communistes vont longtemps garder un monopole de la représentation des intérêts ouvriers[1].

Politiquement parlant, les débuts de la République sont désastreux: en 4 ans, se succèdent en effet 10 gouvernements, 11 coups d'Etat militaires, 3 élections législatives et une dictature, celle du général Théodore Pangalos, membre du « Comité Révolutionnaire », entre juillet 1925 et août 1926. Cette dictature en arrive à une telle accumulation d'énormités sur le plan extérieur (proclamations « revanchardes » contre la Turquie, invasion de la Bulgarie suite à un incident de frontière, qui coûtera à la Grèce des réparations de 1'000'000 de £-or imposées par la S.D.N.), et à une pareille incompétence sur la plan économique (nouvelle « mutilation » des billets de banque, conventions désastreuses pour les intérêts de l'Etat passées avec des compagnies étrangères), que les militaires eux-mêmes vont renverser ce régime. Même si les institutions de l'Etat ne collaborent pas à la dictature (le Président de la République, l'amiral Koundouriotis, se met en « congé »), la classe politique libérale l'accepte, ainsi que tous les événements qui la précèdent, presque sans broncher. Cette passivité paraît incroyable si on la compare à l'audace et au dynamisme dont elle faisait preuve 10 ans plus tôt...

Le désastre de 1922 marque l'échec de la Bourgeoisie grecque et de ses projets, encore accentué par la tragédie économique et humaine des réfugiés. Son pouvoir ne peut donc se maintenir que sous la tutelle et la protection de l'armée. En effet, la Grèce de 1922-1926 est un pays en pleine mutation sociale et économique, dans lequel les potentialités révolutionnaires se voient tout à coup renforcées par une population se trouvant dans le plus complet dénuement, et qui se sent flouée par l'aventurisme des gouvernements. Elle peut donc être d'autant plus sensible à des arguments « subversifs ». D'autre part, les salaires sont bas pour les autochtones, et leur niveau de vie est durement entamé par tous les impôts, taxes indirectes et emprunts forcés qu'impose alors l'Etat pour surmonter ses difficultés financières. Il existe donc de sérieuses raisons de mécontentement populaire, voire même d'engagement dans un processus révolutionnaire. Même limités, les progrès électoraux du Parti communiste entre 1920 et 1923 (passant de 1,5 à quelque 6% des voix) ainsi que, ce qui est plus significatif, le nombre de ses adhérents après 1922 (près de 37'000 jusqu'en 1924) sont à ce titre des indicateurs importants.

---

[1] Voir à ce sujet : KORDATOS, « Histoire du Mouvement ouvrier grec », op.cit.

Il s'agit donc pour les classes dirigeantes grecques et leurs représentants politiques de limiter au possible une prise de contact entre le « prolétariat » ancien et nouveau et le mouvement ouvrier, face à la montée des problèmes sociaux et du mécontentement populaire. Le système politique clientéliste constitue certes en période normale un sérieux garde-fou, mais la situation exceptionnelle de la période donnée exige des mesures tout aussi exceptionnelles. Les militaires sont alors la seule force capable de réprimer des troubles, voire un mouvement révolutionnaire : dominant de fait la vie politique, ils en ont les moyens. Ainsi, craignant une situation sociale hautement explosive, le monde politique accepte la tutelle de l'armée. Une seconde raison réside dans la menace que constituent les Conservateurs et ultra-royalistes, illustrée par la tentative de putsch de Métaxas en octobre 1923. Les Officiers Révolutionnaires sont donc les garants du nouveau régime et sont acceptés comme tels par les politiciens.

Mais ces officiers, souvent issus d'un milieu populaire ou petit-bourgeois, aguerris par les Guerres balkaniques, le conflit mondial et la campagne d'Asie Mineure, ne veulent pas seulement jouer le rôle de garants ou d'instruments de répression. Leurs tendances politiques sont diverses, allant du progressisme radical au fascisme, en passant par le style « bananier » de Pangalos… Leurs dénominateurs communs sont le nationalisme et l'attachement à la République, du moins jusqu'au milieu des années 1930. S'ils défendent de manière objective les intérêts des classes dominantes, les militaires peuvent toutefois aussi agir de manière autonome, en fonction de leurs préoccupations, intérêts et mentalité propres. La dictature Pangalos et ses excès intérieurs et extérieurs, qui aboutissent à une détérioration notable de la situation économique, en est une parfaite illustration. D'autres encore agiront de manière autonome durant tout l'entre deux guerres et même au-delà, tels Kondylis, Plastiras ou Saraphis, que ce soit dans la légalité ou pas. Toujours est-il que le renversement de Pangalos par ses pairs en 1926 marque une prise de conscience de la part des officiers: comprenant qu'ils ne sont pas une solution gouvernementale viable à terme, ils laissent le pouvoir à la classe politique. Un régime parlementaire stable apparaît en effet comme mieux à même de résoudre les problèmes économiques, et surtout d'obtenir une aide financière de l'étranger. En automne 1926, le pouvoir est ainsi remis par les militaires aux politiciens. Un gouvernement d'union nationale est formé, regroupant pour la première fois toutes les tendances de la classe politique bourgeoise, du centre-gauche jusqu'aux conservateurs du Parti Populiste, dont le nouveau chef, Panagis Tsaldaris accepte de fait la République. Le nouveau cabinet et le Parlement vont s'atteler à l'élaboration d'une constitution, qui sera adoptée en 1927. Au cours de cette année, la stabilité du gouvernement d'union va toutefois s'effriter, principalement à cause de sa politique économique d'austérité intérieure, parallèle au gonflement de la dette publique extérieure. Le centre-gauche et de nombreux Libéraux s'en retirent au début de 1928, ce qui entraîne la tenue de nouvelles élections en été de la même année.

6. L'évolution économique: industrialisation, réforme agraire, surendettement.

Le premier décollage industriel de la Grèce date de la période 1923-1930. La masse des réfugiés constitue en effet une main-d'œuvre abondante, bon marché et relativement bien qualifiée. L'industrialisation devient donc possible, car rentable pour une Bourgeoisie qui n'a pratiquement exercé jusque là que des activités marchandes ou maritimes. Quelques entrepreneurs sont eux-mêmes originaires de Smyrne, qui ont pu sauver une partie de leurs fortunes ou qui utilisent leurs succursales en Grèce pour y investir dans la production. Cette naissance de l'industrie grecque ne se produit naturellement pas d'un seul coup après 1922 mais, comme nous l'avons vu puise ses racines à la fin du 19e. Les agrandissements territoriaux et les déplacements de population entre 1912 et 1922 lui offrent débouchés et main d'œuvre. D'autre part, les bénéfices importants réalisés par la Bourgeoisie grecque entre 1914 et 1918 dans les domaines du transport maritime et du commerce (on peut les estimer à un total de 20 milliards de Drs (plus de 500 millions de £) vont l'inciter, vu les conditions favorables, à réaliser certains investissements industriels[1]. Enfin, l'industrialisation va grandement profiter de l'afflux de capitaux empruntés à l'étranger jusqu'en 1930, destinés à l'aide aux réfugiés et aux grands travaux d'infrastructure: une part importante de ces crédits sera injectée par l'intermédiaire de l'Etat dans les entreprises, alors que la réalisation de routes, de voies ferrées, d'installations portuaires et l'électrification sont des conditions et des stimulants au développement industriel.

En chiffres, le nombre des unités de production employant entre 10 et 200 ouvriers passe de 3'100 en 1923, avec 85'000 travailleurs, à 4'400 en 1929 et 140'000 ouvriers, puis à 4'950 en 1938 avec 175'000 ouvriers. Si l'on fixe à 1 l'indice de production industrielle pour 1923, il passe à 2 en 1929, et à 2,7 pour 1938. Dans leur majorité, ces entreprises restent petites, souvent à la limite de l'artisanat, malgré des modernisations et une machinisation croissantes. Elles produisent des produits de consommation courante, alimentation, ameublement, ainsi que métallurgie outillage légers et matériaux de construction. Elles approvisionnent surtout le marché intérieur,

[1] Voir à ce sujet: BLOUDANIS, « Dépendance et Impérialisme… », op.cit.

aidées en cela par le protectionnisme systématique mis en place et maintenu par les divers gouvernements. Toutefois, les exportations sont également importantes, dans la mesure aussi où la forte dépréciation de la Drachme entre 1924 et 1933 les rend avantageuses pour les acheteurs. Les principaux clients étrangers de l'industrie grecque sont les pays voisins (Balkans et Turquie), ainsi que l'Egypte et l'Amérique du Sud[1].

La crise des années 1930 ne touche pas durement l'industrie grecque, dans la mesure où elle écoule près du 70% de sa production sur le marché intérieur, au contraire de l'agriculture dont les produits, et notamment le tabac, sont en bonne partie exportés. Malgré tout, le développement industriel connaît un ralentissement dès 1931, et se laisse distancer par l'offre de main d'œuvre. Le chômage s'accroît ainsi entre 1931 et 1934, passant de 70'000 à 160'000 personnes, dont plus du 70% se compose d'ouvriers agricoles. D'autre part, le revenu des travailleurs chute durant la même période en dessous du minimum vital.

L'Etat joue un rôle important dans cette industrialisation: ses interventions se font surtout à travers l'octroi de crédits et de prêts, ainsi que de grosses commandes, notamment dans le domaine des matériaux de construction destinés aux grands travaux ou à la construction de logements.

Dans les autres secteurs de l'économie, la marine marchande continue son expansion durant l'entre-deux guerres. Les compagnies ont subi des pertes humaines et matérielles importantes durant le conflit, mais ont aussi réalisé des bénéfices énormes. Elles peuvent donc procéder à une modernisation et un renouvellement de leurs flottes. Le tonnage total passe de 400 millions de tonnes en 1918 à 1'315 millions en 1928 et 1'929 millions en 1939. Le rôle de la marine marchande hellénique devient donc primordial dans le commerce méditerranéen et mondial.
Dans le domaine de l'agriculture, une importante évolution se produit entre 1923 et 1930. Les régions libérées durant les 10 années de guerres sont pour la plupart de riches plaines fertiles (notamment la Macédoine et la Thrace), qui ajoutent plus de un million d'hectares aux surfaces cultivables du pays. Le régime de la grande propriété foncière, hérité de l'administration ottomane, reste inchangé jusqu'en 1922. Mais les échanges de populations de 1923 laissent libres une bonne partie des terres, qui seront ainsi distribuées à des réfugiés dans les années qui suivent. Au total, entre 1923 et 1930, près de 500'000 ha sont mis à la disposition d'une centaine de milliers de familles (soit entre 4 et 500'000 personnes). Chaque lot correspond à une

[1] Pour l'ensemble des chiffres concernant l'économie et les emprunts helléniques de ce chapitre, voir: BLOUDANIS, « Dépendance et Impérialisme... », op.cit.

exploitation de taille moyenne (selon les critères de la Grèce entre 3 et 6 ha), et sera acheté à des conditions favorables de crédit par ses bénéficiaires. Par la suite, l'agitation des métayers et ouvriers agricoles locaux obligera le gouvernement à exproprier contre indemnité une partie des latifundia restants et à les leur vendre en nouveaux lots aux mêmes conditions. Si la grande propriété subsiste parfois, il se forme donc peu à peu à côté une paysannerie moyenne, débitrice donc dépendante de l'Etat, mais également de politiciens dont ils constituent, et ce jusqu'à nos jours, une base électorale sûre.

Les réalisations en faveur de l'agriculture sont importantes: travaux d'irrigation, drainage de plaines marécageuses, coopératives, écoles, crédits... La production agricole joue en effet un rôle primordial dans les exportations, avec le tabac, les raisins secs, les olives et les agrumes. Au surplus, la nécessité d'équilibrer une balance commerciale déficitaire impose aux dirigeants du pays de tenter d'atteindre la plus grande autarcie alimentaire possible. On s'emploie donc à développer sensiblement la production de blé entre 1926 et 1939.

Ainsi, l'économie grecque parvient enfin à réaliser de profondes mutations et évolutions sous la pression de l'urgence et de la nécessité. Celles-ci permettent la réinsertion sociale progressive d'environ 7 à 800'000 personnes, dans des conditions souvent modestes, mais décentes. Il subsiste toutefois une frange importante de 4 à 500'000 personnes qui resteront dans la misère et la précarité des bidonvilles et du chômage latent jusque dans les années 1960. Beaucoup seront victimes de la faim qui va sévir durant la Seconde Guerre mondiale et l'occupation entre 1941 et 1944. Ils constituent naturellement une catégorie « sensible », très perméable à la révolte, mais également à toute forme de manipulation politique de la part des régimes autoritaires qui se succèdent sans discontinuer au pouvoir entre 1936 et la dictature des colonels...

Le montant total de la dette publique extérieure, qui est de 34 millions de £ en 1914, va atteindre un montant de 67 millions de £ en 1920, puis 80 millions en 1925 et 132 millions en 1932. L'augmentation de plus de 90% durant le Premier conflit mondial indique aussi l'effort de guerre consenti par la Grèce en faveur des alliés. On peut toutefois trouver discutable que les bénéfices énormes réalisés par les armateurs durant cette guerre n'y aient pas également contribué. Celle de 95% entre 1922 et 1932 illustre les besoins énormes du pays durant les années 1920, liés à la réinstallation des réfugiés, aux mutations et au développement de l'économie, ainsi qu'aux dépenses militaires. Le pays veut en effet aussi récupérer sa crédibilité internationale après sa défaite de 1922. Le recours aux emprunts extérieurs est constant et massif jusqu'en 1932. Les prêts internationaux accordés à la Grèce sont principalement de 2 sortes, soit:

Des crédits obtenus sous les auspices et avec la garantie de la S.D.N. en 1923-24 et 1927-28, destinés à faire face au problème des réfugiés. Ils permettent notamment de financer la réforme agraire, des prêts aux agriculteurs, et la construction de logements. L'aide aux réfugiés est gérée par une commission ad hoc, dite Commission d'établissement, composée de représentants de la S.D.N. des banques émettrices et de l'Etat grec. Ces crédits soutiennent également l'industrialisation, par des prêts de « seconde main » accordés aux entreprises par l'Etat, dont la somme représentera en 1932 plus du tiers (35,3%) du capital total de celles-ci.

Des emprunts directement contractés par l'Etat grec auprès de banques étrangères, notamment la Hambros Bank de Londres, destinés à couvrir les besoins de l'Etat, l'équipement des forces armées, et à financer de grands travaux d'infrastructures: ainsi sont achevés les réseaux routiers et ferroviaires Nord-Sud et Est-Ouest, l'agrandissement et l'aménagement des ports du Pirée et de Thessalonique, ainsi que le drainage et la bonification de plaines fluviales en Macédoine et en Thrace. Beaucoup de ces travaux sont confiés sous mandat à des entreprises étrangères, notamment britanniques et américaines. La part des capitaux britanniques reste d'autre part dominante dans la dette grecque, avec une proportion de 48,8% en 1932[1].

Les crédits étrangers permettent d'importantes réalisations, même si le surendettement entraînera des problèmes financiers insupportables. Par ailleurs, la politique économique est sans cesse entachée d'abus, de dépenses inutiles et de détournements personnels. Entre 1924 et 1926 particulièrement, du fait de l'instabilité et de la dictature, cette politique est menée par des incompétents, de manière autoritaire, et sans aucun contrôle. L'Etat est ainsi en quête perpétuelle de nouveaux revenus, et souvent contraint de réemprunter afin d'assurer le seul service de sa dette. Vis-à-vis de ses propres citoyens, il agit à plusieurs reprises par des méthodes de financier véreux, multipliant les taxes, emprunts forcés et manipulations monétaires pour faire face à ses obligations. En janvier 1926, le dictateur Pangalos ordonne ainsi une nouvelle « mutilation » des billets de banque, obligeant par ce biais la population à lui prêter la moitié de son argent… Ces pratiques cessent avec les gouvernements « politiques » des années 1927-1936, au cours desquelles les détournements prennent des « formes » et deviennent davantage « institutionnels »… Il n'en reste pas moins que ces

[1] Voir à ce sujet : BLOUDANIS, « Dépendance et Impérialisme… », op.cit.

« brutalités » de l'Etat dans le domaine financier laissent de profondes marques dans la Société, et favorisent la méfiance, la politique du « bas de laine », ainsi que les petits larcins et les accaparements personnels dans la population.

Entre 1927 et 1932, près de 14 millions de £ provenant d'emprunts extérieurs, soit plus du 22% du total des sommes empruntées par l'Etat grec entre 1923 et 1932 (65 millions de £), ont été consacrés à l'octroi de crédits très favorables (entre 3 et 5%) à des entreprises industrielles. Un « Trust de financement industriel » est mis sur pied à cet effet en 1927, auquel participent la Hambros Bank de Londres, la Banque Nationale contrôlée par l'Etat grec, et la National City Bank américaine. Les montants sont empruntés par le gouvernement hellénique à 7%, et transmis ensuite aux entreprises à des taux inférieurs. Environ le 50% des sommes allouées par le Trust est d'origine britannique[1].

On peut se poser la question du bien-fondé de tels crédits industriels qui alourdissent la dette extérieure pour être accordés à des industries prospères. Celles-ci pouvaient trouver des capitaux, certes moins avantageux, ailleurs que dans l'aide aux réfugiés. D'autre part, elles travaillaient déjà dans les conditions les plus favorables qui soient: main d'œuvre souvent qualifiée et très bon marché, monopole sur le marché intérieur, débouchés assurés à court et moyen terme. Les bénéfices importants et les fortunes colossales réalisés entre 1924 et 1932 dans l'industrie grecque sont d'ailleurs une indication supplémentaire de sa haute rentabilité.

Par ailleurs, une part importante bien qu'impossible à chiffrer de manière exacte (on peut l'estimer autour de 40%) des capitaux prêtés à l'Etat grec par les banques britanniques et américaines sont en quelque sorte « grecs ». En effet, les souscripteurs aux emprunts concernés sont des membres de l'opulente communauté hellénique de Grande-Bretagne, composée d'armateurs ou de commerçants de carrure internationale, ainsi que des Grecs d'Amérique. Les premiers, au contraire de la plupart des Gréco-Américains, ont encore des liens et intérêts importants en Grèce. Leur cas nous semble révélateur d'une pratique d' « investissement indirect » largement pratiquée par le capital hellénique qui se transforme ainsi en capital « étranger » pour être investi dans le pays, et alourdit la dépendance de ce dernier...

[1] Ibid.

7. 1927-1932: stabilisation politique et faillite financière.

Les élections législatives de l'été 1928, sont largement remportées par le parti libéral, toutefois handicapé par ses multiples tendances. Venizélos décide alors de revenir à la politique active, parvient à imposer l'unité et à former un cabinet en septembre 1928, qui durera jusqu'en 1932 et sera le plus long de l'entre-deux-guerres. Grâce à cette stabilité, ce gouvernement parviendra en 3 ans à d'importantes réalisations, tant sur les plans intérieur qu'extérieur :

L'achèvement de la première phase de réinsertion économique et sociale des réfugiés qui, malgré les imperfections déjà mentionnées, permet à une majorité de ceux-ci des conditions de vie relativement décentes,

La complétion des grands travaux d'infrastructures, la poursuite et l'intensification de la réforme agraire, et la mise en place de conditions favorables à l'industrialisation. Ces mesures, décrites en détail plus haut, avaient été pour la plupart compromises par la dictature, puis progressivement reprises à la chute de celle-ci par Kyriakos Varvaressos, économiste de réputation mondiale et l'un des inspirateurs des théories de Keynes, qui reste ministre de l'économie entre 1927 et 1931,
Une profonde réforme de l'éducation nationale, dont l'organisation datait du milieu du 19e, sous l'impulsion du ministre Georges Papandréou.
Enfin, un retour de la Grèce sur la scène diplomatique régionale et européenne, grâce à une politique extérieure cohérente et suivie, qui amorce une sensible amélioration des relations avec la Turquie, ainsi qu'un rapprochement avec l'Italie. Cette politique étrangère tente, tout en maintenant la traditionnelle alliance britannique, à diversifier dans la mesure du possible les relations extérieures du pays. Dans l'esprit de Vénizelos, il s'agit d'arriver à un rééquilibrage des alliances, afin de renforcer l'indépendance nationale, mais aussi de mettre sur pied une alliance gréco-turque, pouvant constituer la puissance régionale envisagée par le Crétois pour la seule Grèce dix ans plus tôt. Cette perspective semble d'ailleurs intéresser Kémal et les dirigeants turcs. Elle débouchera en fait sur le Pacte Balkanique signé en 1934 par les 2 pays ainsi que la Roumanie et la Yougoslavie, et qui prévoit entre autres une alliance militaire.

Ce traité est considéré comme créateur d'une zone de stabilité et de sécurité dans l'Europe du Sud-Est face à d'éventuelles prétentions italiennes, hongroises ou bulgares. Il fait partie du système d'alliances « français » de l'époque, et complète la Petite Entente vers le Sud. Du côté grec, il est signé par gouvernement populiste de Tsaldaris qui succède après 1932 aux Libéraux. Le Pacte Balkanique est aussi un choix pour la Grèce. La politique étrangère de Vénizelos, axée sur la fidélité à l'alliance britannique mais aussi sur une diversification vers l'Italie (auprès de qui d'importantes commandes d'armements navals sont passées en 1929) subit là une inflexion qui ramène la Grèce à ses liens traditionnels... Même s'il reste, sur le plan militaire en tout cas, d'une totale inefficacité, le Pacte Balkanique ne sera pas remis en question jusqu'en 1940, malgré le glissement autoritaire des gouvernements grec, yougoslave et roumain dans la 2e moitié des années 1930[1].

Cette évolution positive s'appuie, durant les années 1928-30, sur des conditions très favorables du point de vue économique : l'industrie continue son expansion, le commerce extérieur est stable, et la position de la Drachme consolidée. Les grands travaux commencent à porter leurs fruits, et encouragent la production industrielle et agricole. Mais ces bons résultats sont en partie redevables à l'augmentation constante de la dette extérieure. Celle-ci, et en particulier son service, commence à peser trop lourd sur l'économie du pays. A partir de 1931, elles causent au gouvernement des difficultés qui se révéleront insurmontables, particulièrement après le moratoire Hoover sur les indemnités de guerre que – entre autres – la Grèce devait recevoir, et qu'elle ne verra jamais. En 1932, le service de la dette extérieure demande plus de 50% du budget national. En parallèle, apparaissent aussi de gros problèmes agricoles et commerciaux : malgré les progrès accomplis, il faut encore d'énormes investissements pour continuer la politique d'auto - approvisionnement du pays, surtout en blé, afin de réduire les importations. D'autre part, la chute rapide de la demande et des prix internationaux en tabacs, raisins secs, et huiles (qui sont les principaux produits d'exportation) dues à la crise, contribuent à aggraver la situation de l'économie et des finances.

Devant l'impossibilité de trouver une aide internationale pour sortir de son impasse financière, ainsi que l'intransigeance de la Commission financière internationale et des associations de créanciers, le gouvernement Vénizelos prend en avril 1932 la décision de suspendre tous les paiements de la dette extérieure. L'Etat grec est alors déclaré en faillite par ses créanciers. Cet échec des libéraux va entraîner leur chute, et de nouvelles élections donnent une courte majorité au parti populiste, qui forme un nouveau gouvernement sous la présidence de P. Tsaldaris. Celui-ci entamera des négociations avec les créanciers et la C.F.I., qui traîneront toutefois en longueur jusqu'en 1939. Le problème de la dette extérieure grecque ne sera finalement réglé que dans le cadre de la réorganisation économique mondiale de l'après-guerre. Notons au passage qu'une telle interruption des paiements n'est pas un phénomène

---

[1] Voir à ce sujet : DRIAULT, E. « La question d'Orient, 1918-1937 », op.cit. ainsi que DUROSELLE, JB : « Histoire diplomatique de 1919 à nos jours », op.cit.

exceptionnel à l'époque : des pays comme l'Autriche ou la Bulgarie y sont également contraints, et la France elle-même cesse le remboursement de ses dettes de guerre envers les Etats-Unis en 1932…

Les années 1931 à 1933 sont particulièrement marquées par l'agitation sociale et les mouvements de grève des travailleurs industriels et agricoles, ces derniers étant particulièrement touchés par la crise. En 1933, on compte dans le pays plus de 160'000 chômeurs, ouvriers agricoles dans leur majorité. Ces luttes populaires sont durement réprimées, aussi bien par les libéraux que par les populistes après 1932. On n'hésite pas à promulguer des lois d'exception anticommunistes (1930) ou à faire appel à l'armée comme garant de l'« ordre » contre les manifestations et les grèves.

8. 1933-1935: La restauration monarchique.

Entre 1930 et 1935, on peut résumer ainsi une présentation des forces politiques en Grèce: d'une part, les 2 grands partis, libéral et populiste, formés en fait de différentes factions et clientèles régionales gravitant autour des dirigeants nationaux. Objectivement, ils ont beaucoup rapproché leurs positions respectives depuis la Première guerre mondiale. Les conservateurs se sont adaptés aux réalités nouvelles, aussi bien politiques (acceptation de fait de la République) qu'économiques. Les libéraux ont parallèlement vu leur dynamisme des années 1910-1920 s'émousser, et se sont fondus dans la tradition de léthargie et de clientélisme héritée du 19e. Ils restent malgré tout le mouvement d'une bourgeoisie plus active et soucieuse de modernisation et de relative indépendance nationale. Leurs adversaires restent toujours un parti des notables, considérant et surtout acceptant la dépendance du pays envers les « grands », d'autant mieux qu'elle leur garantit un certain pouvoir en tant que rouage de transmission entre la Grèce et ses protecteurs. On remarquera cette différence de sensibilité durant le conflit entre la Grèce et ses créanciers (fin 1931-automne 1932), au début duquel (sous le gouvernement Vénizelos) les populistes prennent fait et cause pour ces derniers, traitant Vénizelos et ses ministres d'« escrocs internationaux », et menaçant même de les traduire en justice pour avoir « abusé de la confiance des créanciers »... Toutefois, une fois au pouvoir, dès septembre 1932, Tsaldaris s'aperçoit rapidement qu'il ne peut céder aux revendications des associations de porteurs et de la Commission financière internationale, car la situation financière catastrophique ne lui laisse aucune marge de manoeuvre. Même si les divergences réelles entre les 2 composantes de la Bourgeoisie hellénique s'estompent sensiblement, leurs conflits verbaux (et souvent même physiques), ainsi que leur lutte pour le pouvoir restent féroces.

D'autre part, on trouve le parti communiste (K.K.E.) et quelques groupuscules de gauche. La répression qu'ils subissent et leur audience relativement limitée malgré les progrès électoraux (10% en 1932 et 14% en 1936), les empêchent de promouvoir un terme alternatif socialiste crédible. L'absence d'un parti social-démocrate de masse laisse d'autre part aux communistes la représentation quasi exclusive des intérêts des classes laborieuses qui, comme nous l'avons vu, commencent à prendre de plus en plus conscience. A l'instar des mouvements communistes de l'époque, le K.K.E. est alors étroitement inféodé à l'Union Soviétique et aux méandres de sa politique extérieure. Son dirigeant, Nikos Zachariades et ses cadres supérieurs, formés à Moscou, sont certes parfois de bons tacticiens mais, comme nous le verrons durant la décennie suivante, manquent cruellement d'indépendance et d'envergure intellectuelle et politique.

Au moment de son accession au pouvoir, Panagis Tsaldaris ne remet pas en cause le régime républicain, et s'engage même formellement à accepter le cadre constitutionnel en place. Royaliste de conviction, le nouveau premier ministre est toutefois un modéré, qui ne se privera pas de calmer, parfois vertement, les ardeurs et l'esprit de revanche de beaucoup de ses partisans. L'idée d'une restauration monarchique n'en commence pas moins de reprendre vie, aidée par une dégradation progressive du climat politique : violences verbales et physiques, attentats et vexations contre des personnalités de l'opposition, ravivent un fossé que l'on croyait presque comblé au sein de la classe dirigeante et de la société grecques. Les conservateurs procèdent à des purges dans l'armée et l'administration, et « reprennent en mains » le pays en noyautant systématiquement l'appareil d'Etat. De leur côté, les libéraux réagissent à la menace qui pèse sur eux et leur mainmise sur l'Etat par une attitude d'opposition politique rigide chez les politiciens, et de complot chez les militaires évincés des postes de commandement. Dès 1934, les deux composantes de la classe dirigeante hellénique recommencent donc leur conflit fratricide, ponctué d'attentats, d'assassinats politiques et de coups d'Etat...

La crise et l'instabilité politiques contribuent à alimenter un courant d'opinion favorable au retour d'un « roi-arbitre » qui contribuerait à l'apaisement des passions. La propagande royaliste touche même une partie des libéraux, voire certains anciens officiers révolutionnaires tels le général Kondylis qui sera l'un des artisans du retour de Georges II. Venizélos lui-même, s'il personnifie (à tort) la République aux yeux de ses partisans, n'est pas totalement hostile à une restauration. Certains facteurs et pressions extérieurs, d'origine britannique pour la plupart, et touchant aux domaines financier (gestion de la dette) et stratégique (intérêts de la Grande-Bretagne

en Méditerranée Orientale) poussent également au rétablissement de la monarchie : nous les examinerons plus en détail ci-après.
Dans la tradition de la révolution militaire de 1922, des officiers républicains veulent réagir à cette évolution et tentent un coup d'Etat militaire en mars 1935. Une bonne partie de l'armée et la quasi totalité de la Flotte les suivent, et un début de guerre civile secoue la Grèce durant quelques jours. Toutefois, les postes clés étant aux mains de généraux royalistes, la révolte va échouer et sera sévèrement réprimée. Plus de mille officiers sont chassés de l'armée et de la Marine, emprisonnés ou exécutés. De manière générale, les mesures de rétorsion et même la terreur contre les républicains et, bien entendu la Gauche, sont alors accentués. Vénizelos doit quitter le pays, et sera condamné à mort par contumace. Des élections ont lieu en juin 1935 auxquelles les libéraux s'abstiennent. Grâce à cette nouvelle « Chambre introuvable », conservateurs et royalistes peuvent établir un contrôle absolu sur l'Etat et les forces armées. En septembre 1935, une junte d'officiers supérieurs, sous la direction des généraux Kondylis et Papagos, renverse Tsaldaris, qui tenait à ne pas agir avec précipitation et à ne changer le régime qu'en respectant certaines formes. Un plébiscite douteux, où le nombre des votants dépasse celui des électeurs inscrits est organisé, et donne un résultat de 97% en faveur de la monarchie. La restauration est ainsi imposée, et Georges II arrive à Athènes en novembre 1935. Venizélos, exilé à Londres, accepte publiquement ce retour du roi, de même qu'une majorité des libéraux.

Une évolution importante pour toute l'Histoire récente de la Grèce se fait également en 1933-35 : en effet, à partir de ce moment et mis à part un bref intermède en 1942-43, les forces armées, soigneusement épurées, cessent d'être nationales et de servir les intérêts des classes dirigeantes dans leur ensemble, pour redevenir royales, comme au 19e : jusqu'en 1967, elles resteront de manière constante les défenseurs et exécutants fidèles des intérêts et volontés du palais.

9. La dictature Georges II – Métaxas (1936 – 1940)

Après son retour, Georges II contribue à préparer le terrain pour un régime autoritaire : incapable d'être un médiateur, le roi reste étroitement lié aux généraux qui l'ont remis sur le trône. Des élections en janvier 1936 n'arrivent pas à dégager de majorité entre populistes et libéraux : la Gauche (14% des voix) est ainsi arbitre de la situation. Venizélos, toujours exilé à Londres meurt, et Thémistocle Sophoulis, qui lui succède à la tête des libéraux, s'assure de l'abstention de la Gauche pour former un cabinet. Cet accord arrive aux oreilles de l'armée qui, par la voix de Papagos, déclare

« ne pouvoir tolérer un gouvernement soutenu par les communistes ». Le Roi peut ainsi nommer un cabinet extra-parlementaire, présidé dès avril 1936 par le général Métaxas. L'ancien chef d'état-major de Constantin, fidèle parmi les fidèles à la monarchie, est connu pour ses idées autoritaires. L'ensemble de la classe politique conteste ce choix, mais n'arrive pas à se mettre d'accord sur une solution de rechange. La seule opposition sérieuse à cette évolution vers la dictature émane des communistes, mais sera écrasée : en mai 1936 une grève générale éclate à Thessalonique et sera réprimée avec férocité, causant 30 morts et 300 blessés parmi les grévistes. Dans les semaines qui suivent, Métaxas saisit l'occasion pour faire emprisonner un grand nombre de dirigeants syndicaux et communistes, coupant ainsi l'herbe sous les pieds à ses opposants. En juillet, Populistes et Libéraux réagissent enfin, et annoncent au roi leur intention de former un gouvernement de coalition si Métaxas est renvoyé. Georges II refuse, et le 4 août 1936 son premier ministre proclame la loi martiale et suspend la Constitution : une seconde grève générale était prévue pour le lendemain. La dictature est ainsi établie avec la participation active de la couronne.

Il existe en effet une dualité de pouvoir dans ce qui s'appellera le « régime du 4 août », qui est sensible dans ses décisions et orientations, en politiques étrangère comme intérieure. Chacun des 2 dictateurs a son domaine réservé : les forces armées au roi, la police et les ébauches d'organisation de masse à Métaxas. La Grèce prend ainsi les couleurs et les formes des régimes autoritaires du moment : on peut toutefois davantage la comparer au Portugal de Salazar ou à la Hongrie de Horty qu'à l'Italie de Mussolini ou à l'Espagne franquiste. La dictature Georges II - Métaxas ne va jamais bénéficier d'une véritable base populaire, les quelques tentatives dans ce sens ne rencontrent que peu d'écho et restent très minoritaires dans la jeunesse ou la population. Même s'il est entouré de fascistes, ce qualificatif ne sied pas à Métaxas, qui est plutôt un « homme d'ancien régime », issu de la petite aristocratie des Iles Ioniennes, autoritaire, ultra conservateur, mais pragmatique et lucide. Il se considère comme un « serviteur de la couronne » sans se faire d'illusions sur la pérennité de son régime...
De manière générale, la population subit la dictature avec passivité : confondant souvent la démocratie avec les abus et les manoeuvres des politiciens sous la République, elle ne réagit que très peu. D'autre part, tous les moyens d'opposition et de résistance sont systématiquement éliminés durant l'été et l'automne 1936 par une police extraordinairement efficace dirigée par Constantin Maniadakis. Le mouvement ouvrier et agricole, les syndicats, le parti communiste, sont littéralement démantelés : on arrête, déporte ou tue plus de 50'000 personnes. Il ne subsiste que des cellules isolées, traquées et souvent infiltrées par la Sûreté, incapable de promouvoir une action quelconque. On impose sous la torture à de nombreux militants la

signature de « déclarations de repentir », qui les discréditeront par la suite auprès de leurs camarades. Ces déclarations permettront tout de même à certaines personnes d'être libérées dès 1938, pour tenter de reconstruire un appareil communiste clandestin. Les partis bourgeois sont également suspendus, et leurs dirigeants qui n'acceptent pas le régime sont exilés ou placés sous surveillance.

Durant 4 ans, la société grecque reste ainsi figée, sous une chape de plomb qui se targue d'être la « troisième civilisation hellénique »... Du point de vue économique, si la dictature prend quelques mesures à caractère social comme la fixation d'un salaire minimal, la journée de 8 heures, des congés payés et une sécurité sociale généralisée, elle reste tributaire du capital, indigène ou étranger : lorsque des employeurs refusent d'appliquer les mesures ci-dessus, les tentatives de protestation des travailleurs sont réprimées. Les bénéfices privés font un bond considérable entre 1936 et 1939 (+ 31%), le système fiscal reste très favorable aux gros revenus (les impôts indirects représentent en 1938 près du 80% des recettes fiscales de l'Etat), et les inégalités sociales s'accentuent malgré une relative reprise économique. Enfin, en dépit de sa bonne volonté envers les prêteurs étrangers, le régime Georges II - Métaxas n'arrive pas à régler la question de la dette publique extérieure...

Les forces armées bénéficient de la sollicitude de la dictature : l'armée est rééquipée, pratiquement pour la première fois depuis 1920. D'importants achats de matériel et d'avions sont effectués, notamment en Allemagne, qui devient le premier partenaire commercial de la Grèce durant les années 1930, achetant par des accords de *clearing* une grande partie du tabac hellénique. Pour ce qui concerne la Marine, toujours supervisée par la Mission navale britannique, sa modernisation commence en 1928 avec la commande de sous-marins en France et de destroyers en Italie. Elle continue en 1936 avec la construction de 2 destroyers en Grande-Bretagne. D'autre part, considérant désormais le pays en « mains sûres », les officiers cessent de faire de la politique et de fomenter des coups d'Etat pour se consacrer davantage à leurs tâches professionnelles.

Le caractère bicéphale du pouvoir posera cependant quelques problèmes. Les conceptions des 2 dictateurs, mais aussi et surtout de leurs entourages respectifs sur le caractère et la finalité du régime divergent à partir de 1938 : le roi n'y voit qu'un moyen de consolider son pouvoir et de mettre au pas le pays en détruisant la gauche et les républicains, avant le retour à un parlementarisme limité dans lequel la couronne sera de nouveau toute puissante. Pour le premier ministre et surtout les éléments fascistes qui l'entourent, malgré la fidélité inconditionnelle de Métaxas à la royauté, les choses sont moins simples : on entrevoit en effet une société nouvelle, autoritaire et corporatiste, basée à long terme sur les idéologies contemporaines des régimes italien, voire allemand.

Ces différences sont aussi sensibles en politique étrangère : celle-ci oscille entre la traditionnelle dépendance financière et stratégique envers la Grande-Bretagne que symbolise Georges II, et la possibilité, à terme, d'un changement de cap vers l'Allemagne, que voudraient promouvoir - même s'ils ne savent pas comment jusqu'en 1940 – Métaxas et surtout son entourage. Au sujet de ces divergences, des concessions mutuelles seront faites de part et d'autre. Le roi et son premier ministre ont tiré les leçons du passé et savent ce qu'ont coûté au pays les divisions de 1915-17. S'ils n'ont pas la popularité de Vénizelos et de Constantin, Georges II a besoin de la poigne et de l'appareil policier de Métaxas, qui ne peut quant à lui se passer du soutien de l'armée et de la caution royale. Aucun des 2 clans dictatoriaux ne peut donc écarter l'autre et gouverner seul. Le contexte international impose aussi des limites aux uns et aux autres : à cet égard, l'alliance britannique n'est jamais sérieusement remise en cause jusqu'au printemps 1940. Elle est confirmée par Londres en 1939 à travers la garantie donnée conjointement avec la France à la Grèce et à la Turquie. En septembre 1939, la Grèce proclame sa neutralité, bienveillante envers les Alliés au service desquels elle met à nouveau sa flotte marchande. En décembre 1939 Papagos, alors chef d'état-major, élabore un plan d'intervention des armées grecque, roumaine et yougoslave, renforcées d'un corps expéditionnaire anglo-français, contre l'Allemagne par le Sud-Est, qui est reçu avec intérêt à Londres et à Paris. Les choses évoluent pourtant dès juin 1940 et les victoires allemandes à l'Ouest : les pro-allemands redressent la tête à Athènes, où l'on entrevoit pour la première fois la possibilité sérieuse de se détacher de l'Angleterre. Jusqu'en octobre 1940, la neutralité grecque devient ainsi plus stricte. Craignant surtout les ambitions italiennes, Métaxas tente en vain de trouver quelqu'appui à Berlin contre les provocations de Mussolini, auxquelles il évite de répondre durant l'été 1940. Par la suite, l'attaque italienne et surtout la résistance victorieuse des Grecs viendront à nouveau bouleverser les rapports de forces.

10. La Société grecque entre 1922 et 1940. La classe politique.

L'Histoire récente de la Grèce est marquée par 4 événements fondamentaux qui déterminent par la suite l'évolution de l'Etat et de la Société dans leur ensemble. Il s'agit de l'indépendance incomplète, voire « impossible » (dans la mesure où l'Etat alors créé n'est pas viable) de 1829, qui alimentera les frustrations et la faillite économique du 19e siècle, du désastre d'Asie

Mineure de 1922 qui entraîne un traumatisme sans précédent pour le pays et la population dans son ensemble, de l'occupation et de la Guerre civile entre 1941 et 1949, et enfin de l'adhésion à l'Union Européenne en 1980. Pour ce qui concerne les 2 premiers événements, et en particulier le désastre d'Asie Mineure, il est intéressant d'en souligner les influences sur la Société grecque moderne, qui prend justement forme durant l'entre-deux-guerres. Il ne s'agit évidemment pas de tirer des conclusions ou de tomber dans des clichés simplificateurs : une Société, une mémoire collective, des mentalités se modèlent à partir de facteurs multiples et complexes, et non d'un seul événement, fût-il d'importance primordiale. Mais ce dernier exerce aussi, indéniablement, son influence déterminante sur la manière de penser et le comportement d'une communauté.

La dépendance et les frustrations du 19e débouchent, comme nous l'avons vu, sur la prise de conscience symbolisée par 1909, puis la libération de la majeure partie de la Grèce à l'occasion des conflits balkaniques, et son accession au statut d'Etat viable. Mais cette renaissance constitue aussi une parenthèse, dans la mesure ou la dépendance refait surface dès 1915. Elle approfondit les dissensions de la Première Guerre mondiale qui engendrent le désastre de 1922. Même désormais « théoriquement viable » sur les plans économique et démographique, la Grèce d'après 1922 restera profondément marquée par le désastre humain qu'elle a subi, tant au niveau de l'Etat que de la Société ou des individus. Le mythe de la « Grande Idée » et d'une « Grande Grèce » ont vécu. Ils cèdent la place à celui du pays « trahi » par ses alliés de la veille…

Le fait est que la destruction violente et rapide (moins d'une année) de l'Hellénisme d'Asie Mineure par les nationalistes turcs, a littéralement « coupé les ailes » aux Grecs. L'ensemble des classes et catégories sociales constituant les forces vives du pays y ont perdu beaucoup de dynamisme et de la volonté de prendre son destin en mains qui s'étaient manifestés au début du siècle. Une « mentalité de vaincu » se répand dans la Société, l'Etat et la population, désormais dominés par un conservatisme frileux, la peur d'innover et d'imaginer, ainsi qu'un sentiment d'insécurité désabusée. Ce dernier, de manière compréhensible, prévaut en particulier auprès des réfugiés qui, après avoir échappé au massacre, ont été déracinés de leur terre ancestrale. Cette partie de la population représente en 1924 plus du cinquième des Grecs, ce qui est énorme.

L'apport des Grecs d'Asie Mineure enrichit et influence tous les aspects de la culture et des traditions hellènes. Toutefois, le mélange forcé des mentalités et des traditions socio-politiques de l'hellénisme d'Asie Mineure à celles, très différentes, de la Grèce européenne a engendré de graves problèmes. L'esprit dit « levantin », fait d'habileté, de compromis et de finesse, mais aussi de méfiance fondamentale vis-à-vis de l'autorité étatique ainsi que de passivité politique, fruit de la réalité ottomane vécue par les Grecs d'Ionie, vient se superposer aux traditions plutôt « carrées », relativement démocratiques, et en tout cas très politisées de la Grèce du début du siècle. Le clientélisme politique et électoral, qui avait nettement reculé en 1910-1920, se trouve ainsi passablement renforcé, et reste jusqu'à nos jours la principale caractéristique des partis et de la vie politiques grecs.

Le «Rembetiko », état d'esprit résultant des conditions de vie et des problèmes auxquels étaient confrontés les réfugiés « urbains » dans la Société grecque, mais aussi de leur mémoire collective, donne naissance à un style musical et poétique, comparable au « blues » des afro-américains, ainsi qu'à une manière de penser et de vivre axée sur la “philosophie de l'échec” durant les années 1920 et 1930, qui se prolonge même jusqu'aujourd'hui. Devenu par la suite (notamment dans les années 1970 et 1980) une mode prisée par plus d'un intellectuel athénien, le « rembetiko » se souvient parfois qu'il a été durement pourchassé par toutes les polices, en particulier sous la dictature Georges II-Métaxas, puis par les régimes « musclés » et bien-pensants de l'après-guerre : il était en effet considéré comme une « dégénérescence » contraire à l'« esprit grec », d'autant plus qu'il mêlait parfois sa nostalgie musicale à la consommation de drogues...

Les conséquences du traumatisme et de la douloureuse synthèse subis par les Grecs après 1922 ressortent de manière évidente lorsqu'on considère la passivité avec laquelle la population accepte les multiples bouleversements politiques entre 1923 et 1940, ainsi que les régimes qui en découlent. Le peuple grec est en effet le « grand absent » de ces bouleversements, qu'ils soient « positifs » ou « négatifs ». La République, les dictatures, les parenthèses parlementaires, la Monarchie, s'imposent, repartent, existent et agissent au-dessus d'une population sinon indifférente, du moins résignée. La politique forme ainsi peu à peu une sorte de « monde parallèle », avec ses propres règles et préoccupations, souvent étrangères à la Société réelle et à ses besoins. A l'exception (importante, il est vrai) des personnes que la révolte pousse à voter à gauche voire à rejoindre le parti communiste, la conscience politique régresse, ramenant une majorité de la population au statut de masse, au mieux indifférente à ceux qui prétendent la diriger, au pire manipulée par eux.

Simultanément à cette évolution de l'opinion, se forme aussi peu à peu une « classe » politique, au plein sens social du terme. En plus de la défense des intérêts des classes privilégiées dont les partis bourgeois sont, en Grèce comme ailleurs, les mandataires, ces politiciens agiront de plus en plus en fonction du maintien de leurs propres privilèges et intérêts matériels ou sociaux. En conséquence, ils se préoccuperont d'autant moins de ceux de l'Etat, de la nation ou d'une majorité de la population. La lutte pour le pouvoir devient donc une lutte pour les privilèges et l'enrichissement personnel ou familial, et la politique un métier au sens le plus étroit, dont les professionnels luttent pour survivre. Durant l'entre-deux-guerres, ils sont en effet soumis à la rude concurrence des militaires, de la monarchie, des dictateurs et des communistes, qui peuvent constituer autant d'entraves à leurs intérêts. On assiste ainsi à la mise en place de dynasties et de camarillas, au sein desquelles les fils succèdent aux pères, les neveux aux oncles, et les protégés aux protecteurs. Ces dynasties deviennent solidaires les unes aux autres, en dépit des différences partisanes toujours vives en apparence. Cette classe de politiciens naît durant les années 1920 et prend particulièrement conscience en tant que telle durant la dictature Georges II-Métaxas: Libéraux et Conservateurs se manifestent alors mutuellement une solidarité fondamentale. Son pouvoir se met définitivement en place dans la période qui suit la Guerre civile, au début des années 1950. Comme rouage de transmission avec un pays qu'elle met littéralement en coupe réglée, elle utilise une administration aussi pléthorique que tatillonne et incompétente. Cette masse de fonctionnaires, souvent redevables de leurs nominations à tel député ou ministre, « tient » la population dans un filet de règlements et de lois, parfois hérités des dictatures, où l'absurde et le contradictoire côtoient le normal. La non application de nombreuses lois, au demeurant souvent absurdes, ou la simplification administrative deviennent ainsi des privilèges parcimonieusement distribués à une foule de citoyens pour lesquels la moindre démarche (par exemple l'obtention d'un passeport ou d'un permis de travail) constitue un « parcours du combattant »... Le népotisme et la bureaucratie officiels créent même la justification de leurs propres existences, couvrant leurs abus et leur impéritie sous la notion de « réalité grecque ». Mise en place dès les années 1920, celle-ci constitue une véritable idéologie officielle de la bureaucratie, du népotisme, de la corruption et de l'incompétence étatiques subis par les citoyens. Cette « réalité » tiendrait en fait à la « mentalité profonde » et aux « traditions » helléniques, ainsi données et immuables. Il n'est pas dans les buts du présent ouvrage de réfuter point par point cette psychologie de bazar, pourtant encore de nos jours abondamment relayée par la presse, certains politologues et de nombreux dirigeants. On ne peut ici que constater que cette soi-disant « réalité grecque », en fait mise en place durant l'entre-deux-guerres, a particulièrement sévi durant les années 1950, 60 et même au-delà, profitant aussi de la situation créée par la Guerre civile. Enfin elle a maintenu au profit de minorités l'Etat et la Société dans une situation d'immobilisme, de sous-développement et d'incivisme endémiques, dont les conséquences et les méfaits se font encore sentir aujourd'hui...

11. La Grèce de l'Entre-deux-guerres: un pays dépendant.

La dépendance économique de la Grèce envers l'étranger et en particulier la Grande-Bretagne est pour l'essentiel de nature financière. Comme au 19e, on peut dire que le pays vit à crédit, puisant dans l'augmentation de sa dette extérieure pratiquement tous les moyens qui lui sont nécessaires. Mais au contraire du 19e siècle, l'endettement de 1922-1932 ne sert pas uniquement au fonctionnement de l'appareil d'Etat et à des dépenses non productives. Il contribue aussi, même de manière discutable, à une stimulation sans précédent de l'économie. Inversement, on peut dire que malgré la grande richesse de la Bourgeoisie grecque, le développement de cette économie est totalement tributaire des capitaux étrangers.

Pour ce qui concerne le commerce extérieur, les partenaires principaux de la Grèce sont à l'époque la Grande-Bretagne et l'Allemagne qui, entre 1920 et 1940 couvrent ensemble entre 25 et 40% de son commerce extérieur. Les échanges anglo-grecs constituent un « cas clinique » de commerce inégal, tout d'abord dans la nature et la qualité des produits : raisins secs, huile d'olives et cuirs d'un côté contre charbon, pétrole, produits alimentaires (notamment du blé canadien), chimiques et textiles de l'autre. L'Angleterre vend à la Grèce des produits vitaux, alors qu'elle n'en importe que des denrées de second plan. Le Traité de commerce anglo-grec de 1926 (signé avec Pangalos, mais maintenu par la suite) sanctionne cette inégalité des échanges, en ouvrant par exemple en partie le marché grec aux textiles anglais. Vers la fin des années 1920, la Grèce réorganise son commerce extérieur sur la base du *clearing* (troc, ou valeurs égales entre exportations et importations), plus avantageux pour elle. Cependant, la Grande-Bretagne refusera toujours d'entrer en matière sur de tels accords, voire d'introduire des compensations partielles. Les accords de *clearing* amènent par contre un important développement des échanges germano-grecs. L'Allemagne achète près de la moitié du tabac grec (produit plus « fort » que le raisin sec), que les Britanniques refuseront toujours d'acheter, devient ainsi durant les années 1930 le premier partenaire commercial de la Grèce.

Durant l'entre-deux-guerres, la Grande-Bretagne « tient » aussi à travers des sociétés concessionnaires les télécommunications helléniques (Eastern Telegraph, puis Cable and Wireless), ainsi que la production d'électricité et une partie des transports publics de la région athénienne (Power Cy.).

Cette dépendance économique se traduit évidemment sur les plans politique et stratégique. A partir de 1922, s'opère une importante évolution dans les conceptions anglaises au sujet du rôle régional de la Grèce : d'allié privilégié et de « gendarme local », celle-ci se trouve rétrogradée au rang de pays mineur, qu'il convient de ne pas laisser troubler ou remettre en cause l'équilibre régional existant. A ce titre et jusqu'en 1925, puis entre 1932 et 1936, le gouvernement anglais empêchera systématiquement toute vente d'armes britanniques à la Grèce, en invoquant des arguments financiers qui ne sont certes pas sans fondement (besoins des réfugiés puis question de la dette extérieure)... D'autre part, la Mission navale britannique qui reprend son activité (interrompue en 1916) auprès de la Marine en 1924, remplit sa tâche de manière ambiguë : si au niveau technique la qualité de la flotte et du personnel s'en trouve indiscutablement améliorée et atteint même un haut niveau jusqu'en 1940, la Mission s'emploie également à maintenir la force navale grecque à l'état d'une petite auxiliaire locale de la Royal Navy, sans la laisser se développer en marine « complète », instrument d'une politique extérieure indépendante. A nouveau, des arguments financiers malheureusement pertinents viennent appuyer des conceptions basées en fait sur les intérêts stratégiques[1].

Les régions de la Méditerranée et du Proche-Orient sont d'une importance vitale pour la Grande-Bretagne, tant pour les communications maritimes et la défense de son empire que pour les richesses énergétiques d'Irak, d'Iran et d'Arabie dont elle est le premier exploitant. Par conséquent la domination et la sécurité de ces régions sont primordiales pour elle. A partir de 1922, Londres se rend compte qu'il faut fonder l'équilibre régional sur des relations amicales avec la Turquie, où ses intérêts restent importants et qui représente un marché énorme. Dans cette optique, il s'agit de décourager tout projet de revanche de la part des Grecs, en limitant au possible leur réarmement. De même, dans la mesure où aucune autre puissance ne songe pour l'instant à lui contester ses positions, la Grande-Bretagne n'a plus besoin de « gendarme » en Méditerranée orientale : les relations avec la France et l'Italie sont plutôt bonnes, et ses propres forces sont suffisantes pour tenir la région. Enfin, en pleine période de limitation des armements navals, il ne faut pas donner à l'Italie un prétexte pour augmenter sa flotte en aidant au développement de la marine grecque.

Durant les 10 années qui suivent, Londres va, à peu de choses près, garder la même conception stratégique au sujet de la Grèce. Durant cette période, les relations et rapports de forces entre grandes puissances en Méditerranée varient en effet peu. Les choses commencent à évoluer à partir de 1934, lorsque les aspirations impériales de l'Italie remettent cet équilibre en cause. Il est toutefois intéressant de relever une prise de position des responsables

[1] Voir à ce sujet : BLOUDANIS, N. « Dépendance et Impérialisme… », op.cit. et KOLLIOPOULOS, « Greece and the british connexion 1935-1941», op.cit.

anglais datant de 1925, au moment où la Yougoslavie émet certaines prétentions sur Thessalonique, notamment la cession de souveraineté sur une zone portuaire. A cette occasion, le Foreign Office préconise de soutenir la position grecque si la question est portée devant la S.D.N. et, de manière générale, de reconnaître la souveraineté hellénique sur la ville également par l'envoi d'unités navales en visites de courtoisie. Les arguments utilisés par les Britanniques sont significatifs et méritent d'être relevés : « ... il est facile de comprendre qu'il est à notre avantage que Thessalonique et l'Egée restent entre les mains d'une puissance que nous pourrons toujours dominer et contrôler, plutôt qu'ils ne tombent entre les mains d'un pays comme la Yougoslavie, sur lequel nous n'avons que peu de moyens de pression, et qui peut demain rejoindre une coalition qui nous serait hostile... » Le jugement anglais envers la Grèce nous apparaît ici très crûment : il s'agit d'une chasse gardée, d' un pays dont on peut faire pratiquement ce qu'on veut.

Dans cette optique, et malgré la sympathie des Britanniques pour la monarchie, qui représente une garantie de leurs intérêts et positions en Grèce, le régime politique du pays compte relativement peu en soi, qu'il soit démocratique, monarchique, républicain ou dictatorial : ce qui importe, c'est sa stabilité. Ainsi, en 1924 le départ de Georges II est accepté par Londres, qui « sacrifie » son soutien traditionnel au roi devant le danger de révolution sociale. Des contacts étroits seront toutefois gardés avec celui-ci durant son exil, en bonne partie par l'intermédiaire de la famille royale britannique. Dès 1925, et pour l'amener à résider de manière permanente en Angleterre, on lui accorde des privilèges de chef d'Etat et même une liste civile. Dans un rapport du Foreign Office à ce sujet, il est d'ailleurs clairement indiqué que cette décision a été prise dans la perspective d'un retour éventuel du roi en Grèce, dans quel cas il saurait montrer sa reconnaissance au pays qui l'avait accueilli...

Après la faillite financière et la victoire électorale conservatrice de 1932, commence à s'orchestrer une campagne en faveur du retour de Georges II à la tête du pays. En Grèce, les royalistes savent qu'ils ont l'aval de la puissance suzeraine, à condition toutefois que leur action paraisse soucieuse de rétablir un certain ordre, en l'occurence l'unité nationale menacée durant 1934-1935. Dans la presse monarchiste, le fait que Georges II soit très proche de la Grande-Bretagne est présenté comme un futur atout de la Grèce auprès de son « protecteur » en cas de restauration. Il s'agit en fait, pour les royalistes comme pour les Anglais, d'arriver à imposer la solution Georges II avant qu'il ne puisse y avoir un dénouement différent de la crise nationale. D'autre part, le 17 juin 1935, avant le plébiscite qui devra décider de la restauration, M. Sydney Waterlow, l'ambassadeur de Grande-Bretagne à Athènes, fait une déclaration à la presse athénienne selon laquelle il « considère le retour éventuel du roi comme un espoir de réconciliation entre les 2 camps adverses en Grèce »... A propos encore de cette réconciliation, condition essentielle à la stabilité, les Britanniques approcheront en décembre 1935 Venizélos, en exil à Londres depuis le coup d'Etat républicain de mars précédent. A l'issue de ses conversations avec le Foreign Office, le chef libéral, qui est un royaliste modéré et constitue ainsi un « pont » entre la monarchie et les républicains de son propre parti, publie un communiqué selon lequel il accepte la monarchie. Il est évident que l'homme d'Etat crétois aurait pu jouer un rôle important s'il n'était mort au début de 1936, et que son retour en Grèce aurait peut-être permis d'éviter la dictature. Faute d'un terme politique à l'alternative, cette dernière reçoit la bénédiction de Londres, par la plume encore de M. Waterlow, dans un rapport au Foreign Office envoyé en septembre 1936 : « Maintenant que la Grèce a enfin un gouvernement indépendant des partis... on peut penser que s'ouvre une période fructueuse pour les relations anglo-grecques. Tous les faits semblent indiquer cette direction. Le roi Georges, moteur principal du nouvel ordre des choses, est fermement installé au pouvoir, et les dispositions anglophiles de Sa Majesté sont bien connues »... Edouard VIII, en voyage privé dans les Iles Ioniennes en septembre 1936 ne manque naturellement pas de rencontrer Georges II et son nouveau premier ministre. Marquant enfin un retour de la Grèce dans un rôle quelque peu plus important aux côtés de la Grande-Bretagne, le gouvernement de Londres décide en juin 1936 d'accorder un crédit extraordinaire à l'Etat grec, alors en plein conflit avec ses créanciers et contre l'avis de ces derniers, en vue de la construction de 4 navires de guerre[1].

Sur le plan anecdotique, mentionnons le cas du Père Dimitrios, responsable de la chapelle d'Evangelismos dans le quartier huppé de Kolonaki, confesseur de la haute société athénienne en 1938-39, et détenteur à ce titre d'innombrables confidences et secrets, aussi bien mondains que gouvernementaux: il s'agit en fait de Lord David Balfour, agent de l'Intelligence Service, devenu moine et prêtre orthodoxe après une retraite au Mont Athos au début des années 1930[2]...

Nous pouvons en conclure que la Grèce de l'entre-deux-guerres est un pays dominé et dépendant vis-à-vis de l'Angleterre et de sa politique impériale. Cette domination repose sur 2 piliers essentiels : la prépondérance des capitaux britanniques dans la dette extérieure hellénique et les intérêts stratégiques de l'Empire. Ces piliers sont naturellement complémentaires, dans le sens où le premier, développé périodiquement durant le 19e, le début du 20e (1905-1914), et les années 1923 à 1930, a en bonne partie entraîné et

---

[1] Voir à ce sujet : BLOUDANIS, « Dépendance et Impérialisme… », op.cit., et KITSIKIS, « La Grèce du 4 août et les grandes puissances… », op.cit.

[2] Voir à ce sujet: WOODHOUSE, C. *« Modern Greece, a short History »,* op.cit.

favorisé le second, entre le début du 20e siècle et la Seconde guerre mondiale. Naturellement, le fait relevé plus haut qu'une bonne proportion des capitaux de la dette extérieure ne sont anglais que de nom, et appartiennent en fait à des Grecs de Londres certainement actifs au sein des associations de créanciers, peut laisser songeur…

Les interventions sur la politique intérieure de la Grèce sont assurément plus subtiles et plus discrètes que celles exercées à la même époque en Egypte ou en Irak. Il n'en reste pas moins qu'elles ont un poids prépondérant, et déterminent dans toute leur complexité et leurs contradictions, les relations anglo-grecques.

CHAPITRE IV

LA SECONDE GUERRE MONDIALE (1940-1945).

1. Les rapports de forces en 1940. La Guerre d'Albanie.

Le 28 octobre 1940 à 2 heures du matin, l'ambassadeur italien à Athènes remet à Métaxas un ultimatum qui laisse le choix entre la guerre et une occupation sans coup férir du pays. Le premier ministre répond par un « non » devenu depuis lors légendaire. A ce moment, les troupes italiennes ont déjà franchi la frontière gréco-albanaise en Epire. Mussolini et Ciano voient dans l'occupation de la Grèce la suite logique de leur « politique impériale » dans les Balkans, inaugurée en avril 1939 avec l'invasion de l'Albanie. Dans le contexte de 1940, la Grèce apparaît comme une proie facile, à tous points de vue dans une position de faiblesse: pauvre et surendettée, elle subit une dictature impopulaire. Son armée est numériquement faible et encore mal équipée, malgré les efforts accomplis depuis 1936. Elle est surtout réputée démoralisée, suite aux événements de 1935 puis aux purges de la dictature qui ont écarté de nombreux officiers. Enfin, depuis la défaite française de juin 1940, la Grande-Bretagne, désormais seule et dans une position difficile, ne peut facilement porter secours à sa protégée. Conforté par ce qu'il croit être une analyse objective de toutes les apparences, le Duce voit là une occasion inespérée de victoire facile… Quelques intérêts économiques s'y ajoutent: la bauxite et le nickel grecs, convoitées au même moment par des sociétés allemandes qui, dès août 1940 font leur discrète « rentrée » en Grèce, seraient du point de vue des Italiens une compensation à leur éviction de la Roumanie et de ses pétroles.

A partir de juillet 1940 la neutralité grecque, jusqu'alors bienveillante envers les Alliés, évolue par la force des choses vers davantage de réserve. Toutefois, une alliance avec l'Axe est (encore) impensable, car elle entraînerait la guerre civile ou un démembrement du pays: la Grande-Bretagne est certes affaiblie, mais peut encore réagir violemment à une telle éventualité. Malgré sa germanophilie, Métaxas lui-même ne pense pas que la Grèce pourra longtemps rester en dehors de la guerre et du camp britannique, en raison de sa faiblesse militaire et de sa vulnérabilité géographique. Une neutralité crédible ne peut plus exister dans la situation de déséquilibre entre belligérants d'après juin 1940. Elle ne serait en effet défendable qu'avec des forces armées bien supérieures à celles dont elle dispose, ainsi que d'importantes réserves humaines et une profondeur de manœuvre comme c'est par exemple le cas pour la Turquie. Le problème est donc de maintenir le fragile équilibre actuel en ménageant le Reich et surtout les appétits de ses alliés balkaniques (Bulgarie et Yougoslavie), en attendant un hypothétique mais providentiel retour de puissance britannique. A ce moment même, il s'agira aussi d'assurer une porte de sortie honorable pour le régime, dont Georges II constituera plus que jamais le garant…

C'est dans ce contexte qu'intervient l'Italie: tout d'abord par le biais de provocations et d'intimidations durant l'été 1940, notamment le torpillage d'un navire de guerre hellénique à l'ancre, ainsi que par une campagne de presse dénonçant des « persécutions » dont seraient victimes des « Albanais » (Chams) en Epire grecque. Le plan d'attaque italien, conçu et exécuté par le général Visconti Prasca, engage 11 divisions entre les secteurs d'Epire et de Macédoine, et prévoit la prise de Iannena et de Metsovo dans les 10 jours. A partir de là, la marche sur Athènes serait facilitée par des routes modernes.

En face, les Grecs alignent 6 divisions. Papagos, chef d'état-major de l'armée hellénique prévoit une stabilisation du front au Sud de Iannena et, en attendant la mobilisation des réservistes qui garniront cette ligne de défense, le retardement par tous les moyens de l'avance Italienne. A cet effet, et depuis plusieurs mois déjà, a été constitué le détachement du Pinde, de la valeur d'une brigade: ses soldats, originaires de la région, combattent sur un terrain dont ils ont parfaite connaissance et font merveille sur les crêtes et les vallées. Aidés par un temps exécrable et de fortes pluies, ils contribuent grandement à stopper l'offensive ennemie après quelques jours. Une fois leur mobilisation achevée, les Grecs passent à la contre-offensive dès le 8 novembre, et franchissent quelques jours plus tard la frontière albanaise. Les lignes de défense italiennes sont enfoncées les unes après les autres. Les combats, très violents, se déroulent à une altitude de 1000 à 1500 mètres et dans des conditions climatiques difficiles: pluies torrentielles, boue, et bientôt neige. Les villes de Korytsa (Korce), Argyrokastro (Gjirokaster), et le port de Saranda sont investis par les Grecs, accueillis en libérateurs par la communauté hellène d'Epire du Nord, et de manière relativement bienveillante par la population albanaise[1].

[1] Voir à ce sujet : COLLECTIF, « Histoire de la Nation hellénique » T. 15, op.cit.

Malgré des renforts et des réorganisations du commandement, Mussolini ne parvient pas à faire reprendre l'initiative à ses troupes. Au début de 1941, les grecs continuent leur avance, et menacent sérieusement le port de Valona. En mars, Mussolini et Ciano songent sérieusement à demander aux Grecs un armistice par l'intermédiaire de l'Allemagne[1]...

Les succès helléniques sont ceux d'une armée beaucoup mieux organisée qu'il n'y paraissait, mais aussi d'un peuple: dès octobre 1940 les volontaires font la queue pour aller combattre, et la population de l'Epire assure durant toute la campagne la majeure partie de la logistique de l'armée grecque. Femmes, enfants et vieillards courent ainsi chaque jour les montagnes pour porter la nourriture, l'équipement et les munitions à « leurs » soldats, et font même à l'occasion le coup de feu contre l'ennemi. Les opposants à la dictature appellent à l'union nationale, et beaucoup s'engagent dans l'armée. D'anciens officiers libéraux chassés depuis 1935 demandent et acceptent de se battre à des postes subalternes. Métaxas passe du statut de dictateur à celui du « *right man at the right place* » et acquiert, juste avant sa mort en janvier 1941, une stature de résistant. La campagne d'Albanie prend donc des allures de guerre populaire, dans la mesure où elle fait la quasi-unanimité des Grecs, qui la soutiennent pour ainsi dire physiquement. Le prix payé par les deux pays est très lourd: fin mars 1941, les Grecs comptent plus de 13'000 morts et 42'000 blessés, et les Italiens respectivement 18'000 et 49'000...

2. Portée et conséquences des succès grecs. L'invasion allemande.

Les victoires dans le Pinde et en Albanie sont une surprise pour les Grecs. Métaxas et Papagos espéraient certes pouvoir résister à l'Italie, mais au mieux dans la partie méridionale du pays, en abandonnant la moitié du territoire. De son côté, et jusqu'au début de 1941, l'Allemagne manifeste une indifférence mi-irritée mi-amusée pour les défaites de son allié: la guerre avec la Grèce n'avait pas l'assentiment de Berlin, qui tenait à un certain calme dans le Sud-Est de l'Europe en vue de rassurer et d'attirer la Turquie dans son camp et de préparer la campagne contre l'URSS. Le régime Georges II – Métaxas ne représentait aucun danger à moyen terme contre le Reich et, une fois les opérations en Russie bien engagées, des territoires grecs auraient pu servir de «cadeaux » pour consolider les alliances bulgare, yougoslave, et, le cas échéant, turque. Or voici que l'initiative italienne transforme l'âne grec en Pégase et permet une première défaite de l'Axe, qui perd sa réputation d'invincibilité.

[1] Voir à ce sujet: CIANO, G. « Diario », op.cit.

Le fait est que les succès des evzones connaissent un grand retentissement dans les pays alliés et neutres: le « New York Times » observe le 24 novembre que « la prise de Korytsa pourrait marquer un tournant décisif dans la guerre ». En mars 1941, Roosevelt fait prélever une escadre de chasse sur les stocks de l'armée américaine pour l'envoyer aux Grecs, et envisage de renforcer leur flotte d'un croiseur et de 6 destroyers. En Suède, de même qu'en Suisse, l'exemple d'un petit pays infligeant une défaite à un envahisseur plus fort et mieux armé galvanise les opposants à un alignement au « nouvel ordre » européen et anime l'esprit de résistance. Dans les pays occupés, les victoires des Grecs redonnent espoir. Même les rieurs sont dans le camp hellène: en décembre 1940, de jeunes résistants français plantent à proximité du poste frontière de Menton (dans la zone d'occupation italienne), une pancarte ainsi libellée: « Soldats Grecs: bienvenue en France! »...

Pour les Britanniques la surprise est aussi importante qu'agréable: Churchill exulte, et déclare le 5 novembre 1940 que « la situation en Grèce doit être désormais considérée comme commandant les autres »[1]. Les succès grecs entraînent l'engagement de plus en plus de troupes italiennes sur le front albanais. Ils contribuent ainsi grandement aux victoires britanniques contre l'armée du Duce en Afrique du Nord, jusqu'à l'arrivée de l'Afrikakorps au milieu de 1941. Des avions sont livrés à l'armée de l'air hellène, et quelques unités de la R.A.F. viennent également prendre leurs quartiers près d'Athènes pour protéger la capitale des bombardements. Des armes légères sont livrées, ainsi que des canons de D.C.A. Métaxas décline pourtant l'offre d'un corps expéditionnaire de 3 ou 4 divisions. Le premier ministre anglais espère beaucoup de la victoire grecque: il voit déjà un front allié s'établir non seulement contre les Italiens en Albanie, mais également en Bulgarie contre les Allemands et, qui sait, la guerre se porter vers l'Europe centrale si Belgrade, impressionné, se rangeait du côté allié... Ce projet, qui exigerait naturellement un corps expéditionnaire britannique d'au moins quinze divisions dont Churchill ne dispose pour l'instant pas même du tiers, est pourtant sérieusement étudié, tant à Londres que par le Département d'Etat américain... Il est enfin conforté par la mort de Métaxas, qui survient le 29 janvier 1941.

En effet, le dictateur ne voyait pas, quant à lui, les choses de cette façon. Dans son optique, l'entrée en guerre de la Grèce est un accident, heureux dans la mesure où il peut permettre au pays de « gagner » sa neutralité après l'avoir rendue crédible. Il faut donc négocier, dans les meilleures conditions

[1] Voir à ce sujet : CHURCHILL, « La Seconde Guerre Mondiale » T.4, op.cit.

possibles et avec la médiation de l'Allemagne, pour obtenir une paix comparable à celle signée entre l'URSS et la Finlande quelques mois auparavant. Dans l'esprit de Métaxas, ce schéma assure également la survie du régime et ce, quelle que soit l'issue du conflit mondial[1]. On voit là que le général germanophile et partisan de Constantin en 1915-17 ne se renie pas. Mais cette fois-ci et au contraire de ce qui se passait un quart de siècle plus tôt, la clairvoyance est de son côté: en effet, comme l'état-major britannique du Moyen-Orient va le rappeler maintes fois à Churchill, la Grande-Bretagne n'est pas en mesure au début de 1941 de fournir une aide substantielle, et encore moins des troupes qui permettraient d'affronter l'Allemagne avec les moindres chances de succès. Georges II, pourtant pro-britannique, s'en tient d'ailleurs à l'opinion de son premier ministre, du moins jusqu'à la mort de ce dernier. De discrets pourparlers à propos d'un éventuel armistice se poursuivent d'ailleurs entre janvier et mars 1941 entre M. Rangavis, ambassadeur de Grèce à Berlin et l'amiral Canaris, chef de l'Abwehr…

L'optimisme des Britanniques et de leurs partisans à Athènes, qui ne voient dans la mort de Métaxas que la fin de la dictature, est donc de courte durée au début de 1941. Georges II choisit comme premier ministre Alexandre Koryzis, dont la personnalité est infiniment moins forte que celle de son prédécesseur. Celui-ci accepte dès février les offres de Churchill, qui arrache littéralement à ses généraux d'Egypte 3 divisions et une brigade qui commencent à débarquer au Pirée en mars. Sous le commandement du général « Jumbo » Wilson, ces 45'000 hommes constituent le maximum d'aide possible pour la Grèce jusqu'au moins la fin de l'année. Entre temps, les événements se précipitent: Hitler ne veut pas laisser les Grecs ridiculiser indéfiniment ses alliés, et l'arrivée du corps expéditionnaire anglais inquiète les Allemands. Il s'agit de na pas laisser créer une tête de pont vers les Balkans, ni mettre les bombardiers de la R.A.F. à portée des puits de pétrole roumains. Fin mars, le dispositif de la Wehrmacht contre la Grèce est en place. La Bulgarie, qui avait jusqu'alors refusé d'entrer en guerre aux côtés de l'Italie, a entre temps adhéré au Pacte tripartite, de même que la Yougoslavie du Régent Paul Karageorgévitch. Sofia et Belgrade se sont vues promettre la Macédoine et la Thrace grecques. En Hongrie et en Bulgarie, l'O.K.W. tient prêtes les grandes unités chargées de la conquête de la Grèce, sous le nom de code d' « Opération Marita ».

La comparaison des forces en présence ne laisse planer aucun doute sur l'issue du conflit: en termes d'unités, 7 divisions et une brigade blindée alliées font face à 18 allemandes, dont 5 blindées. Le 26 mars, un « contretemps » vient toutefois retarder les événements: les militaires serbes

[1] Voir à ce sujet : METAXAS, « Journal personnel » T.4, op.cit.

renversent le régent Paul et dénoncent le Pacte tripartite, obligeant les Allemands à étendre le Plan Marita à la Yougoslavie. Compte tenu toutefois de l'étendue du territoire à défendre, l'appoint yougoslave n'apporte aucun avantage aux Alliés.

Le 6 avril 1941, les troupes allemandes se lancent à l'assaut de la Grèce. Après quelques jours de résistance, Thessalonique est occupée le 10, et les Alliés se replient derrière l'Aliakmon. Les Anglais tentent en vain de rééditer l'exploit de Léonidas en déployant leurs blindés aux Thermopyles, devenues une petite plaine après 24 siècles... Mais le 17 la Yougoslavie capitule, et le 20 les généraux grecs des forces de Macédoine et d'Epire entrent en négociations – contre les ordres de Papagos - avec le maréchal List en vue d'un armistice. Koryzis se suicide le 22 avril et, dès le lendemain, les Britanniques commencent à rembarquer leurs troupes. Georges II, ce qui reste du gouvernement et quelques unités de l'armée et de la flotte quittent également le pays vers la Crète ou l'Egypte. Le 27 avril, les Allemands entrent à Athènes. Entre le 23 et le 28, la flotte de l'amiral Cunningham réédite l'exploit de Dunkerque et évacue près de 50'000 hommes depuis les ports de l'attique et du Péloponnèse. L'épilogue s'écrit en Crète entre les 20 et 24 mai suivants. Une division de parachutistes allemands et une division de montagne partie du continent à bord d'embarcations de fortune, s'emparent de la grande île, pourtant tenue par près de 40'000 Anglais, Grecs et Néo-Zélandais. La victoire allemande surprend si on s'en tient au seul rapport de forces; moins si l'on tient compte du manque de coordination entre unités hétéroclites et démoralisées, et surtout marquées par un « fatalisme de la défaite »...

3. Occupation, famine, génocides.

La totalité de la Grèce est ainsi occupée par les forces de l'Axe, et divisée en zones allemande, italienne, et bulgare. Cette occupation, particulièrement dure pour le pays durant les 3 années qui vont suivre, sera le catalyseur de profondes mutations pour la Société et la politique helléniques.

Pour l'Allemagne, la Grèce n'a pour l'immédiat pratiquement aucune utilité économique, d'autant moins que le 90% de sa flotte commerciale se trouve loin des eaux grecques et au service des Alliés. Elle n'est qu'un point d'appui militaire, une porte du Sud de l'Europe et vers les Détroits, qu'il faut tenir fermée. En conséquence, le bien-être de sa population est relativement indifférent aux autorités d'occupation. Très largement importateur de son alimentation et particulièrement de grain, le pays va énormément souffrir du blocus dû à la guerre et de l'absence de ses navires. Le peu de ressources locales sera systématiquement pillé par les occupants, en partie les Allemands mais surtout les Bulgares qui occupent les régions les plus fertiles en Macédoine et en Thrace, sous forme de réquisitions, et de confiscations ou dévastations d'exploitations, dans un but de dépeuplement. Ce pillage est dignement complété par les actions d'un certain nombre de Grecs de toutes classes sociales, profiteurs de guerre et de famine, qui utilisent les pénuries pour s'enrichir au marché noir. Dans la Grèce occupée, ce dernier ne constitue pas une pratique « occasionnelle » ou un pis-aller concernant des produits « de luxe » comme dans la France ou la Belgique contemporaines. Il est généralisé et concerne les nourritures de base, dont le commerce n'est aucunement réglementé par les autorités ... Toutes les denrées ou marchandises telles que farines, huiles, raisins, tabac, produits laitiers, alcools, cuirs, coton qui échappent à la saisie des occupants, sont détournées par des autochtones pour être vendues au décuple. Ces « marchands » utilisent souvent des enfants, qui échappent plus facilement à la surveillance, comme revendeurs.

Durant l'hiver 1941-1942, plus de 150'000 personnes meurent ainsi de faim, particulièrement à Athènes et dans les villes. Afin de pourvoir à leurs besoins en numéraire, les autorités d'occupation recourent à la planche à billets: les prix montent ainsi quotidiennement du simple au double. En quelques semaines, le pain atteint le prix de 100 millions de Drs. le kilo. Des fortunes entières en immobilier ou en or sont englouties dans l'achat de produits de base pour se nourrir, d'autres se construisent dans d'odieuses opérations de marché noir[1]...

Les vainqueurs du moment font de leurs zones respectives autant de compartiments étanches. Aux Italiens l'Epire, la Thessalie et le Péloponnèse, aux Bulgares, comme prix de leur complicité, la Macédoine (Thessalonique exceptée) et la Thrace, débouché si convoité sur l'Egée. Les Allemands gardent le contrôle d'Athènes et Thessalonique, ainsi que de l'Archipel et de la Crète. Un gouvernement de collaboration se met en place dès mai 1941, présidé par le général Tsolakoglou puis, à partir de 1942, par Ioannis Rallis, ancien dirigeant populiste. Il bénéficie dans les premiers mois d'une certaine tolérance de l'opinion, également influencée par l'Eglise, dans l'optique d'une nécessaire gestion des affaires courantes et de la pénurie. Mais comme dans toute l'Europe occupée, il se révèle rapidement comme une marionnette, privée des plus élémentaires pouvoirs de décision.

---

[1] Voir à ce sujet: COLLECTIF, "Histoire de la Nation hellénique" T.16, op.cit, et SVORONOS, "Histoire de la Grèce moderne", op.cit., ainsi que COLLECTIF, "La Grèce du 20e siècle", T.3, op.cit.

Le pays est en outre littéralement pillé par les occupants, en particulier les Allemands. Un solde du stock d'or de la Banque de Grèce (la majeure partie avait pu être transférée en Egypte en avril 1941) est immédiatement confisqué et expédié en Allemagne. Un « Emprunt forcé » de 3 milliards et demi de RM est en outre extorqué en 1942 au gouvernement de collaboration, qui représentera près de 230 millions de $ à la fin de 1944. Cette dernière somme semble perdue pour la Grèce, dans la mesure où toutes les négociations engagées à ce sujet par les deux pays ne semblent pas avoir abouti[1]...

La Macédoine (exceptée Thessalonique) et la Thrace helléniques sont confiées à l'occupation militaire bulgare, de même que la Macédoine Yougoslave. Sofia voit là une occasion inespérée de réaliser les aspirations de San-Stefano, et d'unifier l'ensemble des régions macédoniennes enfin sous sa domination, en les slavisant au passage. En Macédoine et en Thrace grecques, les autorités et troupes bulgares pratiquent la sauvagerie organisée: les membres des administrations de l'Etat ou des communes ainsi que la plupart des enseignants et des religieux sont déportés ou abattus, et remplacés par des fonctionnaires venus de Bulgarie ou slavophones. Durant ce que l'on a appelé les « vêpres bulgares », en octobre-novembre 1941, entre 10 et 20'000 hommes, femmes et enfants sont massacrés, lors d'opérations militaires de l'armée du Roi Boris contre des agglomérations désarmées. La population des villes de Kavalla et Drama est décimée, une centaine de villages et de bourgades sont détruits ou brûlés. 100'000 personnes prises de panique ou privées de moyens de subsistance quittent les régions dévastées pour tenter de trouver refuge dans les zones contrôlées par les Allemands et les Italiens. Ce martyre du Nord de la Grèce ne connaîtra de répit qu'au début de 1942, sur injonction des Allemands à leurs protégés Bulgares. Les problèmes migratoires et humains ainsi provoqués risquent de précipiter une explosion dans le reste du pays.

A Athènes et dans les grandes villes, succombant sous les privations, la population se soulève périodiquement. Sabotages, manifestations, grèves, émeutes deviennent fréquentes à partir de 1942. Elles sont souvent couvertes et même soutenues par l'Eglise, la seule institution qui inspire quelque respect aux Allemands. Les fréquentes exécutions d'otages et autres représailles collectives contre des agglomérations et des quartiers urbains n'arrivent pas à y mettre fin. Durant 1941 et 42, il s'agit encore d'actions spontanées, sans organisation ou infrastructure, de gens poussés au désespoir et parfois à l'héroïsme par les privations et la famine, ainsi que par le sort

[1] Voir à ce sujet : COLLECTIF, « La Grèce au 20e siècle », T.3, op.cit. Voir également, article de Albrecht RITSCHL, professeur d'Histoire économique à la London School of Economics dans « Der Spiegel », 21.06.2011.

fait à leur pays. Les actions de résistance organisées ne débutent pas avant la fin de 1942[1].

Les conditions de survie de la population s'améliorent d'autre part dès l'été de cettc année: sous l'impulsion de la Croix-Rouge, notamment suédoise et suisse, le blocus commercial allié est partiellement assoupli pour ce qui concerne la Grèce. Des chargements de blé canadien et américain y sont acheminés par voie maritime. Durant les 3 années suivantes, 650'000 tonnes de vivres et 20'000 tonnes de médicaments contribuent à atténuer la famine. Les frais de ces opérations sont assumés par les communautés grecques en Grande-Bretagne et aux Etats-Unis, ainsi que par l'Eglise de Grèce. Cependant, presque 100'000 personnes mourront encore de faim, de malnutrition ou de maladie jusqu'à la fin de 1945, et la sous-alimentation latente va persister dans le pays jusqu'au milieu des années 1950… Il faut aussi mentionner qu'une partie-même de cette aide est également détournée, avec parfois la complicité des autorités, par les personnages sans scrupules évoqués plus haut, qui la revendent au marché noir. Ces accapareurs, qui peuvent être aussi bien armateurs que dockers, négociants, épiciers ou usuriers, bâtissent leur fortune sur la détresse de leurs compatriotes. Au même titre que les collaborateurs, leur influence n'est pas négligeable dans le processus de déclenchement du conflit civil qui suit la guerre.

Enfin, la communauté juive de Thessalonique est littéralement annihilée par les nazis entre 1942 et 1944: comptant près de 60'000 personnes avant la guerre, sa présence qui remonte au 16e siècle avait contribué à l'essor, la prospérité et la réputation de tolérance et de cosmopolitisme de la ville. La déportation massive et les camps de concentration ne laissent que 5 ou 6'000 survivants en 1944, dont plus de la moitié choisira de rejoindre le nouvel Etat d'Israël.

4. Résistances et collaboration.

Dans sa grande majorité, le peuple grec refuse violemment l'occupation étrangère. Il n'a rien ou très peu à perdre, dans la mesure où la dureté de celle-ci ressemble davantage à la situation des zones occupées de l'URSS où de la Pologne qu'à celle de la France où de la Belgique, et alimente de manière permanente ce refus. Les actes spontanés cités plus haut en témoignent. Le premier d'entre eux, accompli par deux jeunes gens de 19 ans le 30 mai 1941, Manolis Glezos et Apostolos Santas, est d'escalader de

[1] Voir à ce sujet : KEDROS, A. « La résistance grecque », op.cit.

nuit le rocher de l'Acropole pour y descendre le drapeau nazi qui y flotte depuis 5 semaines et le remplacer par un drapeau grec.

La classe politique est tétanisée par la défaite et l'occupation. De fait, elle n'est plus aux affaires depuis 1936, si ce n'est un timide réveil depuis la mort de Métaxas en janvier 1941. Quelques dirigeants politiques quittent le pays à la suite du gouvernement et du roi. La majorité reste dans le pays et adopte dans les premiers mois une attitude attentiste, bien que (à quelques exceptions près) fondamentalement hostile aux occupants. Ces politiciens sont coupés de leurs électorats et clientèles traditionnelles par près de 5 ans de dictature, puis par l'invasion du pays. Ils se retrouvent ainsi isolés et incapables d'une action tant soit peu efficace. Toutefois, contacts et discussions entre eux, ainsi qu'avec des personnalités susceptibles de lever des mouvements de résistance (pour l'essentiel des officiers), foisonnent durant 1941 et 42. Par la suite, certains d'entre eux, notamment Panayotis Canellopoulos et le dirigeant libéral Georges Papandréou, rejoignent clandestinement le Moyen-Orient.

En septembre 1941 est fondé l'EAM (Front National de Libération), par le Parti Communiste et quelques organisations socialisantes et de centre-gauche. Des personnalités politiques libérales et conservatrices invitées à participer au mouvement déclinent l'offre. En mai 1942, le dirigeant communiste Thanassis Klaras, fonde l'ELAS (Armée de Libération Nationale), et prend à cette occasion le nom d'Arès Vélouchiotis, en hommage au dieu de la guerre. En été 1942, le colonel Zervas, ancien officier républicain chassé de l'armée en 1935, crée en Epire le mouvement EDES (Armée Démocratique Nationale Grecque). Zervas dispose de l'appui moral et financier des Britanniques, ainsi que de nombreux politiciens libéraux. D'autres petits mouvements de résistance se créent simultanément, sur des bases politiques ou régionales. Tous ces groupes commencent dès la mi-1942 des opérations de guérilla contre l'occupant allemand, italien ou bulgare. L'EDES agit surtout en Epire, l'ELAS à une échelle plus large, en Thessalie, Macédoine, Roumélie, au Péloponnèse et même à Athènes dès 1943. La résistance de gauche dispose d'un gros avantage, dans la mesure où l'appareil clandestin du KKE, aguerri par la dictature et intact au moment de l'invasion, se retrouve à son service pour le recrutement et l'encadrement des combattants. A partir de 1943, de nombreux officiers, issus notamment des rangs libéraux, rejoignent l'ELAS. Parmi eux, le colonel puis général Saraphis, l'un des dirigeants du putsch républicain de 1935, qui assumera le commandement militaire de l'Armée de Libération depuis avril 1943.

A partir de 1943, les sabotages, attaques contre des convois de troupes ou de ravitaillement, et même les combats d'unités d'une certaine envergure engageant plusieurs bataillons deviennent de plus en plus fréquents. Les occupants sont harcelés sans relâche et poussés à se retrancher dans les villes. Les résultats sont impressionnants: les actions de la résistance hellénique entre 1942 et 1944 coûtent plus de 14'000 morts et 17'000 blessés aux troupes d'occupation. 38 ponts, 85 convois de chemin de fer ainsi que plus de 800 véhicules et blindés sont détruits. Près de 400 canons et mortiers de tous calibres, plus de 1800 mitrailleuses et environ 40'000 fusils ont été pris aux forces de l'Axe et réutilisés contre elles. Entre 5 et 8 divisions allemandes sont retenues en Grèce par l'action de la résistance (ainsi que par la défection italienne dès septembre 1943) entre janvier 1943 et septembre 1944. Plus des 2/3 de ces opérations sont à mettre au crédit de l'ELAS qui, comme mentionné, opère à une échelle plus large et avec plus de combattants. En septembre 1943, Arès et Saraphis réussissent notamment à désarmer entièrement, au nez et à la barbe des Allemands, une division italienne qui voulait cesser le combat et passer du côté allié, puis à la renvoyer chez elle. Malgré une attitude plutôt négative à l'égard de la résistance de gauche, Churchill reconnaît au début de 1944 que la Grèce, au même titre que la Yougoslavie, n'est plus à proprement parler un « pays occupé », mais bien un « front allie »[1]... Ces actions sont naturellement coordonnées avec la stratégie alliée du théâtre méditerranéen, et notamment les diversions destinées à faire croire à l'ennemi que des actions d'envergure se préparent vers la Grèce avant les débarquements alliés en Italie en été 1943, puis dans le Sud de la France une année plus tard[2].

En contrepartie, ELAS et EDES comptent dans leurs rangs plus de 8'000 morts et 10'000 blessés. Il s'agit là uniquement de combattants, sans compter les dizaines de milliers de victimes civiles dues aux représailles des occupants. Celles-ci sont féroces, particulièrement du côté allemand et bulgare: exécutions d'otages, pillage et destruction de villages, massacre de populations civiles, destructions de récoltes. Péloponnèse et Macédoine sont particulièrement touchées, notamment la bourgade de Kalavryta où, en décembre 1943, plus de 1'200 personnes sont massacrées, non par des unités de SS, mais par l'armée allemande. Jusqu'en 1944, une trentaine de villages seront ainsi détruits et leur population massacrée, chaque fois en réponse à des actions de la Résistance. Les prises et fusillades d'otages deviennent de plus en plus fréquentes et même préventives: il est courant de voir durant 1944 des wagons-cages remplis de civils précéder chaque convoi ferroviaire allemand[3].

---

[1] Voir à ce sujet : CHURCHILL, « La Seconde Guerre Mondiale » t.10, op.cit

[2] Voir à ce sujet : KEDROS, A. « Histoire de la Résistance grecque », op.cit.

[3] Voir à ce sujet : KEDROS, A. « Histoire de la la Résistance grecque », op.cit. et EUDES, D. « Les Kapétanios », op.cit., ainsi que Woodhouse, C. « Modern Greece, a short history ».

Parallèlement, les rivalités et même l'hostilité vont croissant entre mouvements de résistance. L'EAM – ELAS tolère mal la présence de petites organisations indépendantes, et les élimine de manière violente. Le mouvement EKKA du colonel Psarros est ainsi violemment dissous et son chef assassiné par des hommes de l'ELAS en avril 1944. Seul l'EDES, retranché en Epire et comptant près de 8'000 combattants, lui résiste. Ces combats fratricides amènent naturellement des accusations mutuelles de collaboration avec l'ennemi, amplifiées d'autre part par des intoxications des Allemandes… Il est par ailleurs parfois vrai que ces derniers, et en particulier les services de l'Abwehr, font leur possible pour pour neutraliser la Résistance et surtout affaiblir les Communistes, au besoin en épargnant voire en donnant un coup de main à d'autres mouvements. De son côté, Zervas, probablement aidé par l'aide britannique, fait évoluer les positions idéologiques de son mouvement, républicaines et sociales au début, à un royalisme sans faille[1].

Les alliés envoient dès 1942 une mission militaire auprès de la résistance grecque, afin de lui fournir l'assistance technique et le matériel nécessaire, coordonner ses actions avec leurs objectifs stratégiques, mais aussi de comprendre et si possible contrôler ses méandres et évolution politiques. Cette mission est pour l'essentiel britannique, commandée par le colonel Myers ainsi que le major Chris Woodhouse. Son apport sur le plan militaire est souvent appréciable, ses actions politiques ainsi que pour ce qui concerne la distribution de l'aide alliée semblent par contre maladroites: ouvertement hostiles à l'EAM-ELAS, elles contribuent à radicaliser ce mouvement qui, malgré la prépondérance des communistes, n'est en fait pas un monolithe… Toutefois, elle reconnaît que l'ELAS constitue la force principale et la plus efficace, qui immobilise quelques divisions allemandes sur le terrain… A ce titre, il est nécessaire de le ménager dans l'immédiat. Cela traduit en fait une ambiguïté du point de vue britannique, entre les priorités militaires exprimées par le haut commandement et les considérations politiques du Cabinet, qui craint une mainmise communiste sur le pays après la libération qui nuirait aux intérêts anglais. Rappelons qu'à la même époque en Yougoslavie, Churchill choisit d'appuyer exclusivement la résistance communiste, également plus efficace du point de vue militaire, dans la mesure toutefois où l'Angleterre n'y a pas, ou très peu d'intérêts pour l'après-guerre[2]…

Une partie de la marine de guerre, ainsi que des soldats et officiers de l'armée, quittent le pays avec le Roi et le gouvernement en 1941 pour se

---

[1] Ibid.

[2] Voir à ce sujet Churchill, La Seconde Guerre Mondiale » T. 10, op.cit.

rendre en Egypte. De nombreux militaires, ainsi que quelque politiciens, font de même dans les mois et les années suivantes, grâce à des réseaux de fuite via Chypre ou la Turquie.

Georges II et la famille royale adoptent durant le conflit une attitude officielle de « profil bas »: difficile d'agir autrement pour un souverain compromis dan une dictature, même rachetée *in extremis* par la victoire contre l'Italie... Cette discrétion de façade n'empêche pas le souverain d'assurer ses arrières auprès des dirigeants anglais, notamment de Churchill lui-même. Epaulé par la famille régnante britannique, Georges II cherche à apparaître comme un arbitre indispensable au moment de la libération. En parallèle, la popularité royale sera fortement soignée auprès du corps des officiers grecs, et surtout des anciens républicains qui reprennent du service. Le Prince héritier Paul, personnalité autrement plus rayonnante et sympathique que son austère frère Georges II, est l'un des artisans de ces « relations publiques ». On peut ainsi dire qu'en 1944, le corps des officiers se trouve dans sa grande majorité acquis ou en tous cas consentant à la Monarchie.

Le premier gouvernement en exil est formé en mai 1941 par Emmanuel Tsoudéros, opposant déclaré à la dictature. Un terme officiel semble donc mis à celle-ci. L'arrivée de civils et officiers de sensibilité démocrate depuis la Grèce dans les mois qui suivent permet d'autre part une relative épuration de l'appareil d'Etat et militaire (ou ce qu'il en reste). De nombreux cadres de la dictature restent cependant en place faute de remplaçants capables. A partir de 1943, on peut malgré tout considérer qu'il existe une pluralité d'opinions au sein des forces armées et de l'administration embryonnaire en exil.

Les Britanniques arment et équipent des contingents grecs dès 1941. On recrute également auprès de la nombreuse colonie hellène d'Egypte. Deux brigades d'infanterie motorisée et un bataillon de commandos sont mis sur pied, totalisant environ 12'000 hommes, ainsi que trois escadrilles d'aviation. Ces troupes participent à la première phase de la Guerre du désert, et notamment à la bataille d'El Alamein entre juin et octobre 1942.

Une quinzaine de bâtiments de la Marine de guerre arrivés à Alexandrie en avril-mai 1941 sont intégrés aux escadres de la Royal Navy, et opèrent sous le commandement de celle-ci. Un rééquipement en matériel moderne a lieu dès 1942. Les navires grecs participent ainsi à de nombreuses opérations: escortes de convois, lutte contre les sous-marins, harcèlement des transports italiens et allemands, en Méditerranée, mais aussi dans l'atlantique Nord et l'Océan Indien. La vaste flotte de commerce hellénique qui compte en 1941 environ 700 navires de tonnage important, se trouve depuis 1939 largement au service des Alliés. Elle continue à sillonner les océans, et particulièrement l'Atlantique et la Méditerranée, assurant jusqu'en 1945 une part non négligeable des transports de guerre anglo-américains, soit 15 millions de tonnes par année. Ses pertes pour toute la guerre sont de 361 navires coulés, et plus de 3'000 marins disparus en mer[1].

A côté de ces forces vives, il faut aussi noter la présence de nombreux inactifs, surtout officiers, mais également civils. Parmi les exilés, la proportion de gradés est en effet pléthorique, et dépasse de loin les besoins d'encadrement des forces disponibles. Des centaines de cadres militaires sont ainsi en disponibilité. Certains s'engagent dans le bataillon de commandos, dit « Bataillon sacré » en l'honneur de l'antique troupe thébaine. Cinq cents officiers et soldats de toutes armes y servent sans grades, sous les ordres du colonel Tsigantès, ancien venizéliste de 1935, et se distinguent en Lybie, Tunisie puis dans l'Egée jusqu'en 1945. D'autres choisissent de rester dans l'oisiveté, entretenus par l'opulente communauté grecque d'Egypte, et se lancent bientôt dans l'intrigue et le complot politiques, tant à droite qu'à gauche: ces gens constitueront bientôt les ferments les plus actifs d'une polarisation politique extrême de l'armée, dont nous verrons les funestes conséquences.

Le gouvernement de collaboration crée, avec l'aval des Allemands, une force armée au début de 1943. Ces « Bataillons de sécurité » prêtent main-forte aux occupants lors des combats contre la Résistance, en particulier communiste. Ils ont également à leur actif quelques massacres de civils. Leur recrutement, plutôt limité au début, augmente paradoxalement en 1944, pour atteindre une dizaine de milliers d'hommes avant la libération. L'anticommunisme semble en fait constituer la motivation principale d'une partie d'entre eux: à côté de fascistes notoires, on y trouve en effet d'anciens résistants de petits mouvements (notamment de l'EKKA) violemment dissous par l'ELAS, ulcérés et aveuglés par le sort fait à leurs chefs[2]... Une organisation de jeunesse dite « X » est également formée à Athènes en 1942 par un officier d'origine chypriote, le major Grivas, qui fera reparler de lui. Organisés de manière autoritaire, légèrement armés, ils s'entraînent à des combats de rue et des sabotages, mais ne se livrent curieusement à aucune action contre les Allemands, qui semblent les tolérer... Il semble en fait que Grivas, sentant dès 1943 la cause de l'Axe perdue, ait gardé son mouvement « en réserve », avec la bénédiction des services de l'Abwehr d'Athènes, en vue de contrer la Gauche après la guerre[3].

---

[1] Voir à ce sujet : COLLECTIF, « La Marine marchande hellénique », op.cit.
[2] Voir à ce sujet : EUDES, D. « Les Kapetanios » op.cit.
[3] Ibid.

5. Nature et ambitions de l'EAM – ELAS. La « Grèce libre ».

En plus d'une organisation de résistance, l'EAM est évidemment et surtout un mouvement de transformation sociale. Son but ultime est une prise du pouvoir en vue de l'instauration d'un régime politique et économique communiste en Grèce. En plus du fait que ses proportions et son efficacité en font la principale force armée sur le terrain, cette vision idéologique explique la volonté d'hégémonie de la Résistance de gauche sur les autres mouvements. Toutefois, à côté des communistes, d'autres mouvements et personnalités socialistes ou de centre-gauche, ainsi que des scientifiques, littéraires et officiers font partie ou rejoignent l'EAM. Même si elle constitue pour certains un instrument d'accès au pouvoir après la guerre, la Résistance de gauche n'est pas, au départ, un monolithe[1].

Il faut également tenir compte du fait qu'à l'époque, en Grèce, 5 ans de dictature ont succédé à une quinzaine d'années d'instabilité et de chassés-croisés entre partis bourgeois et militaires, littéralement sur le dos d'une population vivant dans la misère ou à la limite de celle-ci. Dans un tel contexte, la Gauche et les Communistes paraissent moralement intacts, car toujours dans l'opposition. Le nombre de Grecs qui voudront se battre à leurs côtés contre l'occupant en est d'autant plus important.

D'autre part, l'EAM semble être la première force politique pratiquement depuis l'indépendance qui se préoccupe concrètement des problèmes « réels » du peuple grec. Dans les régions sous son contrôle, soit, de manière certes fluctuante, près de la moitié du territoire à partir de la fin de 1943, on assiste à la création d'écoles, d'hôpitaux, de services administratifs et judiciaires certes rudimentaires, mais efficaces et surtout accessibles à tous, ce qui n'était pas le cas avant 1940. Les récoltes sont protégées, et leur répartition égalitaire est assurée. Une administration des villages par leurs propres habitants est mise en place, la Culture, certes propagandiste, fait même son apparition dans les villages sous forme de groupes de théâtre, d'orchestres, ou de projections cinématographiques. Des routes sont reconstruites et entretenues, des services de télécommunications fonctionnent même dans certaines régions[2].

La défaite et l'occupation ont balayé et mis hors jeu la classe dirigeante, les autorités politiques et militaires, ainsi que le suzerain britannique. L'ordre établi est renversé, laissant le champ libre à de nouvelles forces politiques.

---

[1] Voir à ce sujet : KEDROS, A. « Histoire de la Résistance grecque », op.cit.
[2] Ibid. , ainsi que COLLECTIF, « La Grèce du 20e siècle », T.3 et 4. op.cit

Ce vide est rempli par l'EAM qui, sans attendre la libération du pays, et même « à l'abri » de l'occupation, initie une révolution dans les régions qu'il libère et contrôle. Pour la première fois de son histoire récente, le peuple grec « échappe » à la domination de ses « patrons » traditionnels autochtones comme étrangers, certes sous l'encadrement politique étroit des cadres et dirigeants communistes qui « tiennent » le Front de Libération. Dans le cadre de la résistance et de la camaraderie qui en découle, cet encadrement reste humain et supportable. Il améliore même le sort d'une partie de la population, qui sent qu'on s'intéresse à elle, et participe avec entrain aux « expériences d'autogestion » mise en place.

Toutefois, à partir de la fin de 1943 et à mesure de ses succès, la Résistance de gauche choisit délibérément la « politique du pire », tant dans ses actions contre l'occupant que dans ses relations avec les autres mouvements et les Alliés occidentaux. Des opérations de relativement grande envergure sont effectuées, engageant des centaines, voire des milliers de combattants. De larges portions de territoire sont libérées, que l'ennemi doit reconquérir à grands frais. Cette tactique entraîne d'immenses dommages et sacrifices pour la population civile, qui reste l'otage et l'objet de la vindicte des Allemands et des collaborateurs une fois ces opérations terminées. Destructions de villages, massacres d'innocents, annihilation du potentiel économique de régions entières en sont le prix… Cette guerre totale est inspirée par les tactiques de guerre soviétiques, au détriment d'actions « légères » et ponctuelles. Elle vise également à exacerber la combativité et le « sentiment révolutionnaire » de la population, pour créer les conditions propices à une prise ultérieure du pouvoir.

6. Les séditions de 1944.

Parallèlement aux violents combats qui opposent l'ELAS à l'EDES au début de 1944, les Communistes s'intéressent aussi aux forces grecques du Moyen-Orient. Après El Alamein, les brigades grecques sont cantonnées en Palestine et en Egypte, où elles passent toute l'année 1943. Un grand nombre de soldats et officiers supportent mal cette inaction, qu'ils ne comprennent pas. Impatience et irritation vont croissant, alimentées par une apparente étroitesse de vue du commandement britannique, qui oppose des fins de non-recevoir plus ou moins diplomatiques aux demandes des militaires grecs d'être envoyés au front, ainsi que par une intense propagande d'agents communistes au sein de la troupe. Les militaires de gauche dénoncent les Anglais ainsi que les autorités grecques en exil: le but de cette politique serait de maintenir l'armée intacte afin qu'elle serve de « garde prétorienne » au Roi face aux « aspirations populaires » lorsqu'il rentrera en Grèce. Après une série de troubles, une sédition ouverte des brigades grecques éclate en mars 1944, qui aboutit à la dissolution forcée de l'une d'elles par l'armée anglaise, et à l'envoi de l'autre, une fois épurée des éléments de gauche, sur le front italien. Simultanément, des équipages de la Marine (qui elle, ne connaît pas d'inaction) se mutinent en rade d'Alexandrie. La question est toutefois réglée « en famille » par des officiers et marins loyalistes, sans intervention britannique[1].

Les tenants et raisons profondes de ces événements sont difficiles à faire ressortir en toute objectivité. Le fait est que Georges II et beaucoup de dirigeants grecs en exil s'inquiètent de la « révolution » qui a lieu dans le pays durant l'occupation. Ils tiennent donc à disposer d'un instrument militaire dévoué, capable de défendre leurs intérêts au moment de la libération, en tenant tête à la résistance de gauche. Il est logique que le raisonnement des Britanniques aille également dans ce sens, bien qu'il soit possible que des scénarios de soutien à l'EAM aient également été élaborés. Toutefois, l'inaction des brigades ne découle pas de ces raisons, d'autant plus que leur envoi au front les aurait davantage aguerries. Après El Alamein, l'urgence de défendre l'Egypte avec toutes les unités disponibles est passée. La 8e Armée qui poursuit Rommel en Libye puis en Tunisie redevient, pour des raisons d'efficacité de commandement, exclusivement britannique. Les unités françaises, polonaises et grecques qui en faisaient partie sont toutes renvoyées à l'arrière. Polonais et Français partent sur le front italien à la fin de 1943, alors que les Grecs, entre temps devenus « hautement instables » et peu crédibles sur le plan militaire, restent au Moyen-Orient… Les militaires hellènes qui s'agitent le font d'une manière on ne peut plus maladroite. L'entraînement et la discipline sont négligés, et plainte sur plainte au sujet de la cuisine politique interne de la Grèce est adressée au GQG allié, ainsi qu'a … Roosevelt, Staline et Churchill eux-mêmes, réunis en novembre 1943 à Téhéran: la principale exigence est que les Alliés reconnaissent l'EAM comme seule autorité pour la Grèce, au détriment des autres mouvements de résistance, du Roi et du gouvernement en exil.

Les Communistes inspirent dans une large mesure les actions de leurs sympathisants au sein de l'armée et de la marine. Il est clair que ces troupes régulières constitueront un obstacle entre eux et le pouvoir au moment de la libération, et que leurs intérêts passent par la dissolution de toute autre armée que la leur. Dans cette optique, ils contribuent grandement à souffler sur le

---

[1] Voir à ce sujet : CANELLOPOULOS P. « Journal », op.cit. et TOUBAS I, « Ennemi en vue », op. cit.

feu, pour faire dissoudre ou en tous cas sérieusement affaiblir leurs rivaux par les Britanniques.

Il est d'autre part établi que lors du processus qui aboutit aux mutineries, des agents de l'*Intelligence Service* « intoxiquent » des comités de soldats en leur faisant notamment croire qu'ils ont l'aval secret des Alliés. Ces derniers voudraient en fait se débarrasser du gouvernement grec en exil pour faire reconnaître ensuite l'EAM comme seule autorité. L'hypothèse n'est pas absurde si l'on tient compte de l'attitude contemporaine vis-à-vis des Yougoslaves, et du lâchage par les Alliés du Roi Pierre II et de Mihailovic en faveur des communistes de Tito, certes plus combatifs et efficaces. L'action des services secrets des grandes puissances en temps de guerre étant évidemment entre autres d'envisager des scénarios et des possibilités multiples et alternatifs, en tenant en mains le plus de « cartes » possible pour, le cas échéant, les utiliser...

Dans ce contexte, un des plus opaques de la Seconde Guerre mondiale, les conséquences négatives sont par contre faciles à constater. Une armée réduite de moitié, près de 5000 militaires grecs démobilisés ou internés par les Anglais en Erythrée, les extrémistes de droite comme de gauche renforcés et encouragés, un grave discrédit jeté sur l'effort de guerre hellénique... Les Grecs perdent leur crédibilité et en appellent aux puissances étrangères pour arbitrer leurs conflits. Le dernier effet de cette sédition sera de ressouder sur une base très conservatrice le corps des officiers, auparavant relativement pluraliste sur le plan politique. Des ligues d'officiers vont ainsi se former, dont la principale s'intitule l'IDEA. Elle prône un anticommunisme autoritaire, l'antiparlementarisme et la fidélité à la couronne.

7. La libération et les affrontements de décembre 1944.

Le premier territoire grec libéré est l'île de Samos, en septembre 1943, après la capitulation italienne. Les commandos grecs du « Bataillon sacré » y sont parachutés, simultanément à un débarquement britannique dans le Dodécanèse italien. Ces opérations sont pourtant prématurées,et la riposte des Allemands est immédiate et foudroyante: à partir d'octobre suivant, de violents bombardements ainsi que d'audacieuses opérations amphibies et aéroportées leur permettent de reprendre Cos et Léros, où une brigade anglaise est faite prisonnière. Samos est évacuée quelques jours plus tard.

Suite aux événements de mars-avril 1944 au Moyen-Orient et aux combats entre mouvements de résistance en Grèce, une conférence est mise sur pied par les Britanniques au Liban en mai 1944, à laquelle participent l'EAM, l'EDES, ainsi que les autorités helléniques en exil. Après de laborieuses négociations et sous la pression des Anglais, des accords sont acceptés et signés par tous, réglant les modalités de la prochaine libération du pays. Un gouvernement de coalition est formé sous la présidence de Georges Papandréou, auquel participent l'EAM et des politiciens en exil de tous bords. Une régence remplacera le Roi, qui ne rentrera qu'après un référendum. Le choix de Papandréou a été imposé par les Britanniques, qui voient en lui une personnalité acceptable par la gauche. Il est certes anticommuniste, mais affiche en effet jusque là de fermes convictions républicaines. Il ne fait toutefois pas l'unanimité parmi ses compatriotes: le poète Gorges Séféris, diplomate et secrétaire d'Etat dans son gouvernement, le écrit ainsi: ...« il ne comprend rien à rien, obéit a Leeper (l'ambassadeur britannique) comme aux Saintes Ecritures, bavarde, et se complaît dans des combines de maquignon »[1]. Quant à l'EAM, il n'accepte et applique les accords qu'après de vives représentations de l'Ambassade soviétique au Caire auprès des plénipotentiaires communistes à la conférence.

En parallèle, les Anglais ont assuré leurs positions prépondérantes dans les affaires Grecques par des accords préliminaires passés par Churchill avec Roosevelt et surtout Staline durant l'été 1944. Ces accords sont confirmés par la célèbre « séance de partage » de l'Europe du Sud-Est, qui a lieu à Moscou le 9 octobre 1944. Au cours de celle-ci, le premier ministre britannique et le secrétaire du P.C.U.S. se répartissent leurs « pourcentages d'influence » respective dans les différents pays à coups de billets griffonnés au crayon rouge et bleu: 90% pour la Grande-Bretagne en Grèce, en échange de quoi, Staline a les mains libres en Roumanie et Bulgarie[2]...

En septembre 1944, l'Armée rouge pénètre en territoire yougoslave, et les Allemands évacuent la Grèce pour ne pas être coupés de leurs bases. Ils partent sans être dérangés, ni par les avions de la R.A.F. qui se contentent de reconnaissances au-dessus de leurs colonnes, ni par la Résistance, dont les mouvements consolident leurs positions et surtout, comme l'EAM-ELAS, règlent leurs comptes: sous le commandement direct d'Arès, des milliers de personnes, collaborateurs ou pas, sont ainsi sommairement exécutées, surtout dans le Péloponnèse, « bastion » royaliste... Athènes est évacuée le 12 octobre, mais l'ELAS, conformément aux accords, n'y envoie aucune force. Exsangue et en ruines, le pays est enfin libre. La gauche, « libératrice » des 4/5 du territoire, est en apparence maîtresse de la situation.

---

[1] Voir à ce sujet: SEFERIS, G. « Journal politique, 1935-1944 », op.cit.
[2] Voir à ce sujet : CHURCHILL, « La Seconde Guerre mondiale », T.10, op.cit.

A partir du 15 octobre, une flotte mixte anglo-grecque débarque à Athènes des troupes britanniques commandées par le général Scobie, promu commandant suprême des forces alliées en Grèce. Le gouvernement Papandréou rejoint la capitale le 18 octobre. Effervescence et confusion caractérisent les semaines qui suivent la libération. Les forces en présence, aux intérêts contradictoires et complexes, sont pour l'essentiel les suivantes:

L'EAM-ELAS, qui contrôle la majeure partie du pays, mais dont les troupes restent hors d'Athènes. La gauche est présente dans la capitale à travers ses organisations de masse, légèrement armées, qui regroupent près de 100'000 sympathisants. Elle est quelque peu divisée entre partisans d'une prise du pouvoir et ceux d'une participation avantageuse à celui-ci. Une bonne partie des Communistes agit toutefois de manière autonome, et tient compte des intérêts et instructions de Moscou.

La classe politique, libérale et conservatrice, unie dans l'inquiétude face au danger que représente la gauche pour la pérennité de son pouvoir, et ne voyant de salut que dans le soutien (et la dépendance) de l'étranger.

Les ligues d'officiers, dont le fameux IDEA, qui recrutent maintenant à une large échelle parmi leurs collègues, ainsi qu'auprès des cadres des bataillons de sécurité.

Les membres de ces derniers et anciens collaborateurs qui ont échappé à l'ELAS, et que les Anglais ont interné. Ils prennent conscience de pouvoir retrouver une utilité en cas de conflit avec la gauche. Grivas et son organisation X sont pour leur part dans la même expectative.

Les Britanniques enfin, décidés à « mettre les Grecs au pas » à tous prix, même au prix d'un conflit armé avec l'ELAS, afin de préserver leurs intérêts économiques et stratégiques. Au surplus, en cet automne 1944, la victoire n'est pas encore acquise sur le front Ouest, et on ne peut se permettre un « abcès » en Méditerranée orientale. Ils ont les mains libres du côté soviétique et américain, malgré certaines réserves de l'opinion et de certains dirigeants des Etats-Unis, comme le Secrétaire d'Etat Edward Stettinius, qui expriment une certaine sympathie pour l'EAM[1].

Du point de vue militaire, environ 7'000 hommes de l'ELAS se trouvent à proximité de la capitale, sans compter les combattants potentiels civils. Scobie dispose d'une brigade motorisée, à laquelle s'ajoutent la police, la

---

[1] Ibid.

gendarmerie, et quelques autres forces grecques, notamment les équipages de la flotte, soit une quinzaine de milliers de combattants au total.

Entre tous ces acteurs, une population exsangue, décimée et affamée, manipulée par les propagandes et soumise aux pressions et menaces des uns et des autres, partagée entre l'enthousiasme de la liberté, et l'inquiétude pour le présent et l'avenir: la faim continue à sévir, le marché noir et les trafics fleurissent... Dans un tel contexte, la masse des habitants d'Athènes ne comprend pas pourquoi le « Tommy » britannique ou le marin de retour du Moyen-Orient sont ennemis jurés du « barbu » de l'ELAS, alors que tous trois représentent en principe les mêmes valeurs...

L'atmosphère de liesse du mois d'octobre se dégrade rapidement. L'EAM demande le départ des forces de Scobie et la démobilisation des forces grecques venues du Moyen-Orient et d'Italie, en vue de la formation d'une nouvelle armée dont l'ELAS serait le tronc principal. Papandréou, pressé par la droite et les Anglais, demande la dissolution de ce dernier. La bonne foi semble absente de ces discussions, et les exigences respectives deviennent de moins en moins acceptables. La question d'un éventuel retour du Roi envenime encore les choses. L'approche de l'hiver et les problèmes lancinants du ravitaillement de la population amènent un mécontentement croissant et offrent un terrain favorable à la propagande des Communistes ainsi qu'aux provocations de l'extrême-droite. Les positions se raidissent encore, notamment du fait de pressions britanniques sur le gouvernement pour davantage de « fermeté » envers la gauche. Fin novembre, les ministres de l'EAM démissionnent; grèves et manifestations deviennent quotidiennes. Des coups de feux sont tirés le 3 décembre contre une foule de manifestants au centre d'Athènes, ce qui déclenche les hostilités. Certains parlent de bavure policière ou des Anglais, d'autres de provocation...

Quelques unités de l'ELAS pénètrent dans la capitale ainsi qu'au Pirée, où elles se heurtent aux troupes anglaises et à la gendarmerie grecque. Elles sont appuyées par d'importants groupes de civils armés et de membres de l'organisation de jeunesse de gauche, l'EPON. De violents combats font rage dans Athènes jusqu'à la mi-janvier. Les Anglais font débarquer en renfort deux autres brigades prélevées sur le front italien alors que l'ELAS n'agit qu'avec relativement peu de moyens, inférieurs en armement. Les hommes de Grivas participent aux affrontements, de même que d'anciens collaborateurs des « bataillons de sécurité », réarmés en renfort. Ils accomplissent surtout la basse besogne d'assassinats de militants ou de personnalités de gauche ou réputées telles. L'OPLA, police politique de l'EAM-ELAS, contrôlée par les Communistes, commet également de nombreuses atrocités, notamment l'enlèvement de plusieurs milliers d'otages civils, dont une partie sont torturés et exécutés[1]...

Au contraire de l'ELAS qui n'engage ses unités militaires qu'au compte-gouttes, les Britanniques prennent la situation très au sérieux, et utilisent même l'aviation, qui mitraille quelques quartiers des « banlieues rouges » d'Athènes. Le maréchal Alexander, commandant allié en Méditerranée, ainsi que Churchill lui-même, viennent sur place à la fin décembre. Le gouvernement Papandréou se retrouve enfin sur la touche: Scobie, assumant un pouvoir proconsulaire, suspend le cabinet sans autre forme de procès au début de janvier 1945, et le remplace par un autre, présidé par le général Plastiras, ancien dirigeant de la junte de 1922.

Au cours de violents combats, les positions et quartiers de l'EAM-ELAS sont peu à peu conquis et « nettoyés » dans la capitale. Cette « bataille d'Athènes » coûte encore 16'000 morts en majorité civils. Elle se conclut par un cessez-le-feu le 15 janvier 1945[2].

Une conférence des parties en conflit se tient à Varkiza en février. En position de force, les Britanniques dictent leurs conditions: démobilisation et désarmement de l'ELAS, nomination de l'archevêque d'Athènes Damaskinos comme régent, confirmation du nouveau gouvernement Plastiras, dont la réputation de « révolutionnaire » est sensée rassurer la gauche, chargé d'organiser des élections et un référendum sur la question royale. Les accords de Yalta viennent entre temps sceller ceux de Moscou et l'appartenance de la Grèce à la zone d'influence britannique.

En l'espace de 2 mois, la gauche perd ainsi de manière désastreuse ses positions prépondérantes, ou plutôt les moyens de celles-ci, c'est-à-dire sa force militaire. Explications et interprétations sont à nouveau multiples: en apparence, l'EAM aurait pu prendre le pouvoir sans coup férir en octobre 1944, avant l'arrivée des Britanniques. Au contraire, il choisit le dialogue de sourds, qui plus est de mauvaise foi. Il entre ainsi dans un jeu de tractations stériles et de provocations qui permet à ses adversaires d'occuper le terrain et de placer leurs pions. Finalement, il apparaît même comme le principal responsable de l'ouverture des hostilités. Une fois celles-ci engagées, il agit mollement, laissant ses troupes l'arme au pied autour d'Athènes littéralement regarder leurs camarades de la capitale se faire mettre en pièces par les Britanniques...

[1] Voir à ce sujet : COLLECTIF, « Histoire de la Nation Hellénique », T 16, op.cit.
[2] Ibid.

La plupart des responsables de l'EAM expliquent cette apparente incohérence par leur volonté de jouer le jeu, et de respecter les accords. Les hostilités de décembre 1944 auraient été un coup de semonce pour faire cesser les provocations adverses, et non une tentative de prendre le pouvoir. Qu'ils ont enfin été piégés par les Anglais, auxquels les affrontements ont permis de consolider leur position de force et d'isoler la Gauche. L'explication semble quelque peu naïve, mais n'est pas forcément à écarter. L'EAM n'est pas un monolithe, et les avis des modérés tels Svolos, ancien président du Front et ministre du gouvernement Papandréou ont pesé lourd, tant au Liban qu'en octobre-novembre 1944... Elle est toutefois incomplète : il est clair en effet que beaucoup de dirigeants communistes n'ont pas respecté les seuls accords du Liban et de Caserte, mais aussi et surtout ceux de Moscou, que l'énigmatique et impassible colonel Popov, installé à l'hôtel « Grande-Bretagne » au centre d'Athènes en décembre 1944 aux côtés de Scobie et de Churchill, était chargé de leur rappeler. Il s'agit donc d'une épreuve de force qu'ils ne semblent pas avoir voulu gagner... Dans le meilleur des cas, il leur a paru possible que l'engagement d' hostilités «limitées» pouvait faire pression sur Staline ainsi que sur Tito en vue d'une illusoire intervention, comme en témoignent des appels au soutien adressés à Belgrade en décembre 1944[1]...

Pour ce qui concerne la Grèce, ainsi se termine de fait la seconde guerre mondiale. Le tribut payé par le pays est énorme: les morts et les disparus se chiffrent à près de 400'000, soit le 7% de sa population de 1940. Si on compare de nouveau à la France de la même époque cela ferait près de trois millions de morts. Parmi eux, plus de 300'000 civils, exécutés, massacrés, déportés, ou morts de faim et de maladie[2].

[1] Voir à ce sujet : MARGARITIS, « Histoire de la Guerre civile grecque, 1946-1949 », T.1, op.cit. ainsi que :
EUDES, D. « Les Kapétanios », op.cit.

[2] Voir à ce sujet : COLLECTIF, « Histoire de la Nation Hellénique », T.16, op.cit.

CHAPITRE V:

DE LA GUERRE CIVILE AUX COLONELS (1945-1974)

1. Terreur blanche, marché noir et désengagement britannique. (1945-1947).

La Seconde Guerre mondiale, l'occupation et la Résistance constituent une période charnière de l'Histoire de la Grèce moderne. Elles sont le creuset de forces sociales et politiques nouvelles qui se sentent en droit de revendiquer l'exclusivité ou en tous cas une part substantielle du pouvoir face aux partis bourgeois traditionnels, à la monarchie discréditée par sa participation à la dictature de 1936-1940, et aux Britanniques, soucieux du maintien de leurs intérêts économiques et stratégiques. D'autre part, la population et la société grecques, encore sous le coup du désastre de 1922, sortent épuisées de la guerre et de l'occupation. Les structures et pratiques sociales héritées de la période 1922-1939, soit principalement l'existence d'un prolétariat aussi nombreux que misérable et la profonde coupure entre privilégiés et dirigeants d'une part et le reste de la population de l'autre, ont amplifié ce nouveau désastre. La pénurie et l'accaparement de vivres et de biens ainsi que le marché noir ont connu une telle ampleur, que la famine a causé plus de la moitié des victimes de la guerre. Le fragile tissu industriel d'avant-guerre est sérieusement endommagé, les exploitations agricoles sont ravagées du fait des opérations de la Résistance et des représailles allemandes. Au surplus, aucune activité productive ne peut sérieusement démarrer jusqu'en 1950 du fait de la guerre civile qui suit la libération du pays.

Après les accords de Varkiza, la Résistance est désarmée. En fait, les armes les plus modernes sont soustraites aux contrôles et soigneusement cachées. Déconcertés, les combattants de l'ELAS sont démobilisés et renvoyés dans leurs foyers. Maîtres de la Grèce il y a peu, l'EAM et le Parti communiste deviennent de simples organisations politiques d'opposition, au surplus déconsidérées par leur échec…

Deux Etats, parallèles mais complémentaires se mettent en place. L'Etat officiel, avec une succession de gouvernements modérés voire teintés de progressisme, tente de réorganiser les cadres constitutionnel, politique et économique du pays. Son pouvoir se limite en fait à Athènes et 3 ou 4 villes. D'autre part, un « Etat » paramilitaire et terroriste installe sa domination sans partage en province. Il se compose de bandes armées, telle l'organisation X de Grivas, ou même de brigands, ainsi que d'une « garde nationale » mise sur pied avec l'assistance britannique. De nombreux anciens collaborateurs des bataillons de sécurité y reprennent du service.

Une répression féroce est déclenchée contre beaucoup d'anciens résistants. Jusqu'en mars 1946, près de 10'000 personnes sont arrêtées, et subissent des brutalités ou des tortures. 1'300 autres sont assassinées, et un millier exécutées après un procès sommaire. L'importance de ces chiffres démontre qu'il s'agit d'une politique délibérée. La Grèce devient un cas unique en Europe, en réarmant des collaborateurs afin qu'ils persécutent des résistants, tout ceci sous le contrôle des Anglais… Des poursuites sont justifiées par les nombreux crimes commis par des communistes à l'encontre de civils pendant les hostilités de décembre 1944. Toutefois, elles n'ont que rarement visé les responsables effectifs, dans la mesure où ces derniers ont été rapidement « exfiltrés » par le KKE vers la Yougoslavie[1].

Les conditions d'existence de la population sont extrêmement dures : faim, rationnement, marché noir sont toujours la réalité quotidienne d'une majorité des Grecs. Les inégalités se creusent toujours davantage. Les communistes mènent une agitation incessante, multipliant les manifestations, grèves, et appels au rejet global de la politique des gouvernements successifs et à l'insurrection. Pourraient-ils toutefois mener une politique différente, comparable à celle de leurs camarades occidentaux qui, tout en ne perdant pas de vue les perspectives insurrectionnelles, tentent de contribuer à la reconstruction nationale de leurs pays respectifs? Il est difficile de répondre: tout d'abord, les dirigeants du KKE et notamment son secretaire, Nikos Zachariadès, n'ont pas l'envergure de Togliatti ou de Thorez. Mais il est aussi très difficile de discerner quelque volonté d'union et de reconstruction nationales dans la Grèce de 1945-46. Les gouvernements qui se succèdent au pouvoir jusqu'en mars 1946 sont impuissants. Leur marge de manœuvre, prise entre les antagonismes extrêmes du moment et la domination étrangère,

---

[1] Voir à ce sujet : EUDES, D. « Les Kapétanios », op.cit. ainsi que MARGARITIS, « Histoire de la Guerre civile grecque, 1946-1949 », op.cit.

est des plus limitées. Le pouvoir effectif est exercé par les Britanniques, soucieux de rétablir leur domination et de sauvegarder leurs intérêts en Grèce. Suite à l'accession des Travaillistes au pouvoir en juillet 1945, Londres commence toutefois à lâcher du lest et envisager son retrait de Grèce… Le pouvoir sera donc relayé par les terroristes de l'Etat parallèle. A coté de ces 2 pôles, les gouvernements sont des marionnettes, au mieux des figurants désabusés, même s'ils se composent parfois d'hommes de valeur. Kyriakos Varvaressos, que nous avons déjà mentionné au Chapitre III, démissionne en août 1945 après quelques semaines au ministère de l'économie, en constatant publiquement « l'impuissance totale de l'Etat à mettre en place et appliquer une quelconque politique ou à lutter tant soit peu contre la corruption et les abus »… Ceux-ci, à la mesure du désordre social qui règne, sont énormes : l'aide des Nations-Unies passe, dans sa majeure partie et souvent avec la complicité des autorités, sous le contrôle d'«hommes d'affaires » qui la revendent avec d'énormes bénéfices. Les opérations spéculatives et le marché noir fleurissent. En 1946, un millier de personnes disposent de près de la moitié du revenu privé. Enfin, - et en conséquence, étant donnée la relative facilité à s'enrichir hors des circuits économiques normaux, - la production de biens et de marchandises industrielles, artisanales ou agricoles reste désespérément aux niveaux de 1942, soit très proche de zéro[1].

En fait de situation révolutionnaire à laquelle semblent croire les dirigeants du KKE, la Grèce de 1945-46 se trouve en proie à une véritable contre-révolution, une réaction débridée et féroce de forces sociales, économiques et politiques mises sur la touche ou « coupables » depuis 1941, diverses mais alliées et solidaires en la circonstance. Ainsi la classe politique, soucieuse de retrouver son pouvoir et ses privilèges. De même, tous ceux pour qui la guerre, la collaboration, l'accaparement de biens, ou le marché noir ont été sources de profit, d'enrichissement ou de pouvoir. Beaucoup de possédants enfin, petits ou grands, qui craignent pour leur fortune… Cet état de fait "force" l'adhésion d'une majorité de la population: une partie de celle-ci avait certes vu d'un œil favorable l'activité résistante de l'EAM durant l'occupation, mais n'en est pas moins opposée à une révolution et à une dictature communiste. Enfin, et en particulier après les élections de mars 1946, la distribution du peu d'aide alimentaire et matérielle qui échappe aux réseaux de la spéculation, devient une arme des plus efficaces entre les mains du gouvernement : seules les personnes et familles qui lui font acte d'allégeance y ont droit… Beaucoup d'indécis, voire de partisans potentiels de la gauche, se détournent ainsi des communistes. Ebranlés par l'intense propagande contre ces derniers autant que par les horreurs perpétrées avant

[1] Voir à ce sujet : COLLECTIF, « Histoire de la Nation Hellénique », T.16, op.cit

et après la libération, terrorisés par la violence ambiante, ils restent spectateurs impuissants, soucieux avant tout de survivre dans la tourmente. Une « majorité sociologique » anticommuniste se forme ainsi progressivement entre 1945 et 1947, dont les dirigeants du KKE ne peuvent ou ne veulent prendre la mesure, pas davantage que de la contre-révolution qui sévit. De plus en plus isolés, ils n'arrivent plus à coordonner leurs actions aux réalités objectives.

Themistocle Sophoulis, chef historique des Libéraux, devient premier ministre en octobre 1945, et des élections législatives sont prévues pour mars 1946. Dans le climat de violence et de terreur qui règne, toute campagne électorale tant soit peu normale est impossible à mener pour la gauche, voire même pour une partie des candidats libéraux. Des groupes armés font régner leur loi en province: en janvier 1946, des paramilitaires investissent la ville de Kalamata, y neutralisent les autorités civiles, procèdent à des exécutions de personnes réputées de gauche et commettent des actes de pillage. Tout cela sous les yeux de la gendarmerie locale, qui se proclame neutre!

Malgré cette situation, la gauche (soit les communistes et les petits partis représentés à l'EAM) reste créditée de près du tiers des voix aux prochaines élections, et tout au moins d'une position d'arbitre dans le futur parlement, entre une droite de plus en plus forte et des libéraux affaiblis par leur inefficacité. Pourtant, après de fortes pressions communistes, l'EAM décide l'abstention du scrutin du 31 mars. Cette décision, très lourde de conséquences, est imposée par les dirigeants du KKE, qui maintiennent envers et contre tout leur analyse de « situation révolutionnaire » et envisagent même de passer au stade de la lutte armée…Les élections, ont donc un taux d'abstention de 40% et sont naturellement un triomphe pour la droite. Il est difficile de faire des projections sur des votes qui ne se sont pas exprimés. Toutefois, même si la moitié seulement de ces 40% est le résultat des consignes du KKE, la gauche représenterait une partie non négligeable du nouveau Parlement… Entre temps, dans la nuit du 30 au 31 mars 1946, un groupe armé d'anciens combattants de l'ELAS attaque une section de gendarmerie qui stationne dans le village de Litochoron près de l'Olympe. Face au terrorisme dont la gauche est victime, les Communistes en viennent à la lutte armée. L'abstention aux élections sonne aussi le glas de l'EAM, bientôt dissous de fait, dans la mesure ou tous les groupes politiques autres que le KKE vont le quitter. L'absence d'un véritable parti ouvrier de tradition sociale-démocrate en Grèce se fait là durement sentir : les communistes dominent sans partage la gauche, et lui imposent leur rythme et leur monolithisme.

Au lendemain des élections, le parti populiste forme le nouveau gouvernement, présidé par Constantin Tsaldaris. La terreur blanche continue tout au long de 1946, à la différence près qu'elle est maintenant institutionnalisée, et pratiquement assumée par l'Etat officiel, dont les nouveaux dirigcants n'ont pas les scrupules de leurs prédécesseurs libéraux. La même constatation est valable pour ce qui concerne les abus économiques et le marché noir. Un plébiscite est organisé en septembre 1946 sur la question de la monarchie : tenu dans les mêmes conditions que le scrutin de mars, il permet à Georges II de remonter sur le trône.

Empêtrés dans leurs problèmes internes, les Grecs n'obtiennent enfin que de maigres résultats à la conférence de paix de Paris en octobre 1946. Leurs revendications comprennent le Dodécanèse, l'Epire du Nord, libérée on s'en souvient en 1940-41, certaines rectifications de frontière avec la Bulgarie, enfin, 6 milliards de $ d'indemnités de guerre. Mal représentée par ses délégués dont la conception des relations internationales est encore celle du début des années 1930, et incapables de faire valoir les intérêts de leur pays dans la nouvelle donne géopolitique de l'après-guerre, la Grèce se voit déboutée de ses prétentions. Elle n'obtient en fin de compte que le Dodécanèse et 150 millions de $ de réparations.

2. La Guerre civile et ses lendemains.

Entre le printemps et l'automne 1946, on assiste à une course à la guerre : l'armée régulière, épurée de tout ce qui n'est pas ultra-royaliste, est fébrilement réorganisée et réarmée par les Anglais. Cette épuration a pour conséquence l'éloignement ou la démission de certains officiers très capables, mais dont les conceptions politiques ne sont pas « sûres »... Leur expérience, notamment en matière d'opérations « spéciales », fera cruellement défaut en 1947-48. L'état d'urgence est proclamé en juin 1946, la liberté de la presse et le droit de grève sont fortement limités, les garanties constitutionnelles suspendues. La juridiction des « tribunaux militaires d'exception » s'étend à toute la population. La peine de mort devient le prix courant pour tout acte ou prise de position considérée comme contraire au régime. L'Etat parallèle de 1945 recouvre maintenant entièrement l'Etat officiel. En face, un KKE toujours légal mais de plus en plus isolé se prépare aussi à l'affrontement, bien que de manière singulière : des groupes armés sont constitués, d'autres entraînés en Yougoslavie et en Albanie. Pourtant, de nombreux anciens combattants de l'ELAS et en particulier des officiers expérimentés, se voient rejetés du nouveau maquis... De ce fait, ils restent sans défense face aux autorités, qui les internent un peu plus tard. Dans les camps d'entraînement yougoslaves, certains vétérans sont même éliminés...ou livrés à la police grecque à la frontière! Des combats sporadiques ont lieu, sous forme de coups de main contre des installations militaires, ou gouvernementales, suivis de discours aux sous-entendus menaçants de Zachariadès ou d'autres dirigeants du parti. En fait, ces derniers ne semblent pas considérer la lutte armée comme une stratégie en soi, mais comme un simple élément, un moyen de pression à coté d'actions politiques, pour arracher des concessions à l'adversaire[1].

Dans la situation et les rapports de force du moment, la possibilité de telles concessions n'est qu'une illusion. Du coté de l'Etat, on ne cherche pas à éviter le conflit, on veut au contraire en découdre, et parachever la contre-révolution amorcée une année plus tot. Le parti communiste bénéficie certes d'une relative tolérance dans la capitale : il s'agit de préserver une façade démocratique au régime,et de laisser l'adversaire franchir le point de non-retour, afin de pouvoir l'écraser. Mais par ailleurs, la machine répressive fonctionne à plein rendement au niveau individuel, en particulier contre des sympathisants communistes ou des anciens de l'EAM-ELAS. Condamnations et exécutions vont bon train (respectivement plus de 1000 et 150 pour la 2e moitié de 1946), la fonction publique et l'enseignement sont soigneusement épurés, des milliers de personnes sont emprisonnées ou déportées dans les îles. Devant une vie insupportable, devant l'impasse et le désespoir de ne pouvoir choisir son camp entre la sauvagerie de l'Etat et le dogmatisme débile des Communistes, beaucoup choisissent l'exil : parmi eux, ceux qui deviendront par la suite le compositeur Yannis Xenakis, l'écrivain André Kédros, ou l'historienne Hélène Glikatzi-Ahrwehler.

De fait, si une grande partie du peuple grec a soutenu et suivi l'EAM-ELAS dans la résistance, elle ne veut pas, en 1946, d'une révolution ou d'un conflit civil. Epuisée et affamée depuis 5 ans, ébranlée par l'intense propagande anticommuniste autant que par le manque de logique et les maladresses apparentes du KKE, terrorisée par la répression, la population n'aspire qu'à la paix et à la stabilité. Si, dans les villes, beaucoup se regroupent, ou manifestent derrière la gauche en faveur de revendications sociales ou pour dénoncer des pratiques économiques et politiques scandaleuses, on n'est pas pour autant à suivre les Communistes dans une confrontation armée. Ces derniers, et en particulier leurs dirigeants, se trouvent ainsi dans une situation tragiquement schizophrène : décourageant d'une part de nombreux volontaires, anciens de l'ELAS, à reprendre les armes, ils comptent d'autre part sur des « masses populaires » exsangues et désabusées pour soutenir leur guérilla élitaire.

---

[1] Voir à ce sujet : EUDES, D. « Les Kapétanios », op.cit.

En décembre 1946 est formée l'Armée Démocratique de Grèce (A.D.), sous le commandement du général «Markos » Vafiadès, ancien kapétanios (commissaire politique) de l'ELAS. Elle compte à l'époque 5 ou 6000 combattants assez bien pourvus en armes individuelles, répartis en petits groupes dans les régions montagneuses du Pinde (Epire), du Rodope (Macédoine), du Parnasse (Grèce centrale), ainsi que dans le Péloponnèse. Selon Zachariadès, la nouvelle armée doit être « populaire », c'est-à-dire épurée de l'esprit « petit-bourgeois » de l'ELAS… A ce titre, combattants et surtout officiers doivent provenir le moins possible de la résistance. On fait quand même appel au début à des anciens de l'ELAS, mais surtout parmi ceux qui s'étaient réfugiés en Yougoslavie et en Albanie après Varkiza. D'autres sont des militants triés sur le volet qu'on envoie depuis les villes. Enfin, dès 1947, beaucoup de membres du comité central du KKE, dont l'expérience militaire est relativement limitée, sont promus officiers supérieurs de l'A.D.

A partir de la fin de 1946, les opérations et les combats s'intensifient. Il s'agit de sabotages contre des routes, ponts, lignes électriques, ou de brefs coups de main contre des unités ou installations militaires, voire de petites ou moyennes localités. Après quelques heures, les assaillants se retirent dans des caches de montagne ou au-delà des frontières albanaise, yougoslave ou bulgare. Face à cette tactique, l'armée régulière, organisée sur un modèle très classique et encore mal commandée et peu motorisée, est tenue en échec. Athènes et les grandes villes ne sont jamais menacées, mais le gouvernement craint l'impact psychologique de ces succès de guérilla sur l'opinion nationale et internationale, ainsi que sur le moral de l'armée. Ainsi, à la fin décembre 1946, les liaisons routières entre le Sud et le Nord du pays sont coupées et contrôlées durant plusieurs jours par des rebelles ; le 14 février 1947, la ville de Sparte est investie et occupée durant une journée… L'Etat se retrouve donc en position de faiblesse dans les premières semaines du conflit, et les certitudes de la droite, qui a poussé à l'affrontement, sont sérieusement ébranlées. Les doutes se transforment en panique durant la 2e moitié de février, lorsque Londres annonce la fin prochaine de son aide et le retrait de ses troupes pour avril. En proie à des difficultés économiques et sociales, le gouvernement travailliste réoriente la politique impériale et « décroche » de toute position qui n'est pas considérée comme vitale. Pour ce qui concerne la Grèce, cela ne se fera toutefois pas sans certaines garanties, données d'outre - Atlantique. En octobre 1946 déjà, Harry Truman reconnaît la Grèce comme une zone vitale pour les intérêts américains. En janvier 1947 arrive à Athènes une commission spéciale dirigée par Paul Porter, chargée d'enquêter sur la situation et les besoins du pays. Enfin, le 12 mars 1947, la « doctrine Truman », qui préconise de contenir désormais toute menace communiste au besoin par la force, est officiellement annoncée.

Commencé sous la tutelle anglaise, le conflit civil se termine à l'automne 1949 sous un quasi-protectorat des Américains. Cette nouvelle guerre aggrave encore la situation du pays, qui ne survit depuis 1945 que grâce à une aide alimentaire massive des Nations-Unies, dont une partie même est détournée avec la complicité de fonctionnaires et de membres du gouvernement pour être revendue au marché noir ou exportée! Entre 1945 et 1948, la Grèce (sur)vit donc dans un état de totale anarchie économique et sociale :

> *«...Une clique d'industriels, de marchands et de spéculateurs s'enrichit et vit dans le luxe, alors que les masses populaires sont dénuées de tout. Aucun gouvernement ne s'est préoccupé de ce problème...Le niveau de vie extrêmement bas de la majeure partie de la population est le facteur principal de la tension sociale qui caractérise la Grèce...Deux ans et demi après la libération, l'économie grecque se trouve au point mort...alors que des sommes fabuleuses sont englouties pour l'importation de produits de luxe et dans des opérations financières frauduleuses... Aucune mesure n'a été prise depuis la libération pour occuper les sans-emploi...Le gouvernement n'a d'autre politique que de mendier sans cesse l'aide étrangère afin de maintenir son pouvoir et préserver les intérêts de la clique de marchands et de banquiers qui constituent le pouvoir invisible... Cette clique est décidée à défendre à tout prix ses intérêts matériels, sans se préoccuper de ce que cela peut coûter au pays... »*[1]

Ce passage, écrit en 1947, ne provient pas d'un tract communiste, mais du rapport de la Commission Porter, présenté au congrès américain le 28 mars 1947 afin que celui-ci vote une aide militaire et économique d'urgence de 400 millions de $ à la Grèce. Compte tenu du «danger communiste», cette aide sera malgré tout approuvée, assortie il est vrai de conditions et de contrôles draconiens quant à son utilisation. Des experts américains contrôlent en détail le fonctionnement des appareils d'Etat et militaire, et n'hésitent pas à menacer d'une coupure immédiate de l'aide en cas de désaccords, même ponctuels, avec les instances grecques. Ces désaccords existent, et sont de deux ordres :

Sur les plans militaire et politique tout d'abord, l'Amérique veut une victoire totale et définitive sur les communistes, ce qui implique non seulement l'écrasement de leur force armée, mais aussi celui de leur appareil politique

---

[1] Voir à ce sujet : PORTER, P. « A miracle for Greece », op.cit.

et, par extension, de toute opposition de gauche : en ce début de guerre froide, l'administration Truman tient à donner une leçon et à envoyer un message clair à Staline. Ce dernier, respectueux des accords de Yalta qui assurent sa mainmise sur l'Europe orientale, tente tout d'abord de dissuader les «camarades» grecs de s'emparer du pouvoir : la Grèce est en effet réservée à la zone d'influence des Britanniques. La faiblesse et le retrait de ceux-ci en 1947 ainsi que les premiers succès de la guérilla amènent cependant une évolution progressive de ce point de vue. Le dictateur soviétique ne veut pas cracher sur un succès apparemment facile, qui lui donnerait un point d'appui important en Méditerranée orientale. Il commence donc à soutenir les communistes grecs, via la Bulgarie, l'Albanie et la Yougoslavie (jusqu'en 1948), qui fournissent des armes, un soutien logistique, et des bases arrière. La Grèce représente alors pour Washington une pièce importante de son dispositif en Méditerranée, ainsi que la première tentative de l'adversaire de bouleverser l'équilibre des forces en sa faveur. Elle est donc un symbole de taille en ce début de guerre froide. Au contraire, certains dirigeants grecs sont plus nuancés sur la manière de mettre fin au conflit, et n'excluent pas d'emblée des négociations avec les communistes, via les quelques petites formations politiques de gauche encore légales…

De manière générale ensuite, les Américains posent comme conditions primordiales pour leur aide un assainissement des pratiques économiques et de la situation sociale dans le pays. Par une redistribution des revenus ainsi que des investissements productifs d'emplois, on pourrait créer une véritable classe moyenne active, alors quasi-inexistante, qui serait le meilleur rempart contre le communisme. Le gouvernement en place à Washington est encore celui du «New Deal»… De cela, les classes dirigeantes grecques, habituées à la surexploitation d'une main d'œuvre misérable et à un minimum d'investissements productifs, ne veulent pas entendre parler. Politiciens et financiers se mettent pourtant littéralement à plat ventre devant les «sauveurs» d'outre Atlantique, suppliant qu'on les sauve du «loup» communiste. Ils jouent le jeu d'une soumission totale et servile, et remettent à plus tard la continuation des pratiques d'accaparement et de corruption extrêmes, d'autant plus que les opérations militaires retardent de fait la mise en place des volets productifs du plan américain …

La boutade que lance un fonctionnaire américain en 1948, excédé par l'incapacité et la mauvaise foi de ses protégés, est révélatrice de son appréciation: il constate en effet qu'on utiliserait de manière plus judicieuse le montant total de l'aide U.S. en versant une somme de 20'000.- $ à chaque combattant de l' «Armée Démocratique», pour en faire un «capitaliste» et mettre ainsi un terme aux combats… Comme nous le verrons plus loin, il s'agit presque d'une prophétie[1].

Malgré sa déliquescence, l'Etat ne reste toutefois pas inactif. En avril 1947, une première offensive sérieuse contre les rebelles est lancée par l'armée, avec 50'000 soldats et 60 avions à partir de la Grèce centrale vers la Macédoine et l'Epire. Malgré de sérieuses pertes, les combattants de l'A.D. parviennent le plus souvent à échapper à l'encerclement et à gagner leurs refuges habituels. Durant 3 mois, les tenailles de l'armée régulière se referment ainsi sur le vide… Le gouvernement grec, qui voulait aussi en imposer aux Américains à la veille de leur arrivée, n'obtient que le résultat contraire : en juillet, Markos passe à la contre-offensive et se paie meme le luxe de menacer sérieusement Iannena. Si les défenseurs de la ville tiennent bon, la panique ne s'en empare pas moins des dirigeants d'Athènes… Dans l'intervalle, Georges II meurt, très symboliquement le 1er avril 1947, soit le jour où les soldats britanniques commencent à quitter la Grèce. Le dernier séjour dans son pays de l'ancien souverain prématurément vieilli et malade, n'aura duré que 6 mois. Son frère, Paul 1er monte sur le trône. Le nouveau roi est infiniment plus populaire, notamment auprès des militaires, mais aussi de la population. Il associe à son pouvoir sa jeune épouse Frederika, dont on dit pendant la guerre civile qu'elle est le seul « homme » parmi les dirigeants grecs… Le fait est que le couple royal s'investit à fond dans la conduite de la guerre : on verra ainsi très souvent Paul superviser en personne les opérations sur le front, et Frederika user de toute son influence auprès des dirigeants américains afin d'obtenir un maximum d'aide. La reine met également en place et anime des structures d'aide (et surtout d'encadrement) aux victimes civiles du conflit, qui permettront de regrouper, éduquer, mais aussi endoctriner des jeunes, en particulier originaires des régions touchées. C'est là le début d'une intense activité sociale déployée le palais, et qui durera bien au-delà de la guerre.

Suite à l'échec de la première opération d'envergure contre l' A.D., la répression est encore renforcée. En juillet 1947, Zervas, devenu ministre de la police, fait arrêter à Athènes puis déporter dans les îles près de 9000 personnes. Parmi celles-ci, son ancien rival, le général Saraphis, que la direction du KKE laisse ainsi perdre pour la rébellion, avec de nombreux autres anciens officiers de l'ELAS. Des camps de concentration sont créés dans les îles de Makronissos et de Yaros, où des milliers de militants de gauche sont détenus dans des conditions extrêmement dures, torturés, ou éliminés. L'écrivain Chronis Missios, lui-même déporté, décrit de manière saisissante l'atmosphère de ces camps, qui sont autant de crimes commis par

[1] Ibid.

les dirigeants de la Grèce contre leur propre peuple. Les communistes ne cèdent en rien en matière d'exactions : lorsqu'un village ou une bourgade sont investis, de nombreuses personnes sont exécutées, prises en otages, ou astreintes au travail forcé. Parfois, des jeunes et des adolescents sont enrôlés de force. Contrairement à l'ELAS, la guérilla communiste ne sera jamais « un poisson dans l'eau » par rapport aux populations des régions où elle sévit... Le même Chronis Missios ponctue régulièrement ses récits de constatations désabusées sur l'attitude tyrannique de dirigeants et cadres communistes, tant durant la guerre qu'en captivité, en concluant: *« imagine ce que nous aurions fait si nous étions au pouvoir... »*

Le KKE est formellement interdit et les communistes mettent en place leurs propres institutions : la « Grèce libre » est proclamée en septembre 1947, et un « gouvernement de la montagne » est formé sous la présidence de Markos en décembre. Les objectifs à court terme restent la « libération » d'un territoire et d'une capitale provisoire. Dans ce but, l'armée démocratique qui compte à la fin de 1947 environ 18'000 combattants devrait au moins doubler cet effectif. Mais le recrutement devient problématique : beaucoup de recrues potentielles ainsi que des vétérans expérimentés sont derrière les barbelés de Makronissos... Malgré une politique de ralliement plus active allant parfois jusqu'à l'enrôlement forcé, l'A.D. ne dépassera jamais les 20'000 combattants, hommes et femmes[1].

Markos garde l'initiative des opérations jusqu'au printemps 1948, contre une armée régulière qui attend son rééquipement en matériel américain. Mais la guérilla n'arrive pas à s'assurer la possession durable d'une portion de territoire ou d'une localité importante. Une tentative pour prendre la ville de Konitsa échoue après de très violents combats en janvier 1948. Ses seuls « bastions » sont les massifs montagneux de Vitsi et de Grammos près de l'Albanie, et quelques villages le long de la frontière bulgare. Il faut relever que, durant la guerre civile, et au contraire de l'EAM-ELAS durant l'occupation, les communistes ne mettront jamais en place de véritable structure administrative, judiciaire, culturelle ou autre, apte à prendre en charge les besoins d'une population.

L'équipement de l'A.D. provient tout d'abord des armes cachées par l'ELAS après Varkiza, qui seront graduellement complétées par du matériel d'origine soviétique fourni par la Yougoslavie et la Bulgarie. La logistique est également assurée par ces dernières, ainsi que par l'Albanie, où se trouvent les bases arrières de la guérilla. Les vivres proviennent d'abord de

---

[1] Voir à ce sujet : MARGARITIS, « Histoire de la Guerre civile grecque, 1946-1949, op.cit.

réquisitions auprès de paysans puis, lorsque la plupart de ces derniers fuiront les zones de combats, ils seront aussi fournis par les « pays frères ». Il va de soi que Tito, Dimitrov ou Enver Hoxha n'agissent pas uniquement par camaraderie, mais qu'ils comptent bien exiger la contrepartie politique ou territoriale de leur assistance après une victoire des Communistes grecs.

Du coté soviétique, on sait que Staline a toujours prêché la plus grande modération aux « camarades grecs » : ceux-ci ne bénéficient d'aucune aide jusqu'en 1947, ce qui peut aussi expliquer la valse-hésitation du KKE. Après les premiers succès de Markos, le Kremlin commence toutefois à manifester un certain intérêt : un succès sur les Anglo-Américains offert ainsi sur un plateau n'est pas un cadeau à refuser... Le soutien devient donc plus actif, mais n'en reste pas moins verbal, ou tout au plus indirect, via les pays satellites. En 1948, Staline fera par ailleurs clairement savoir à Zachariadès qu'il n'a pas l'intention d'engager une épreuve de force avec les Occidentaux à propos de la Grèce.

Les combats deviennent de plus en plus durs notamment du fait des bombardements réguliers effectués par l'aviation gouvernementale sur les zones de guérilla. Des dizaines de milliers de réfugiés, pour l'essentiel paysans, quittent celles-ci pour se mettre à l'abri, derrière les lignes de l'armée régulière ou vers la Yougoslavie et la Bulgarie. Des régions et des villages entiers sont aussi vidés de leur population par les combattants de chaque camp. Ces malheureux sont regroupés, soumis aux propagandes respectives, et présentés comme victimes des « bandits communistes » ou alors des « monarcho-fascistes ». Des milliers d'enfants font l'objet de telles opérations. Ils sont soumis à une discipline de fer dans les camps patronnés par la reine Frederika, ou alors envoyés par les autorités communistes dans les pays de l'Est, d'où ils ne rentreront en Grèce que durant les années 1980...

En juin 1948, c'est une armée grecque largement modernisée et encadrée par des officiers plus jeunes et mieux formés qui se lance à l'assaut de Vitsi et de Grammos. Une guerre de positions et des assauts de montagne alternent durant 2 mois de combats acharnés, qui font plus de 2000 morts et 8000 blessés dans les 2 camps. Les coups portés par les gouvernementaux à leurs adversaires, en particulier grâce aux attaques aériennes, sont beaucoup plus sévères qu'en 1947. La campagne ne manque pas d'épisodes cocasses, notamment lorsque Paul Eluard, venu apporter son soutien aux Communistes, appelle dans son plus beau Grec ancien les soldats gouvernementaux à fraterniser, armé d'un porte-voix et coiffé d'un bonnet phrygien... A nouveau, une bonne partie des rebelles parvient à échapper à l'encerclement et passer en Albanie, pour revenir en Grèce quelques semaines plus tard. L'automne-hiver 1948-49 voit cependant le déclin irrémédiable de l'armée démocratique, tout d'abord sous l'angle du rapport de forces qui devient désastreux : une vingtaine de milliers de combattants avec moins de 50 canons, face à une armée modernisée, comptant 10 divisions assez bien équipées, des blindés, ainsi qu'une force aérienne non négligeable. Sur le plan tactique ensuite, avec la décision aberrante et inexplicable de Zachariadès et d'une majorité de dirigeants du KKE d'abandonner la guérilla pour transformer l'A.D. en… « armée régulière », afin de mener une guerre conventionnelle… Markos, qui manifeste son désaccord, est limogé dès l'été 1948. Les petits groupes autonomes de guérilla, aptes à déjouer les pièges de l'armée et à tenir celle-ci en échec, sont dissous au profit de « brigades » et de « divisions » beaucoup moins souples, sous-équipées et totalement incapables d'affronter en terrain découvert leurs adversaires de l'armée régulière. Après 1956, on expliquera cette position du secrétaire du KKE par le fait qu'il souffrait de troubles mentaux : il prétendait en effet que l'URSS s'apprêtait à livrer 1000 canons à l'Armée Démocratique[1]… A supposer même que les effectifs de l'A.D. eussent pu doubler, cela en aurait fait une force exclusivement composée d'artilleurs! Il reste cependant que Zachariadès a été soutenu dans son délire ou ses mensonges par la plupart des membres du bureau politique du KKE…

Forte de sa supériorité, l'armée régulière entreprend à partir du printemps 1949 le nettoyage systématique des régions où sévit la guérilla. Les forces communistes du Péloponèse, de Grèce centrale, ainsi que des îles sont impitoyablement éliminées. Ces opérations sont souvent menées et conclues avec cruauté. Des milliers de civils, sympathisants ou non du KKE, sont encore arrêtés et déportés. Depuis janvier, Papagos, ancien commandant en chef en 1940-41, est à nouveau à la tête de l'armée. Son rappel ne constitue pas une nécessité stratégique, mais le personnage inspire du respect aux généraux américains, qui avaient jusque là tendance à traiter la plupart de leurs collègues hellènes comme des caporaux… Jusqu'à l'été 1949, l'A.D. est ainsi progressivement confinée et encerclée dans ses bastions de Vitsi et de Grammos. En juillet, l'armée donne l'assaut à ces régions, investies jusqu'à fin août. Encerclée, l'A.D. ne peut plus passer de manière organisée en Albanie, ni en Yougoslavie dont la frontière est fermée depuis juillet, suite à la rupture de Tito avec Moscou. Ce ne sont plus que débris vaincus qui, avec les dirigeants survivants du KKE et près de 40'000 civils sympathisants, prennent le chemin de l'exil. Enfin, le 16 octobre 1949, le « Gouvernement provisoire de la Grèce libre » annonce à la radio de Bucarest un « arrêt temporaire des hostilités ».

[1] Ibid.

Durant le conflit, la « Question macédonienne » revient à l'avant-scène. Un certain nombre de Slavomacédoniens originaires -en principe- du Nord de la Grèce, rejoignent l'A.D. entre 1946 et 1949. Les énormes difficultés de recrutement et le confinement de la rébellion au Nord du pays accroissent très sensiblement leur proportion, qui atteint près du 40% des effectifs vers la fin de 1948. C'est dans ce contexte que le comité central du KKE décide en janvier 1949 « qu'une autodétermination du Peuple macédonien aura lieu après la victoire »... En fait, les dirigeants du KKE se sentent obligés de prendre cette décision, au moment ou leur défaite est consommée, et où les Slaves de Macédoine sont pratiquement les seuls à rejoindre leurs rangs. Il est douteux que le poids électoral des quelque 150'000 Slavomacédoniens restants en Grèce ait pu entraîner une sécession. Mais il est probable qu'en cas de victoire communiste et s'appuyant sur cet engagement du KKE, les voisins du Nord et en particulier Tito aient exigé des compensations territoriales à leur « aide fraternelle »...Reprenant à son compte le nationalisme slavomacédonien, le dictateur de Belgrade crée en 1945 une « République de Macédoine » au sein de la Fédération yougoslave, et ne refuserait certes pas de la voir s'agrandir quelque peu vers le Sud.

La guerre civile vient ajouter encore 67'000 morts au bilan de 1945, et plus de 200'000 réfugiés, dont près de 70'000 rejoignent plus ou moins volontairement (beaucoup sont des enfants de moins de 15 ans) l'URSS et les pays de l'est.[1] Les autres s'agglomèrent pour la plupart autour d'Athènes. Le camp occidental reste intact en Europe, et les classes dirigeante et politique grecques ont préservé l'essentiel de leur mainmise sur le pays. Entre tous ces acteurs, un pays et une population faméliques et désabusés subissent les événements sans y prendre vraiment part, sinon par leurs souffrances. Ils sont, ainsi que le développement de la société grecque jusqu'à la fin du 20e siècle et au-delà, les véritables vaincus de la guerre civile. En moins de 30 ans, entre 1922 et 1949, la Grèce subit ainsi 2 désastres nationaux majeurs, traumatismes sans précédent pour une nation et une société, qui stigmatisent pour longtemps leur évolution ultérieure.

Toujours est-il qu'à partir de 1949, une chape de plomb recouvre le pays dans les domaines politique, social et culturel. Tout ce qui n'est pas conforme vis-à-vis du pouvoir, de l'Etat, de la religion ou de la couronne, soit des valeurs qui s'imposent comme «nationales», est dénoncé comme «communiste» et sévèrement réprimé. Toute conception progressiste qui se distingue des modèles traditionnels, toute ouverture ou nouveauté sur les plans politique comme intellectuel, sont assimilées à de la subversion et très souvent poursuivies par la loi. L'esprit critique, l'imagination même sont

[1] COLLECTIF, « Histoire de la Nation Hellénique » T.15, op.cit.

bannis de l'enseignement, de la presse, voire de la littérature. Pour préserver leur intégrité, beaucoup d'intellectuels et d'auteurs grecs abandonnent les domaines des sciences sociales, de l'histoire et de la philosophie, pour se consacrer – et parfois briller – dans les arts visuels, la musique, ou la poésie. D'autres, tels Kazantzakis, choisissent l'exil volontaire. Ainsi, la Grèce ne participe presque pas aux grands courants de pensée et de remises en question philosophiques, sociales et politiques qui modifient profondément le monde occidental à partir des années 1950 et 1960. Elle se replie sur la représentation de la réalité que ses «élites» lui imposent, et qui est proprement schizophrène : conformisme et nationalisme obtus sur le plan intérieur, dépendance presque totale, et souvent volontaire, envers les Etats-Unis en politique étrangère. Le cadre policier et répressif de ce coma de la pensée et de l'action devient progressivement désuet durant les années 1960, puis après 1974. Mais le modelage de plusieurs générations dans des moules rigides d'idées reçues est encore perceptible aujourd'hui. Quant aux retards et anachronismes accumulés faute d'esprit critique et d'initiative dans l'administration, les systèmes scolaire et universitaire, et presque tous les domaines de la vie publique, ils handicapent toujours le développement de la société.

Le sort des réfugiés «communistes», consentants ou pas, en URSS et dans les pays de l'est est encore moins enviable : beaucoup sont installés dans la région de Tachkent, sous la double férule des autorités soviétiques et de la direction du parti communiste de Grèce. Ils sont souvent astreints au travail forcé et soumis à une discipline militaire ainsi qu'à la plus stricte orthodoxie politique. Un grand nombre d'entre eux disparaît, victimes de purges. Leur sort ne s'améliore qu'à partir de 1956, mais reste toutefois peu enviable. Sensiblement meilleure est la situation des personnes réparties dans les pays satellites, Roumanie, Hongrie, Tchécoslovaquie et Allemagne de l'Est, où ils ont la possibilité de mener une vie à peu près normale, dans le contexte local. Il est enfin intéressant de relever la communion «philosophique» entre dirigeants vainqueurs et vaincus de la guerre civile grecque : l'obscurantisme des uns rejoint le stalinisme des autres… D'autre part, les communistes maintiennent après leur défaite un important appareil clandestin dans le pays. Des réseaux d'information et de renseignement disposant d'émetteurs radio sont cachés chez des particuliers en ville. Si ces radios peuvent servir à recevoir quelque consigne des dirigeants exilés, ils ne transmettront jamais aucune information digne d'intérêt pour qui que ce soit : les espions soviétiques en Grèce fréquentent en effet davantage les palaces athéniens que les caves et cellules clandestines du KKE… Par contre, leur découverte permettra maintes fois aux autorités d'arrêter des militants communistes et de gauche, de les accuser d'espionnage et de les condamner à mort en proclamant que le «danger rouge» est encore imminent. Ainsi, le procès de

Nikos Béloyannis en 1952, au cours duquel l'accusé acquiert par son courage et son éloquence une dimension sublime et mythique : son image, défiant les juges militaires le sourire aux lèvres et un œillet à la main est immortalisée par Picasso et fait le tour du monde lors d'une énorme campagne internationale de solidarité, qui ne le fera cependant pas échapper au peloton d'exécution. De son côté, la direction du KKE cultive et utilise sciemment à des fins de propagande les «martyrs» ainsi livrés à la sauvagerie de l'Etat grec… A l'époque, cette atmosphère de complots et de procès politiques prévaut dans de nombreux pays des deux camps. En Grèce, les événements prennent un caractère plus tragique et brutal du fait de la proximité de la guerre civile et de la gravité des peines appliquées[1].

Dans les années qui suivent le conflit, 2 élections générales n'arrivent pas à donner un gouvernement stable et durable au pays. Les libéraux sont majoritaires, mais leurs coalitions sont fragiles et n'arrivent pas à s'entendre, notamment sur les questions de la réconciliation nationale et de la lutte contre la corruption. Les cabinets se font et se défont, souvent avec un coup de pouce de l'ambassadeur américain ou du couple royal : le Roi Paul et son épouse, la reine Frederika, dont la forte personnalité ne passera pas inaperçue durant les années suivantes, useront et parfois abuseront du pouvoir très étendu de la monarchie: outre que la constitution réserve au chef de l'Etat un rôle d'arbitre «actif» et le commandement des forces armées, les dissensions politiques au sein même des partis créent un vide de pouvoir qui bénéficie au roi. L'indéniable prestance de Paul 1er auprès de la population et du corps des officiers compensent en fait les faiblesses patentes des politiciens et arrivent plus d'une fois à éviter une dictature. Sur le plan de la politique étrangère, la Grèce adhère, ainsi que la Turquie, à l'OTAN en 1951, et une présence américaine permanente sous forme de bases et de conseillers militaires est établie.

Cette intervention et présence américaines en Grèce, certes très importantes, ne correspondent toutefois pas, du moins sur le plan local, au schéma classique de l'impérialisme, soit des intérêts économiques importants sur place motivant un contrôle politique et stratégique du pays. Ce qui était le cas pour la Grande-Bretagne ne l'est plus pour les Etats-Unis, dont les entreprises et capitaux en Grèce sont modestes entre 1945 et 1955. Si leur volume augmente quelque peu durant les 2 décennies qui suivent, il n'atteindra jamais une dimension vitale. Pour Washington, qui considère ses intérêts économiques et stratégiques au niveau planétaire et à travers le prisme de la confrontation Est - Ouest, le pion grec n'a de valeur que militaire. Après la guerre civile, une charge affective croissante et réciproque

---

[1] Voir à ce sujet : KEDROS, A. « L'Homme à l'œillet », op.cit.

viendra toutefois se greffer et compliquer les relations entre la Grèce et les U.S.A. : près de 2 millions d'Américains sont en effet d'origine hellène, et forment progressivement un « lobby » politique avec lequel il faut compter, notamment lors des élections présidentielles…

Le rôle de ces « Greek-Americans », déjà non négligeable entre 1940 et 1949, devient de plus en plus important par la suite dans les relations bilatérales : défenseurs certes des intérêts helléniques à Washington, ils n'en sont pas moins un facteur primordial des relations de vassalité qui vont s'établir entre les 2 pays jusqu'à la fin des années 1970, puis de l'incompréhension et des complexes réciproques qui prévalent jusqu'à nos jours.

Des élections ont lieu en mars 1950. Les libéraux y obtiennent la majorité, mais sont divisés en factions personnelles rivales, notamment celles de Sophocle Venizélos (fils d'Eleuthérios), le général Nicolas Plastiras, et Georges Papandréou. Chef du courant le plus important, Venizélos est désigné par Paul 1er pour former le gouvernement, mais en est aussitôt écarté sur intervention de l'ambassadeur américain Grady au profit de Plastiras. Le roi est ainsi contraint de nommer premier ministre celui que la cour et les monarchistes considèrent comme « régicide ». Personnalité honnête et positive, le général veut sincèrement sortir le pays du climat de guerre, et prône la réconciliation nationale. Cette dernière, garante de la stabilité du pays, semble aussi être le souci des Américains, tout au moins de l'administration démocrate jusqu'en 1952. Cette nécessaire stabilité explique également l'admission de la Grèce (ainsi que de la Turquie) au sein de l'OTAN en 1952. Plastiras est cependant le seul chef politique préoccupé de réconciliation, et toutes ses tentatives se heurtent à l'hostilité et au sabotage, tant de la part des politiciens de son propre bord, notamment Venizélos et Papandréou, que du palais, de l'armée ou de l'administration. Aucune mesure ne peut être prise pour alléger le sort des vaincus, et les camps de concentration restent pleins. La réconciliation ne dépassera pas les discours de Plastiras, qui finit par reconnaître publiquement le 15 août 1950 que ses propres ministres entravent ses initiatives… Sur le plan économique, l'échec est tout aussi complet, avec près du tiers de la population active au chômage, une production qui n'arrive pas à redémarrer, et une inflation galopante. Le premier ministre démissionne et Venizélos le remplace. On assiste alors durant une année au spectacle navrant d'un chassé-croisé de cabinets et d'un théâtre de mauvais goût joué par les cliques politiciennes libérales sur le dos d'un pays dévasté et ruiné, soutenu à bout de bras par l' aide étrangère…

C'est ce moment que Papagos choisit pour entrer en politique. Comblé d'honneurs et promu maréchal au lendemain de la guerre civile, le vainqueur des Italiens et (formellement) des Communistes, entouré de quelques jeunes politiciens ambitieux, fonde le « Rassemblement hellénique » sur les ruines de l'ancien parti populiste défait aux élections de 1950. Papagos et ses lieutenants ambitionnent toutefois de dépasser le clivage politique traditionnel en attirant une partie des libéraux, ainsi que des indépendants. De fait, à la veille des élections de 1952, ils seront rejoints par quelques personnalités telles Stephanos Stéphanopoulos ainsi que, momentanément, Georges Papandréou. Le « Rassemblement hellénique » est souvent comparé au R.P.F. créé à la même époque en France par le général De Gaulle. Les 2 mouvements se veulent en effet « hors partis », bien qu'ils représentent en fait des regroupements plus ou moins classiques de la droite ou d'une partie de celle-ci. Toutefois, les gaullistes excluent les anciens collaborateurs de leurs rangs et de leur électorat. Enfin, la trajectoire et le personnage du maréchal Papagos, pur produit de la hiérarchie militaire la plus traditionnelle et conservatrice, ont peu de points communs avec ceux du non-conformiste et visionnaire De Gaulle.

Simultanément, la gauche fait un timide retour sur scène avec la création du parti E.D.A. (gauche démocratique unifiée). Celui-ci regroupe aussi bien des membres de l'appareil clandestin du KKE tels Kirkos ou Glézos, que des personnalités non communistes comme les professeurs Kitsikis et Spiliopoulos, ou le président du parti, le Dr. Passalidis. Véhicule légal (certains parlent de « cheval de Troie ») du parti communiste interdit, l'EDA ne constitue pas pour autant un monolithe, dans la mesure où elle regroupe à coté des marxistes de stricte obédience des socialistes, des pacifistes, des progressistes, ainsi que de nombreux mécontents. Il va de soi qu'elle est d'emblée désignée comme pestiférée par l'ensemble de la classe politique, de l' « establishment », et des autorités, qui refusent toute forme de collaboration ou de dialogue avec elle.

L'expérience libérale favorisée par les USA au lendemain du conflit constitue un échec. Les gouvernements sont incapables d'appliquer une politique intérieure cohérente et suivie, du fait des rivalités de clans et d'intérêts. Des ligues d'officiers réactionnaires, notamment le fameux IDEA, formées depuis le début de la guerre civile complotent de plus en plus ouvertement en vue d'un coup d'Etat et d'une dictature. De plus, la situation économique reste très mauvaise, le pays ne survit toujours que sous perfusion de l'aide américaine, ce qui rend sa dépendance encore plus crue. Dans ce contexte, les Américains mais aussi le roi (qui n'arrive presque plus à «tenir» les officiers de l'armée) se rendent compte de la nécessité d'un «homme fort», capable de gouverner de manière efficace et de faire à nouveau fonctionner l'Etat et l'économie, en gardant une façade parlementaire. Sous leurs pressions, de nouvelles élections ont lieu en novembre 1952 et sont remportées par Papagos, qui devient premier ministre.

Le maréchal dispose des moyens pour mener une politique plus drastique. Il jouit d'un large consensus et bénéficie du préjugé favorable d'une majorité de la population, fatiguée de sa misère et des manœuvres politiciennes qui la prolongent en paralysant le pays. Il compte sur une équipe ministérielle relativement jeune et d'une certaine qualité, dont la préoccupation est de faire ses preuves en initiant le développement économique. On peut citer parmi eux Spiros Markezinis, ministre des finances, Panayotis Canellopoulos, ministre de la défense, et Constantin Caramanlis, ministre des travaux publics. Joignant l'utile à l'agréable, beaucoup d'entre eux s'y enrichiront d'ailleurs passablement. Une politique cohérente peut donc être mise en place et appliquée, et les machines administrative et économique recommencent à fonctionner, même si le cadre politique reste très répressif. Mais le maréchal meurt au début de 1955, sans laisser de «dauphin», et les querelles de clans reprennent le pas sur la politique. Le danger est évident de voir la droite en proie aux mêmes dissensions que les centristes quelques années auparavant.

Comme la constitution lui en donne la prérogative, c'est le roi qui règle la question en désignant le nouveau premier ministre en la personne de Constantin Caramanlis, jusque là ministre des travaux publics. Ce choix qui écarte les dirigeants les plus en vue surprend, semble-t-il, tout le monde. Le nouvel «homme fort», député depuis 1946, ne fait partie du sérail politique traditionnel. Il se fait favorablement connaître des protecteurs américains comme membre de la commission chargée de négocier puis coordonner l'aide US, notamment par le fait qu'il n'est pas insensible à leurs exigences d'assainissement des pratiques économiques. Il en va de même pour la famille royale, avec laquelle Caramanlis tisse de solides liens depuis 1948. Son ascension semble donc redevable de cette double faveur, mais il n'en est pas pour autant un incapable : homme d'action efficace, pragmatique et parfois autoritaire, il a supervisé avec énergie de son poste ministériel la mise en route des grands travaux indispensables à la reprise économique. Il se révèlera comme l'un des rares hommes d'Etat de la Grèce moderne. Des élections en février 1956 le confirment à la tête du gouvernement, où il reste jusqu'en 1963. Son action se veut avant tout guidée par la recherche de l'efficacité et des résultats concrets. Dans cette optique, il n'hésite pas à faire appel à des hommes issus de tous les horizons politiques, y compris de gauche, s'ils sont aptes à remplir tel ou tel poste. Ce pragmatisme vaut à Caramanlis d'indéniables réussites, notamment sur le plan économique.

3. Economie et Société entre 1952 et 1970.

La réorganisation de l'économie et son passage du stade de la pénurie et du marché noir à celui de la production se met donc en place dès 1952. L'Etat s'y réserve d'emblée un rôle primordial : le développement se base ainsi relativement peu sur des capitaux privés et le marché, et davantage sur l'intervention des pouvoirs publics qui l'orientent et le dirigent. Outre le fait que, comme nous l'avons déjà vu, le «capital» d'origine grecque rechigne à s'investir dans une économie productive dans le pays, la pratique est assez courante à l'époque dans beaucoup de pays européens, notamment la France et la Grande-Bretagne. Une nouvelle Drachme est créée, valant 1000 anciennes. Elle est liée au Dollar, après dévaluation de 50% par rapport à ce dernier, et restera stable jusqu'en 1973. En plus des financements du plan Marshall, qui s'élèvent à un total de 693 millions de $ pour la Grèce, obtenus dès 1950 mais pratiquement inutilisés, des emprunts publics sont contractés en France, en Allemagne, ainsi que sur le marché intérieur afin de financer un programme de développement économique, initié par des grands travaux. Des concentrations bancaires sont opérées, assurant à la Banque Nationale de Grèce, qui appartient à l'Etat, un oligopole dans le secteur. Des organismes publics de financement sont créés afin de soutenir (et contrôler) les entreprises privées. La politique de grands travaux continue, et se poursuit jusqu'à la fin des années 1970. Les besoins sont énormes : routes, ponts, bâtiments publics, logements, voies ferrées, aéroports, électrification, barrages pour la production d'énergie, l'eau courante et l'irrigation, tout est à faire. Nombre de ces ouvrages sont confiés à un gigantesque consortium étatique de travaux publics qui coopère directement avec l'armée pour ce qui concerne l'ingénierie et le matériel[1].

L'Etat crée et développe des entreprises, notamment dans le domaine de la production et la distribution d'énergie, avec le rachat aux Britanniques de l'ancienne Power Company une fois sa concession à terme. Dans l'agro-alimentaire on crée des usines d'engrais, des sucreries et des conserveries. Des raffineries de pétrole sont inaugurées en 1958, permettant la mise à profit optimale de l'importante flotte marchande grecque pour l'approvisionnement en carburants. Toute la région au Sud-Ouest d'Athènes, entre Aspropirgos, Eleusis et Corinthe, est choisie pour constituer une zone industrielle pilote (raffineries, chantiers navals et de démolition, pétrochimie, cimenteries, métallurgie, ateliers), selon le principe de l'induction. Il s'y opère toutefois une telle concentration d'activités polluantes, que les graves

[1] La réorganisation de l'économie grecque s'inspire en fait largement d'une planification établie depuis février 1952 par l'économiste K. VARVARESSOS, « Rapport sur le problème économique de la Grèce », op.cit.

problèmes d'environnement atmosphérique et marin apparus dès la fin des années 1960 ne sont pas encore tous résolus…

L'irrigation, l'usage d'engrais et une certaine mécanisation (le nombre de tracteurs et de machines utilisés est multiplié par 6 entre 1952 et 1965), la production agricole (tabac, olives, huiles et agrumes) augmente de 80% durant la même période. Des coopératives agricoles sont créées et, grâce au développement des entreprises agro-alimentaires publiques et privées, cette production trouve, jusqu'à la fin des années 1960, un débouché satisfaisant avec le marché intérieur. Par la suite, elle aura une certaine peine à développer ses exportations, sauf à brader ses prix.

Enfin, l'Etat assure la promotion et l'encouragement des activités touristiques par la création d'un organisme National du Tourisme et, notamment la construction d'un grand nombre d'hôtels de bonne qualité, qui restent sa propriété, dans les principaux sites et îles touristiques. Des lignes régulières de navires et de *ferrys* entre l'Italie et la Grèce, ainsi qu'entre le continent et les îles, sont subventionnées.

La croissance de l'économie grecque connaît une augmentation vertigineuse au début des années 1950, et reste très haute durant les années 1960, avec une moyenne annuelle de près de 11% entre 1960 et 1968. Le revenu par tête d'habitant et le PIB s'accroissent en moyenne respectivement de 5,5 et 6,5% par année entre 1953 et 1972. La part de l'Etat dans tous les secteurs est très importante, la marine marchande mise à part : en 1959, il détient 38% du capital industriel, et 48% en 1969, sans compter les importants crédits (dont il a le monopole) accordés aux entreprises privées. Au contraire donc de l'industrialisation des années 1920 qui est privée avec des crédits et un soutien de l'Etat, celle des années 1950 à 1970 est, pour une grande part, étatique.

Le capital étranger commence aussi à pénétrer en Grèce à la fin des années 1950, notamment italien (Pirelli), américain (Dow Chemical et raffineries Esso Pappas) et français, avec Pechiney qui exploite les gisements de bauxite du Parnasse et construit une usine de production d'aluminium. Ces entreprises bénéficient naturellement d'avantages fiscaux et énergétiques, ce qui n'est pas toujours du goût de l'opposition parlementaire.

La dette extérieure est relativement peu chargée entre 1953 et 1973. Outre les sources de financement et emprunts déjà mentionnés, un nouveau prêt de 25 millions de $ accompagne la convention avec Pechiney. Selon le calendrier prévu à Bretton Woods, le solde de la dette extérieure d'avant 1939 est remboursé jusqu'en 1969. La hausse du niveau de vie, le rétablissement d'une certaine confiance et l'augmentation de l'épargne permettent l'émission d'obligations d'Etat sur le marché intérieur, et une augmentation des taxes encaissées. Enfin, certaines activités industrielles étatiques comme par exemple les raffineries sont sources de revenus rapides[1].

Ces progrès sont certes importants, mais la Grèce des années 1960 est encore un pays en développement. Par rapport aux pays d'Europe occidentale, elle souffre d'un sérieux retard sur le plan des infrastructures, de la taille des entreprises (la moyenne du nombre d'employés par entreprise en 1963 est à peine de 9,7), de la productivité, et des ouvertures sur le marché international, qui sont le point faible de l'économie grecque. La production est encore presque exclusivement destinée au marché intérieur, et reste protégée de toute concurrence par de très fortes taxes. En 1961, la Grèce signe un accord d'association avec la Communauté Economique Européenne, accord qui prévoit une adhésion au bout de 18 ans, et la levée des barrières douanières pour 1974.

Une nouvelle classe moyenne fait son apparition, composée d'ouvriers spécialisés, techniciens et cadres, dont un grand nombre de fonctionnaires travaillant dans des entreprises et services étatiques, constituant de ce fait une clientèle empressée du gouvernement... Le statut de fonctionnaire ou d'employé de l'Etat acquiert une dimension mythique, et devient le rêve de chaque famille pour ses enfants.

Le développement économique ne fournit pas suffisamment de travail, il en retire même parfois, avec par exemple la mécanisation de l'agriculture qui provoque un fort chômage des ouvriers agricoles. Il en résulte de forts courants d'émigration vers Athènes d'une part, et vers l'étranger de l'autre. La capitale passe de 600'000 habitants en 1950 à plus d'un million en 1960, et deux millions en 1972. Entre 1950 et 1965, 700'000 personnes quittent d'autre part la Grèce, principalement vers l'Australie, l'Allemagne et la Belgique, ainsi que toujours vers les Etats-Unis. C'est la main d'œuvre la plus qualifiée qui part du pays vers un sort meilleur[2]. D'autre part, si on tient compte aussi du problème de la répression intellectuelle et politique qui sévit et tend à faire fuir toute personne « pensante », cette émigration fait perdre à la société grecque ses éléments les plus dynamiques. Paradoxalement, ce phénomène provoque un manque de techniciens et ouvriers spécialisés et, à la fin des années 1960, des milieux patronaux pressent le gouvernement afin qu'il donne de forts encouragements matériels au retour des émigrés, voire

---

[1] Au sujet de l'ensemble des chiffres de l'économie grecque de ce chapitre, voir : COLLECTIF « Histoire de la Nation hellénique », T.16, op.cit.

[2] Voir à ce sujet : COLLECTIF « Histoire de la Nation hellénique » T.16, op.cit.

même qu'il autorise l'immigration de contingents de main d'œuvre turque ou yougoslave… Enfin, les apports en devises étrangères de cette immigration, soit en moyenne plus de 350 millions de $ par année entre 1960 et 1974, sont un appoint des plus importants pour les réserves de devises et la balance des paiements. Ce n'est qu'à partir de 1973 que le flux s'inverse, et que de nombreux émigrants commencent à revenir au pays.

L'amélioration du niveau de vie et les débuts de la société de consommation commencent, vers le début des années 1960, à atténuer les haines et à humaniser quelque peu le visage de la Grèce. Mais le nombre de détenus et déportés politiques ne diminue que très lentement, et les camps d'emprisonnement ne ferment qu'en 1961. Des réformes vitales comme la simplification de l'administration et la réorganisation de l'enseignement sont négligées, et pour cause : une administration arbitraire et corrompue ainsi qu'une culture obscurantiste restent les instruments d'un Etat toujours autoritaire et parfois violent. Caramanlis n'est pas un fanatique, mais limite son pragmatisme au domaine économique. Une volonté de réorientation de la politique étrangère suivra vers la fin des années 1950. Il se contente d'augmenter le niveau de vie de la population, d'en enrichir une partie, et laisse nombre de hauts et moins hauts fonctionnaires et militaires perpétuer au-delà de toute justification le régime de mesures d'exception et de chasse aux sorcières, de même que le clientélisme et la corruption.

Si Athènes reste une vitrine où règne un minimum d'Etat de droit, la province est littéralement à la merci de la gendarmerie et de l'armée. Celles-ci patronnent et financent des organisations « patriotiques » ou paramilitaires, composées pour l'essentiel d'hommes de main « tenus » par les autorités par de petits privilèges (autorisations et patentes professionnelles, oubli de divers larcins ou délits, etc…) qu'elles distribuent parcimonieusement. Ces personnages font régner la terreur envers tout ce qui n'est pas conforme aux « valeurs nationales ». On intervient ainsi lors des élections par des pressions, promesses ou menaces sur les indécis, et des violences voire des meurtres contre les candidats de l'opposition, même parfois libéraux… Ces organisations patriotiques sont distinctes des sections locales de l'ERE, mais cette dernière bénéficie grandement de leurs activités. Entre les scrutins, elles exercent un contrôle serré sur la vie professionnelle, culturelle, et associative de la population, ainsi que sur l'information : tel journal athénien critiquant le gouvernement disparaîtra ainsi avant sa mise en vente, telle manifestation, film ou pièce de théâtre jugée subversive sera troublée par des groupes de « citoyens exaspérés »…Médecins, avocats, intellectuels, enseignants, commerçants, ou parents d'élèves dont les opinions ou les attitudes dérangent, seront systématiquement harcelés dans leurs vies professionnelles ou privées… De nombreux règlements de comptes personnels, sans rapport avec la politique, ont également lieu dans ce contexte. La complicité de la police et de la justice assure une large impunité à ces pratiques.

Le « certificat de civisme », émis à bien plaire par la police et certifiant que l'on n'est pas, soi-même ou sa parenté, communiste ou lié à des activités « subversives » est un préalable nécessaire à toute postulation dans le secteur public, voire même dans certaines entreprises privées liées à l'Etat. Ce qui fait dire à Marc Marceau, correspondant du « Monde » à Athènes dans les années 1960, qu' « en Grèce, un ancien communiste peut beaucoup plus facilement devenir secrétaire général que huissier d'un ministère »... Cette atmosphère, insupportable pour beaucoup, tolérable pour d'autres car sensée protéger le pays contre le communisme, est magistralement décrite par le cinéaste Costa Gavras dans le film « Z », qui évoque l'assassinat du député de gauche Grigoris Lambrakis en 1963. En matière de meurtre politique, les services compétents américains mettent parfois eux-mêmes la main à la pâte, comme lors de l'élimination du général Saraphis, également député de gauche, qui est écrasé en 1957 hors de chez lui par une voiture de la mission militaire U.S. Les occupants de celle-ci bénéficiaient naturellement de l'exterritorialité judiciaire...

Le fait est toutefois que ce régime répressif dispose d'une indéniable base populaire, notamment dans les campagnes, ainsi que dans la petite bourgeoisie des villes, catégories qui assimilent toute forme de progrès au « Communisme », et développent une véritable allergie à tout changement...

4. De la Question de Chypre à la dictature.

A partir de 1955, la question de Chypre devient le centre de gravité de la politique étrangère grecque. Cédée à la Grande-Bretagne par l'Empire ottoman en 1878, l'île devient un point d'appui primordial de la domination anglaise sur le Moyen-orient. Sa population est composée pour l'essentiel de 80% de Chypriotes grecs et 20% de Chypriotes turcs, pour un total de 550'000 habitants en 1950. La majorité de la population grecque aspire à l' « Enosis », l'union à la Grèce. Cette revendication prend une allure beaucoup plus dynamique après 1950, en particulier avec l'élection de Mgr Makarios comme archevêque, considéré comme le chef de la communauté grecque-orthodoxe. De son côté, la Grèce, où l'influence britannique s'est éclipsée en faveur de celle des U.S.A., voudrait bien, également à des fins de politique intérieure, obtenir un succès qu'elle croit facile en politique étrangère, et parachever l'indépendance et la réunion nationales: le gouvernement Papagos soutient donc ouvertement l'Enosis, pensant pouvoir compter sur la bienveillance américaine.

Suite au refus d'entrer en matière hautain signifié par Anthony Eden à Papagos, ce dernier porte en 1954 la question de la décolonisation de Chypre devant l'assemblée générale de l'ONU. Les Anglais utilisent alors et amplifient les inquiétudes de la minorité turque quant à l'Enosis, pour contester les revendications des Grecs. Ces derniers mettent sur pied une organisation terroriste, l'EOKA, qui commence à s'attaquer aux intérêts et aux vies britanniques. A sa tête, le gouvernement d'Athènes place le colonel Grivas, d'origine chypriote, dont l'activité entre 1942 et 46 nous est connue. Les premiers succès de cette « guérilla » amènent quelques concessions du côté anglais: une conférence est convoquée à Londres en 1955, à laquelle sont conviées la Grèce et la Turquie. Le contentieux colonial anglo-grec d'origine, au sujet de l'autodétermination de Chypre, se transforme ainsi en conflit gréco-turc... Après l'échec de la conférence et suite à un « attentat » contre des intérêts turcs à Thessalonique, de violentes émeutes ont lieu à Istanbul, au cours desquelles la minorité grecque est victime de dures représailles ainsi que d'expulsions. Il a été établi par la suite, et notamment lors du procès intenté en 1961 au premier ministre turc Adnan Menderes par les militaires qui l'avaient chassé du pouvoir, que les autorités turques avaient elles-mêmes orchestré ces événements... Toujours est-il que l'alliance gréco-turque établie depuis 1935, et scellée par la doctrine Truman puis l'entrée des 2 pays dans l'OTAN en 1951, se trouve sérieusement ébranlée. La Grèce, la Turquie et la Grande-Bretagne s'enlisent dans le problème chypriote, où les intérêts nationaux et locaux rencontrent des enjeux géopolitiques beaucoup plus larges, qui sont en fait le contrôle du Moyen-Orient et de ses sources d'énergie. Quant aux Etats-Unis, ils voient avec inquiétude leur dispositif et réseau d'alliances en Méditerranée orientale qui menace de voler en éclats, mais ils ne peuvent d'autre part retirer leur soutien à Londres, qui reste leur principal allié en Europe, malgré les rêves des dirigeants grecs. Le tout sous le regard intéressé de l'Union Soviétique...

De laborieuses négociations et pressions amènent enfin le départ des Britanniques. Les Accords de Zurich, signés en 1959, font de Chypre un Etat indépendant, sous la triple tutelle de la Grèce, de la Turquie et de la Grande-Bretagne, concrétisée par une présence militaire des 3 pays sur place. Une constitution prévoyant des institutions séparées pour les 2 communautés est adoptée, Mgr. Makarios est élu président, et le Dr Kütchük, leader de la communauté Chypriote turque, vice-président. Chypriotes grecs et turcs qui ont longtemps coexisté sans problèmes, sont devenus en moins de 10 ans profondément hostiles et méfiants les uns envers les autres. La situation se complique encore par le fait que les communautés n'ont pas de territoires distincts, et que les pouvoirs donnés à la minorité turque peuvent paralyser le fonctionnement de l'Etat. Des actions violentes, parfois de véritables guerres entre bandes armées se multiplient, plus ou moins contrôlées depuis Ankara ou Athènes, selon les besoins des nationalismes respectifs, avec le risque de voir les éléments extrêmes prendre le dessus. De fait, on élabore de part et d'autre des plans d'épuration ethnique et, en 1964 puis 1967, les affrontements amènent la Grèce et la Turquie au bord du conflit armé.

Du côté chypriote-grec, on se rend cependant compte que la solution de l'indépendance n'est peut-être pas la plus mauvaise. Au début des années 1960, Chypre est plus évoluée que la Grèce. Son économie, ouverte et dynamique, accueille de nombreux capitaux étrangers. L'administration britannique lui a laissé un appareil d'Etat et des infrastructures efficaces. A l'instar de Makarios, qui commence alors à tisser des liens avec le mouvement des pays non-alignés, on réalise les avantages de l'indépendance, qui sont hors de comparaison avec le statut de province éloignée d'un pays encore sous-développé et autoritaire qu'offrirait l'Enosis… Naturellement cette position, bien que de plus en plus répandue, reste discrète: les nationalistes fanatiques, notamment Grivas, restent vigilants contre les « traîtres » potentiels. Elle n'a malheureusement pas son pendant dans la communauté chypriote turque qui subit de plus en plus une « sudétisation » de la part de la Turquie. Elle reste donc enfermée dans des conceptions nationalistes étroites. Cette situation est renforcée par un « apartheid » de fait sur les plans économique et politique, qui relègue les Turcs dans un ghetto de relative pauvreté et de fermeture sociale. Les Grecs en sont pour une part responsables car, plus dynamiques sur le plan économique, ils rechignent à partager leur prospérité et monopolisent les institutions à leur profit. Toutefois, la communauté turque ne fait rien non plus pour tenter de participer à ces institutions et sortir de son isolement, encouragée dans cette voie par Ankara qui, par exemple, « arrose » systématiquement de misérables subsides ses protégés, entretenant par là leur stagnation économique…

Quant aux gouvernements en place à Athènes entre 1954 et 1965, tous exploitent à fond la question de Chypre à des fins de politique intérieure, et tentent tour à tour de flatter le nationalisme des Grecs lorsqu'un succès est remporté, ou de reporter la colère et la frustration populaires contre l' « étranger » lorsqu'on subit un échec, qui sert par ailleurs d'excuse à la médiocrité de l'ensemble de la politique étrangère… Papagos en tire tout le profit qu'il peut, Caramanlis également, de manière cependant plus fine ; Chypre lui permet d'en finir avec ce qui reste d'influence britannique en Grèce, voire même de ridiculiser les services secrets de Sa Majesté. En 1957, soupçonnant (non sans raison) Athènes d'armer l'EOKA, le MI6 met les téléphones privés des membres du gouvernement grec sur écoute. Le premier ministre, qui se doute de cette surveillance, monte un canular téléphonique avec son ministre des affaires étrangères Avéroff, où il est question de faire sortir la Grèce de l'OTAN, et de rejoindre les non-alignés en demandant l'assistance de l'Union soviétique. Les Anglais affolés transmettent ces propos au Département d'Etat, qui envoie immédiatement l'ambassadeur U.S. demander des explications à Caramanlis. Ce dernier révèle alors la supercherie et l'indélicatesse des services britanniques dans une capitale alliée : selon Foster Dulles, l'incident « a fait rire tout le Département d'Etat pendant 3 jours »[1]... La comédie cache toutefois l'avertissement de ne pas pousser les Grecs à bout, d'autant plus que l'Union Soviétique soutient officiellement les Chypriotes dans leur lutte contre le colonialisme. La presse hellène, même de droite, fait par ailleurs ouvertement allusion, dans les années 1957-1960, à une possible sortie de l'Alliance atlantique...

Les gouvernants ne sont pas les seuls à tenter de tirer profit du conflit, l'opposition de gauche et le Parti Communiste se lancent également dans la surenchère nationaliste, fustigeant de leur point de vue les « capitulations » du gouvernement, la « trahison » des combattants et du peuple de Chypre, au nom des intérêts étrangers. On voit Mikis Théodorakis, compositeur et militant de gauche, ancien résistant, composer des odes à « Dighénis », nom de guerre de Grivas... Une véritable vague de fond secoue à cette époque la société et l'opinion helléniques, canalisant une fois de plus toutes leurs frustrations: des manifestations, souvent violentes, en faveur de la cause chypriote ont fréquemment lieu à Athènes, et ce mouvement n'est pas étranger au succès électoral (près de 20%) que remporte la Gauche en 1958, devenant ainsi la principale force d'opposition. Caramanlis commence toutefois à se rendre compte qu'il joue à l'apprenti sorcier. Le pays et surtout ses classes dirigeantes n'ont pas vraiment les moyens de mettre leurs menaces vis-à-vis des alliés Occidentaux à exécution, car celle-ci risquerait de déclancher des forces incontrôlables dont l'action peut coûter à la Grèce sa stabilité si difficilement retrouvée et son fragile ancrage au « monde libre »...

C'est dans cette optique que le premier ministre grec accepte les accords de Zurich en 1959, qui lui sont encore reprochés comme une « trahison » par les milieux nationalistes. Ces accords, s'ils créent un Etat boiteux, apparaissent malgré tout comme la seule issue réaliste à une situation des plus

---

[1] L'anecdote est notamment rapportée par le poète Geoges SEFERIS, alors ambassadeur de Grèce à Londres, dans « Journées », journal personnel T.7 1951-1960. op.cit.

compliquées, dans la mesure où l'on tient à éviter une partition de Chypre. A l'époque, présentés naturellement comme un succès de la diplomatie hellène, ils sont durement critiqués aussi bien par la droite et la gauche extrêmes, ainsi que par les centristes de Georges Papandréou, qui crient à la « capitulation ».

Chypre canalise en fait toutes les frustrations et les ressentiments accumulés depuis 1945, et sert d'exutoire à l'exaspération populaire, en particulier contre les Anglo-Américains. Elle est le révélateur de la dépendance de la Grèce, et de l'impuissance ou de la médiocrité de sa politique étrangère. Caramanlis commence à s'en rendre compte lorsqu'il accepte les Accords de Zurich. Il se rend également compte, au contraire de la majorité de son parti, des graves impasses accumulées durant la dernière décennie, et qui demandent solution urgente, sous peine d'explosions incontrôlables : toute-puissance d'un « Etat parallèle », constitué par les organisations de droite extrême, la police et l'armée, importance des pouvoirs attribués à la monarchie, qui intervient souvent de manière partisane dans le débat politique ou les nominations de hauts fonctionnaires et d'officiers, dépendance totale et explicite de la politique étrangère par rapport aux Etats-Unis. Ces problèmes maintiennent en Grèce une société monolithique et bloquée, en marge d'une Europe qui commence à évoluer rapidement. Pour faire changer cet état de fait, et surtout imposer les réformes, un large consensus politique serait nécessaire, qui n'est pas à l'ordre du jour entre 1958 et 1962 : l'heure est plutôt aux « ultras », particulièrement à droite, où l'on donne toujours dans l'hystérie : toute critique ne peut être que « communiste et anti-grecque », donc inadmissible. En 1960, le ministre de la culture, pourtant homme de lettres réputé, fait interdire Aristophane comme « subversif »…

Georges Papandréou, dirigeant libéral, dénonce violemment, et non sans démagogie, la situation de répression qu'il a grandement contribué à mettre en place 10 ans plus tôt. Il proclame en 1960 la « lutte à outrance » contre la droite et Caramanlis. A gauche, on reste par contre modéré : les revendications se limitent au domaine social, et l'argumentation à des thèmes généraux, comme la paix. On mise en fait sur une accession à terme des libéraux au pouvoir, en les laissant pour l'instant tirer seuls les marrons du feu, avec des arrière-pensées différentes selon la tendance : pour les staliniens, dans une logique de prolongement de la guerre civile, on projette un noyautage du futur parti gouvernemental, notamment à partir de ses organisations de jeunesse, pour tenter le moment voulu un « coup de Prague ». Pour les démocrates, il s'agit de lutter avec les libéraux pour mettre fin à la répression politique et promouvoir le progrès social. La composante majoritaire de la gauche est maintenant une jeunesse qui a fait une croix sur la défaite, se montre de plus en plus revendicatrice et de moins en moins révolutionnaire. Les vaincus staliniens de 1949 ne sont certes plus qu'une minorité, mais restent toutefois auréolés de prestige et influents. La scission du Parti communiste grec en 1968 sera d'ailleurs la conséquence de ces différences.

Avec l'accession au pouvoir de l'administration Kennedy, le suzerain américain commence également à réaliser les problèmes de la Grèce, et surtout à y craindre une explosion et une défection de l'OTAN. Au niveau de la présidence et du département d'Etat tout au moins, on préférerait un allié, partenaire formellement « indépendant » et politiquement stable à un vassal servile mais hautement explosif. Cette vision n'est pourtant pas partagée par les services secrets, notamment les responsables locaux de la CIA, gréco-américains pour la plupart, ni par une bonne partie des militaires[1].

Dans ce climat tendu, le premier ministre et son parti, l'E.R.E., remportent encore les élections de 1961. Celles-ci sont caractérisées par l'opposition et même des observateurs indépendants comme entachées de violence et de fraude généralisées. La terreur exercée sur les électeurs par les « organisations patriotiques » ainsi que par la gendarmerie et l'armée, donnent en effet au scrutin des allures plus que douteuses. Les factions libérales réussissent à se regrouper au sein de l'Union du centre, sous la direction de Georges Papandréou, et totalisent plus de 30% des suffrages en 1961, alors que 14% vont à la gauche. L'opinion, particulièrement dans les villes, a de moins en moins peur, une partie se radicalise et revendique l'ouverture politique, le progrès social, et l'indépendance nationale. Mentionnons à cet égard le mouvement étudiant dit du « 15% », proportion du budget exigée en faveur de l'éducation. En butte aux violentes attaques de l'opposition, Caramanlis voit ses difficultés s'accroître. Il trouve de moins en moins de soutien dans son propre parti, tenu par les ultras, et ses rapports avec la royauté se détériorent. Soucieux de retirer son pouvoir d'une majorité politique et non du bon plaisir de la cour, il avait essayé à plusieurs reprises de limiter des initiatives royales (notamment de la Reine) peu compatibles avec un Etat de Droit. Le couple royal lui en tient rigueur, non moins que de ses projets de réviser la constitution de 1952 afin de délimiter plus clairement les prérogatives du souverain.

Sur le plan extérieur, ses efforts de rééquilibrage et de rapprochement avec l'Europe (visite officielle du général De Gaulle et association de la Grèce avec la CEE en 1961) connaissent quelques succès. Ils inquiètent toutefois

[1] Voir à ce sujet : PAPAHELAS,A. « Le viol de la Démocratie grecque... », op.cit.

les inconditionnels de la tutelle américaine, de même que certains cadres de la CIA…

La crise ouverte est déclenchée en mai 1963 par l'assassinat à Thessalonique du député de gauche Lambrakis par les membres d'une « organisation patriotique », patronnée par des officiers supérieurs, probablement commanditaires du meurtre. C'est aussitôt une levée de boucliers et un orage de protestations dans le pays. Deux mois plus tard, le premier ministre doit démissionner, suite à un désaccord de détail avec le couple royal, qui semble n'être qu'un prétexte. En fait, la cour veut se défaire de Caramanlis devenu par trop indépendant et qui doit au surplus endosser la responsabilité politique du meurtre de Lambrakis. Papandréou salue la chute de son adversaire comme une victoire, mais ne se rend pas compte qu'il en est redevable au « bon plaisir » du souverain et non aux électeurs… Par la suite, deux scrutins successifs, en novembre 1963 et février 1964, amènent l'Union du centre au pouvoir avec une confortable majorité. Georges Papandréou peut ainsi envisager de mettre en application son programme de démocratisation, de réforme de l'enseignement, de démantèlement de l'Etat parallèle et d'une politique étrangère plus indépendante. On peut constater que ses visions convergent sur plus d'un point (en paroles tout au moins) avec celles de Caramanlis…

L'alternance du pouvoir fait naître de grands espoirs. A peine en place, le nouveau gouvernement s'engage toutefois dans une pratique effrénée de favoritisme et de compromissions. Certes, le spectacle de ministres et députés passant le plus clair de leur temps à procurer des faveurs et des emplois à leurs amis, clients et sponsors n'est pas nouveau pour la Grèce, et la droite ne méprisait pas ces pratiques. Mais maintenant, le rythme s'accélère et se généralise : exclus du pouvoir pendant 10 ans les centristes ont à se rattraper. Jusqu'en 1967, on aura rarement vu coupure plus profonde entre Société civile et population aspirant au changement d'une part, et une classe politique coupée des réalités et préoccupée uniquement de ses intérêts politiciens et matériels de l'autre. D'autre part, le manque de cohésion et les querelles intestines sont la règle au sein de l'Union du centre, composée d'éléments hétérogènes allant de la droite libérale au socialisme. Son unité de façade n'est due qu'à l'aura personnelle de Papandréou, obligé en retour de choisir ses ministres non pas en fonction de leurs capacités, mais des gages qu'il est obligé de donner aux diverses cliques rivales.

Agé de 76 ans, le nouveau premier ministre est une personnalité politique controversée : anticommuniste virulent, vice-premier ministre et protagoniste de la mise en place de l'appareil répressif pendant la guerre civile, il se retrouve incarner durant les années 1960 le désir de liberté et de progrès d'une grande partie des Grecs. Excellent orateur, il a toutefois tendance à faire passer les mots pour des réalités et à flatter les passions populaires par des promesses difficiles à tenir. Bon chef de l'opposition, il sera un premier ministre discutable. La chose publique devient d'autre part une affaire familiale : son fils, Andréas Papandréou, établi aux Etats-Unis depuis la dictature Métaxas, professeur d'économie à Berkeley, revient en Grèce comme conseiller économique de Caramanlis (!) en 1960. Elu député en 1964, il entre d'emblée au gouvernement, provoquant la colère et l'envie de nombreux caciques libéraux. Celui qu'un journaliste définit comme « un curieux mélange de professeur d'université et d'amateur de saloon[1] » se place à la tête de l'aile gauche de son parti et réclame une rupture radicale tant sur le plan intérieur que sur celui de la politique étrangère. Bon théoricien, son discours clair et direct tranche sur le ronron et les inepties habituels des politiciens. Il se place à la tête de l'aile gauche de l'union du centre, et réclame une rupture radicale tant sur le plan intérieur que sur celui de la politique étrangère. S'il ne tient pas toujours compte des réalités et rapports de force du moment, son discours, qu'on peut résumer de manière très sommaire par le slogan : *le pouvoir au peuple, l'armée à la nation, la Grèce aux Grecs,* ose dire tout haut ce que beaucoup chuchotent. Faisant paradoxalement de l'anti-américanisme son cheval de bataille, il devient la coqueluche de l'intelligentsia progressiste, mais incarne aussi la perspective (encore diffuse) d'une Grèce différente pour une partie de la population, en particulier au sein des classes laborieuses et petite-bourgeoise. Ayant mis leurs espoirs dans l'EAM jusqu'en 1944, ces catégories ont par la suite rejeté le communisme sans pour autant se reconnaître dans les partis politiques de l'après-guerre civile, ni même dans l'EDA, par trop marquée à gauche...A partir de 1964, elles commencent à prêter l'oreille au discours simpliste mais clair et séduisant d' « Andréas »... En tant que ministre, les interventions de ce dernier dans des domaines ne relevant nullement de sa compétence notamment aux affaires étrangères, l'économie et les finances, couvertes par l'autorité et le prestige de son père, provoquent de multiples incidents au sein du gouvernement. Dès 1965, « Andréas » devient naturellement l' «homme à abattre » pour la droite extrême, mais aussi de nombreux centristes à qui il fait ombrage.

Le gouvernement de Georges Papandréou doit faire face à la question urgente de la libéralisation du régime. Ne pouvant attaquer de front et simultanément les organisations paraétatiques, l'armée, la gendarmerie et, par extension, le palais, on choisit de les contourner : les mécanismes répressifs sont mis en veilleuse, gendarmes et militaires doivent

---

[1] Marc Marceau, correspondant du « Monde » à Athènes, in : « La Grèce des colonels », op.cit.

progressivement cesser de se comporter en satrapes, le certificat de civisme n'est pas aboli, mais ne sera pas exigé sur intervention du député local : clientélisme et corruption peuvent aussi servir de bonnes causes! La majeure partie des détenus politiques est libérée, mais les lois d'exception restent en vigueur et le parti communiste est toujours interdit. Quoi qu'il en soit, le pays respire, et recommence à parler librement. Durant 1964, la gauche et les syndicats organisent de nombreuses réunions, défilés et grèves, toutes généralement paisibles. Soulignons que ces manifestations ne troublent pas le rythme du développement économique. Aussi superficiels soient-ils, ces quelques changements inquiètent toutefois les tenants de l'ordre établi, et tout d'abord l'opposition de droite dirigée par P. Canellopoulos, depuis l'exil volontaire de Caramanlis en France au début de 1964. La presse qui lui est inféodée entretient une atmosphère alarmiste, dénonce la « mainmise communiste » sur l'Etat et les institutions, et traite Papandréou de « Kerenski »... On s'acharne aussi particulièrement sur « Andréas », dont l'attitude ne fait rien pour démentir les critiques, présenté comme un extrémiste irresponsable, menant son père sénile par le bout du nez, et le pays à la catastrophe...

Les ligues d'officiers, disposant de l'appui quasi-officiel de l'état-major et de la radio des forces armées, craignant avant tout de nouvelles et plus sérieuses limitations à leurs pouvoirs et privilèges, commencent à comploter ouvertement en vue de saper l'autorité du gouvernement, voire de s'emparer du pouvoir. Ces complots sont encouragés par l'inertie avec laquelle on y fait face : au début de 1965, une provocation sous la forme d'un prétendu « sabotage » est orchestré au sein d'une unité militaire par le lieutenant-colonel Papadopoulos, futur dictateur en 1967. L'affaire est tellement grosse qu'elle est rapidement percée à jour, mais son auteur évitera toute sanction sur intervention de Papandréou ; les deux hommes sont en effet originaires de la même région du Péloponnèse...

Quant à la monarchie, l'alternance politique la trouve momentanément affaiblie : Paul 1er meurt en mars 1964, et laisse le trône à son fils Constantin II, âgé de 24 ans, et sans autre expérience qu'une médaille de voile aux Jeux olympiques de Rome en 1960... Constantin ne possède ni l'autorité ni l'expérience de son père, et subit l'influence de la Reine-mère Frederika. Ils sont entourés de conseillers et de militaires réactionnaires, inquiets des possibles diminutions du pouvoir royal et, par conséquence du leur.

En politique étrangère, Papandréou subit un échec sur l'épineuse question de Chypre. Adoptant une attitude intransigeante, il encourage de nouvelles provocations et violences intercommunautaires, qui provoquent une forte réaction turque, soit le bombardement aérien de l'île en juillet 1964. Chypre est à 100 km de la côte turque, et à plus de 1000 des bases de l'aviation hellène, à supposer que celle-ci veuille intervenir... Il ne reste donc plus d'autre ressource que de faire appel au président Johnson, qui adresse un sérieux avertissement à Ankara.

En mai 1965 éclate l'affaire ASPIDA, du nom d'un réseau secret d'officiers de tendance de gauche que les autorités militaires découvrent dans l'armée. Ce réseau aurait pour tête politique Andréas Papandréou, et comploterait en vue de s'emparer du pouvoir et établir un régime socialisant et neutraliste. L'enquête aboutit à l'arrestation d'une quinzaine d'officiers subalternes. L'instruction, qui va traîner presque 2 ans, inculpe également Andréas Papandréou, toutefois protégé par son immunité parlementaire. L'existence, dans la Grèce des années 1960, d'une telle organisation d'officiers est plausible, et le personnage d' « Andréas » correspond bien au profil de son mentor politique, conscient ou pas. Par contre, l'existence d'un complot précis et organisé d'officiers de gauche en vue de renverser le régime existant est sujette à caution. Aucune preuve tangible d'un tel complot ne sera présentée au procès, et l'affaire sera même close sans gloire par une amnistie promulguée sous le régime des colonels en 1968...

Ce même printemps 1965, le premier ministre manifeste l'intention d'intervenir dans les nominations à la tête de l'armée et des services secrets, considérés comme « domaines réservés » du chef de l'Etat. A cette fin, il veut prendre lui-même en charge le ministère de la défense, et demande au roi d'entériner sa nomination. Celui-ci refuse, avec l'argument que Papandréou pourrait ainsi bloquer l'enquête en cours contre son fils. Constantin offre ainsi le spectacle d'un « gamin » qui accule un vieux routier de la politique à la démission. La gestion désastreuse de l'Union du Centre agonise quelques mois de plus : le roi cherche des majorités de rechange dans des combinaisons politiciennes de mauvaise qualité, et Papandréou revêt sa toge de tribun et pourfend le souverain, la droite, l'armée et les « apostats » de son propre parti... L'Etat ne fonctionne pratiquement plus, corruption et népotisme atteignent des sommets à tous les niveaux de l'administration. La légalité des attitudes des uns et des autres durant cette crise majeure donne lieu à des interprétations divergentes. Papandréou agit certes de manière légale lorsqu'il exige le ministère de la défense de son propre gouvernement afin de reprendre l'armée en mains. Mais il donne l'impression de vouloir couvrir son fils, impliqué dans une affaire de complot. Rappelons par ailleurs que le même Papandréou s'était félicité de la démission de Caramanlis, obtenue de manière tout aussi inélégante par Paul 1er, 2 ans plus tôt...

Le roi, agit de son côté selon la lettre de la Constitution, qui lui confie un rôle d'arbitre politique ainsi que le droit de choisir « ses » ministres. On peut cependant se demander s'il a également celui de manipuler les majorités parlementaires, même fragiles ... Quoi qu'il en soit, une telle attitude, concevable chez un souverain jouissant d'une autorité et d'une expérience incontestables, ne l'est cependant pas pour un « galopin» de 25 ans face à un politicien qui a trois fois son âge... Même ceux qui considèrent favorablement l'initiative du roi s'accordent à reconnaître qu'elle lui a été dictée par son entourage, et que le chef de l'Etat est donc « sous influence ». Quant aux « apostats » (ainsi nommés par Georges Papandréou) qui vont diriger le pays jusqu'à la fin de 1966, s'ils jouent en la circonstance le rôle d'hommes de paille du palais, leurs motivations sont toutefois plus profondes : il s'agit pour la plupart de politiciens d'expérience, exaspérés par l'autoritarisme de Papandréou et surtout le népotisme dont bénéficie « Andréas » qui, selon eux donne une image gauchisante et faussée du Parti libéral. Il est vrai que cette image devient proprement schizophrène au début de 1965, lorsqu'on entend le premier ministre déclarer sans complexes à la presse : « ...l'Union du centre est en même temps conservatrice et extrémiste... »... Parmi ces « apostats », on trouve ainsi Athanassiadis-Novas, président de la Chambre, Stéphanopoulos, ancien ministre de Papagos, Mitsotakis, ministre des finances et, *last but not least,* un ancien président de... l'EAM, le socialiste Ilias Tsirimokos, éphémère premier ministre en septembre 1965, dont la photo à la une des journaux faisant le baise-main à la reine Frédérika déclenche de nombreux fous rires...

Finalement, un « gouvernement de service » mais composé par la droite avec Canellopoulos à sa tête est formé en février 1967, et des élections générales sont fixées en mai. Un mois avant, le 21 avril 1967, un groupe d'officiers composé de colonels et de capitaines s'empare du pouvoir par un coup d'Etat.

5. Le « régime des colonels », 1967-1974.

Comme le souligne encore le correspondant du « Monde » à Athènes, « personne ne pleura le régime renversé par les colonels, car il ne méritait pas même une larme ». La majorité de la population accueille puis subit la dictature avec une passivité – certes réservée – qui contraste avec le bouillonnement politique et social des temps précédents. Dans les premiers mois, on peut même parler d'un certain soulagement : l'Etat et l'administration fonctionnent mieux qu'auparavant, et les nouveaux dirigeants déclarent se préoccuper du sort du citoyen, même s'ils entravent ses libertés. Les partis politiques sont dissous, les syndicats étroitement encadrés (ce qui était déjà le cas avant 1964), et la presse soumise à une stricte censure. Tourisme et image de marque obligent, Papadopoulos n'est pas Pinochet: la répression sait se faire discrète. Il n'en reste pas moins qu'entre 2000 et 5000 personnes sont, à des degrés divers, périodiquement interpellées, emprisonnées, parfois maltraitées et torturées. Si l'anticommunisme constitue une des pierres angulaires du régime, la répression frappe tous azimuts: certains politiciens de droite et du centre connaissent à leur tour le sort qu'ils avaient infligé à leurs adversaires après la guerre civile. Le roi, forcé de collaborer avec cette dictature, tente en décembre 1967 avec quelques commandants de corps fidèles, de renverser les colonels par une opération militaire. Celle-ci est étouffée dans l'œuf par les officiers subalternes qui arrêtent leurs propres chefs. Constantin part à l'étranger et se met « en congé ».

Les colonels sont pour la plupart d'origine modeste. Officiers subalternes pendant la guerre civile, certains prennent part aux combats, d'autres, comme Papadopoulos, servent au sein des services de renseignements où ils nouent d'utiles contacts avec leurs correspondants de la CIA. Ils deviennent membres des ligues secrètes comme l'IDEA, et participent aux fraudes électorales qui maintiennent la droite au pouvoir. Ils ne rejettent pas le communisme comme système oppressif, mais comme atteinte supposée aux valeurs traditionnelles des milieux paysans et petits-bourgeois, religion, famille, patrie. A cette conviction se mêle le mépris des compromissions et de la corruption dont la version hellénique du parlementarisme leur fournit largement le spectacle. Ils se sentent les chiens de garde d'un pouvoir qui en a de moins en moins besoin et cherche à les mettre à l'écart. Disposant des instruments pour s'emparer du pouvoir, ils ne s'en privent pas dès que celui-ci devient vacant[1]. La dictature des colonels constitue donc l'aboutissement logique du régime imbécile de l'après-guerre.

La résistance est minoritaire et, au début tout au moins, souvent désespérée. Pour l'homme de la rue, elle se limite à un humour frondeur : la « dernière » sur les maîtres du moment fait le tour des villes et des villages, et tout le monde fait ses gorges chaudes des métaphores ubuesques du brigadier Pattakos, symbole naïf et inénarrable du régime, dissertant notamment sur la notion de « démocratie blindée »... Elle compte pourtant aussi quelques héros, tels Panagoulis, officier de l'armée qui tente d'assassiner Papadopoulos en 1968, avant d'être torturé puis condamné à mort (il sera ensuite « gracié » par le dictateur) lors d'un simulacre de procès. Plus anonymes, certaines personnes (étudiants, militants de gauche, officiers)

[1] Voir à ce sujet: MELETOPOULOS, M. « La dictature des colonels » op.cit.

seront handicapées à vie suite aux tortures de la police militaire, pilier principal du régime.

Les exilés donnent par contre dans l'ensemble une image plutôt « mondaine »: les « maquis » de Lausanne, Paris, Londres, ou Rome sont en effet composés d'une majorité d'intellectuels, d'artistes, d'étudiants ou de dilettantes, souvent aisés, en plus de quelques ex-députés, qui mènent une féroce guérilla verbale contre la dictature, en écoutant l'excellente musique de Théodorakis, « officiellement » interdite en Grèce[1]... Andréas Papandréou, partageant son temps entre la Suède, le Canada et les Etats-Unis, vocifère également contre les colonels auprès des communautés grecques de ces pays, qui l'écoutent sans grande conviction. Plus efficacement, il met aussi en place une organisation politique, le PAK (Mouvement de résistance panhellénique), qui constitue la pépinière et le réseau d'influence du futur PASOK. Les seules résistances qui arrivent à ébranler le régime sont en fait celles de mouvements étudiants qui se mettent en place dès 1972, ainsi que d'un groupe d'officiers de marine en 1973.

Les colonels bénéficient de la tolérance des Etats-Unis (tout comme de la quasi-totalité des autres pays) et de l'OTAN, car ils « stabilisent » un pays considéré comme turbulent et l'un des maillons faibles de l'alliance. Si l'administration Johnson voit la dictature comme provisoire, l'arrivée des républicains en 1969 lui assure une certaine pérennité du point de vue du suzerain.

Une question importante est celle de connaître le degré de responsabilité des Américains dans la planification et le déclenchement du coup d'Etat. Aucun élément sérieux ne permet d'affirmer que la Présidence, le Département d'Etat ou l'Ambassade américaine à Athènes aient ordonné ou même souhaité l'établissement d'une dictature militaire en Grèce. Cela paraît donc peu probable, également pour la simple et bonne raison qu'ils n'en avaient pas besoin. L'instabilité grecque inquiétait et irritait certes, mais ne menaçait pas d'intérêts vitaux, et surtout ne pouvait pas aller bien loin, dans le sens où des solutions de rechange existaient. Papandréou père et fils n'étaient certes pas en odeur de sainteté: Lyndon Johnson parlait du second en le traitant d' « *asshole* ». Toutefois, on pouvait « faire avec », comme en témoignent les nombreux contacts et entretiens d' « Andréas » avec les responsables de l'Ambassade US entre 1964 et 1967[2]. Par ailleurs, au début de 1967, tout le monde à Athènes attendait un coup de force des généraux et du roi qui, après

[1] Voir notamment à ce sujet: MERCOURI, M. « Je suis née grecque », op.cit.

[2] Voir à ce sujet : EURIBIADIS M. et IGNATIOU M. « CIA: le dossier secret d'Andréas », op.cit., ainsi que PAPANDREOU A. « La démocratie exécutée », op.cit.

avoir « remis de l'ordre » aurait rendu après quelques semaines ou mois le pouvoir à une classe politique assagie. Les colonels ont utilisé ces rumeurs, ainsi que le dispositif prévu, mais ont agi de manière autonome. Ils semblent certes avoir bénéficié de l'encouragement d'antennes locales de la CIA, qu'ils avaient eux-mêmes convaincues au préalable d'un péril communiste imminent. Par la suite, ces antennes locales fournissent les rapports les plus flatteurs à leurs supérieurs sur la dictature, rapports qui favorisent la tolérance dont elle bénéficie. Il n'en reste pas moins qu'elle est une affaire intérieure grecque, et non un régime imposé par l'étranger. La responsabilité de la dictature incombe aux politiciens et aux militaires grecs, qui l'ont respectivement provoquée et instaurée. On sait par ailleurs, et particulièrement durant les présidences démocrates, que les services secrets américains travaillent parfois dans un esprit qui n'est pas exactement celui de leur gouvernement, quitte à mettre celui-ci devant des faits accomplis gênants : dans ce contexte, ils n'ont naturellement rien fait pour empêcher le coup d'Etat...

Un ensemble de conditions favorables assurent la survie du régime jusqu'en 1972 : ainsi la remise en marche et la simplification de l'Etat, les fruits de l'expansion économique qui continue ainsi que ceux du «boom » touristique que connaît la Grèce dès cette époque, la remise de la dette agricole qui profite aux paysans, enfin la paix sociale forcée et une certaine augmentation du niveau de vie. Sur le plan économique, les colonels n'ont que peu de connaissances, mais confient la gestion des affaires à des professionnels sensiblement plus libéraux que les gestionnaires de Caramanlis : les entreprises et investisseurs privés grecs comme étrangers ont priorité, et la part de l'Etat dans l'économie et le secteur bancaire diminue d'entre 15 et 20%. Entre 1968 et 1973, les gains bruts des entreprises augmentent de 80%, les salaires réels de 40%. Par la suite, l'opinion commence à exprimer une hostilité croissante due au manque de liberté d'expression et à l'anachronisme du régime à côté de sociétés européennes qui évoluent rapidement. Des scandales et dissensions internes apparaissent aussi au sein de l'équipe dirigeante, entre « durs » et « modérés », les premiers accusant les seconds de corruption et de mollesse.

Une forte agitation étudiante secoue les universités au début de 1973, suivie au printemps de la même année par une tentative de renverser la dictature organisée par des officiers de la Marine de guerre. Ces faits constituent les premières secousses importantes pour la dictature. Papadopoulos, qui ne manque pas d'acuité et de bon sens politique, comprend que le régime doit se donner une façade libérale ou disparaître. En été 1973, il organise ainsi un référendum qui proclame la république et, simultanément, l'élit président, avec près de 80% des suffrages. Un gouvernement « politique » civil, sous la présidence de S. Markezinis, ancien ministre de Papagos, est nommé en septembre, composé de personnalités qui avaient adopté une attitude « neutre » envers la dictature. Des élections législatives sont prévues au début de 1974, et la formation de partis politiques est autorisée sous certaines conditions. La plupart des détenus politiques non condamnés sont relâchés. Le président dispose certes de pouvoirs importants ; ses compétences prévalent sur celles du parlement, et les forces armées sont un domaine réservé. Il n'en reste pas moins que l'ancienne classe politique se tâte de savoir si elle participera au scrutin, légalisant ainsi la république « papadopoulienne »...

Durant l'automne, les manifestations étudiantes reprennent cependant et, en novembre, l'Ecole polytechnique est le théâtre d'une véritable révolte, qui aboutit à l'intervention violente de l'armée et à la mort de trente étudiants. Cette tragédie marque la fin de l' « ouverture » : quelques jours plus tard, Papadopoulos est renversé par des militaires, qui annoncent clairement leur intention de durcir à nouveau le régime. Le nouvel « homme fort » est le brigadier Ioannidis, commandant de la police militaire.

Si l'ancien dictateur avait des ambitions d'homme d'Etat, le nouveau donne plutôt dans le style « obscur » : il est en effet difficile de déterminer au nom de quels intérêts, logique, ou perspective il agit. La répression reprend de plus belle, et les prisons politiques sont à nouveau pleines. Mais, au contraire de celui du 21 avril qui ambitionnait de « régénérer la Grèce malade » puis de lui « enlever son plâtre une fois guérie », selon les métaphores médicales qu'affectionnait Papadopoulos, ses successeurs ne proclament aucune intention claire. Le gouvernement est composé de « seconds couteaux », et on ne sait pas exactement si Ioannidis tire les ficelles du pouvoir en son nom ou par procuration… Encore plus mystérieux est le silence des politiciens, exilés ou dans le pays, vis-à-vis des nouveaux maîtres, alors qu'ils ne se privaient pas de dire vertement leur façon de penser sous Papadopoulos, et ce depuis la fin de 1967[1].

Face à une opinion - nationale comme internationale - de plus en plus hostile, à des difficultés économiques qui deviennent sérieuses (la première « crise pétrolière » a entre temps éclaté), ce pouvoir ne tient que quelques mois. Confronté à des impasses et condamné à la fuite en avant, le régime n'a d'autre solution que de provoquer une crise extérieure, dont l'issue favorable lui permettrait de redorer son blason. En juillet 1974, un coup d'Etat effectué à Chypre avec le soutien des troupes grecques sur place renverse Makarios. Son successeur, chaudement soutenu par Athènes appelle

[1] Voir à ce sujet: OLIVIERI, G. « De la fragilité de la Démocratie », op.cit.

à l' « Enosis ». Mais l'archevêque-président en réchappe, et exige le rétablissement de la légalité. Quelques jours plus tard, la Turquie fait débarquer des troupes dans le Nord de l'île et bombarde Nicosie en parlant d'une « opération de paix »... A nouveau, la distance ne joue pas en faveur des Grecs, qui sont incapables de réagir autrement que par une mobilisation qui se termine en gabegie. Les officiers ne sont plus des soldats mais des prétoriens, les armements sont obsolètes ou trop récents et inutilisés: on ne peut risquer une guerre dans ces conditions. Un cessez-le-feu est conclu le 22 juillet.

La Grèce doit assister impuissante au massacre et à l'exode des siens sur l'île, car son armée se trouve dans l'impossibilité logistique et matérielle de dissuader la Turquie. Cette armée a été démoralisée par 7 ans de dictature, et son équipement, notamment en chars de combat et en armes légères, n'a été qu'insuffisamment renouvelé. En outre, elle a été placée dans une telle dépendance opérationnelle vis-à-vis des Etats-Unis et de l'Alliance atlantique qu'elle s'est trouvée paralysée au moment crucial. Il ne reste donc plus aux officiers qu'à quitter piteusement la scène, après avoir fait appel aux politiciens: un gouvernement d'union nationale comprenant des personnalités de la droite et du centre, sous la présidence de Caramanlis rentré de France le 23 juillet 1974, assume le pouvoir dès ce jour.

De retour au pouvoir, les civils se trouvent d'emblée confrontés au drame: même si la dictature est tombée, on ne peut d'un coup de baguette magique changer les rapports de force extérieurs catastrophiques qu'elle a laissé s'installer. Malgré les négociations, et après un second coup de force militaire en août, la Turquie impose son plan de partage et l'épuration ethnique à Chypre.

6. Le « facteur étranger » et son influence réelle.

La marge de manœuvre en politique étrangère d'un pays comme la Grèce entre 1945 et 1974 est naturellement des plus étroites, prise entre des alliances contraignantes ainsi qu'une forte dépendance envers l'étranger, et des contingences intérieures complexes, notamment l'état de guerre civile prolongé et l'extrême nationalisme entretenu au sein de la population.

Après 1949, cette politique extérieure se caractérise, tout au moins en apparence, par une totale et zélée soumission aux intérêts du suzerain américain. Dans ce cadre, un corps expéditionnaire (certes symbolique) est envoyé combattre en Corée en 1950, et l'année suivante, Athènes demande et obtient son admission à l'OTAN, en même temps que la Turquie.

Soulignons que, dans le contexte de l'époque, cet alignement de la Grèce sur les intérêts et la présence américains n'est pas exceptionnel : des pays d'Europe occidentale, comme la Belgique, la Hollande, ou la Norvège, sans parler de l'Italie ou du Portugal, sont dans la même situation. Ce qui caractérise le « cas » grec, c'est la perception de cet alignement par la classe politique et l'opinion locales : rares sont ceux qui l'envisagent comme une alliance, même inégale : certains l'acceptent de manière servile et se montrent parfois « plus royalistes que le roi », d'autres le font contraints et forcés, à des degrés divers, que ce soit par la peur du communisme ou la terreur étatique qui interdit officiellement toute critique contre la politique américaine. Par ailleurs, les maladresses et une certaine arrogance des divers représentants des U.S.A. auprès du gouvernement et des institutions helléniques, notamment de l'ambassadeur John Peurifoy au début des années 1950 ou des nombreux agents de la CIA, souvent recrutés dans la communauté greco-américaine, largement nourries par l'incompétence et la servilité de responsables grecs, ne contribuent pas à assainir une atmosphère négative et complexée, qui sera lourde de conséquences…

Chypre constitue l'axe principal de la politique extérieure grecque entre 1954 et 1974. Tout comme la «Grande idée» au 19e, il s'agit d'un problème commode car impossible à résoudre à court et moyen terme, et permettant une relative autonomie envers les Occidentaux et les USA.

Les complots de la dictature Ioannidis au début de l'été 1974, puis la naïveté et l'irresponsabilité dont elle a fait preuve, semblent certes avoir provoqué le dénouement tragique de 1974. En fait, l'ensemble de la politique grecque dans la question chypriote depuis le début des années 1960 est à mettre en cause. A partir de 1958, tous les gouvernants en place à Athènes savent que leur pays n'a pas les moyens d'imposer la réunion de Chypre à la Grèce: d'abord à cause de la polarisation de la minorité chypriote- turque, ensuite parce que les Etats-Unis ne peuvent se permettre de soutenir la Grèce face à la Turquie, considérée comme un allié plus important et plus stable au sein de l'OTAN et de la géopolitique régionale. Enfin, parce que durant des années 1960 et pour les raisons que nous avons énumérées plus haut, la « fausse » République chypriote de 1959 devient une réalité avantageuse pour Makarios et un nombre croissant de Chypriotes-grecs: si leur discours reste nationaliste par crainte des extrêmes, leur pratique s'accommode fort bien de l'indépendance…

A l'exception de Caramanlis, qui accepte de manière réaliste les Accords de Zurich, tous les autres dirigeants grecs de même que leurs opposants, entre 1963 et 1974 et même au-delà, utilisent à des degrés divers la question chypriote à des fins de politique intérieure: le nationalisme exacerbé permet en effet d'escamoter les problèmes réels du pays. Modernisation, progrès économique et social, intégration à l'Europe naissante, cèdent la priorité à la « lutte » pour l'Enosis, une annexion dont les Chypriotes-grecs eux-mêmes ne veulent plus. La population grecque adhère dans sa majorité à ce chauvinisme simplificateur, exutoire de ses frustrations, reportées sur l' « étranger », Anglais, Américain, et naturellement Turc...

Cet « étranger » n'est d'ailleurs pas innocent : Nous avons déjà mentionné les manœuvres et intrigues britanniques qui, depuis 1953 ont empoisonné la question chypriote. D'autre part, l'attitude de la Turquie en juillet-août 1974 relève davantage de la sauvagerie que d'une intervention destinée à secourir les Chypriotes-turcs qui, au demeurant, n'ont pas été inquiétés par ceux qui ont renversé Makarios. Le premier débarquement du 20 juillet avait d'ailleurs suffi à les chasser du pouvoir. Empêchant la moindre velléité de coopération avec les Grecs dans les années qui ont suivi l'indépendance, Ankara a littéralement « sudétisé » la communauté turque, pour s'en servir comme d'un alibi à son expansionnisme régional. Par la suite, Ankara pratique la colonisation dans la partie Nord qu'elle occupe, en y envoyant des Anatoliens et des Kurdes, qui occupent les maisons et propriétés grecques. Cette politique modifie sensiblement les données démographiques de l'île, et provoque même la réaction des Chypriotes-turcs, souvent traités en parias par leurs « sauveurs »...

Quant aux Etats-unis, ils sont encore considérés par une majorité des Grecs comme les principaux responsables tant du désastre subi à Chypre que de la dictature des colonels. Le silence officiel de Washington a certes contribué à la pérennité de cette dernière, et des agents de la C.I.A. étaient en contact avec le groupe d'officiers mené par Papadopoulos entre 1960 et le début de 1967. Toutefois, il est établi que les services secrets américains dans les différents pays jouissaient d'une très grande autonomie pour leurs actions sur place. En particulier sous les présidences Kennedy et Johnson, ils prenaient même la liberté d'agir selon leurs propres analyses, voyant la subversion communiste derrière chaque élément opposant ou même critique. Leurs actions allaient parfois à l'encontre de la politique officielle et même des intérêts de leur pays. Dans le cas de la Grèce, il est vraisemblable que les membres de l'antenne locale de la C.I.A., Américains d'origine grecque pour la plupart, aient outrepassé leurs activités normales à l'insu des autorités officielles U.S. Intermédiaires entre une société qu'ils se targuent de connaître parfaitement et l'Etat américain avec ses intérêts, ils n'hésitent pas à garantir à ce dernier que leur « savoir-faire » constitue l'unique et meilleure méthode pour «tenir et garder» la Grèce...En fait, ces personnages ont largement perdu le contact avec leur pays d'origine. Ils ne se souviennent que de la Société meurtrie et passive des années 1920-1930, et ne tiennent aucun compte de l'esprit de révolte et du besoin de liberté qui secouent le pays depuis l'occupation et la résistance, et que les Communistes ont su utiliser. Ils ne sont pas davantage sensibles, sinon à n'y voir que de la « subversion », à l'évolution des mentalités et des mœurs que connaît le monde occidental entre les années 1950 et 1970, qui aboutit à un esprit de critique et de révolte largement répandu, notamment dans la jeunesse, et qui touche aussi la Société grecque.

Jusqu'aux années 1960, la classe politique hellène s'accroche désespérément aux Américains, de même qu'aux militaires et à la monarchie comme à des bouées de sauvetage. Lorsqu'elle se rend compte que le « danger rouge » n'est plus ou pas aussi grave qu'il n'y paraît, elle commence à prendre ses distances avec les trois « bouées », qui n'entendent naturellement pas les choses de cette façon... C'est alors les crises politiques de 1963 et 1965, avec l'assassinat de Lambrakis suivi de la démission de Caramanlis en partie provoquée par le palais, puis les dissensions entre le roi Constantin et Georges Papandréou qui amènent celui-ci à démissionner en juillet 1965. Les antennes locales de la C.I.A. à Athènes ont par la suite encouragé Papadopoulos et son groupe d'officiers. De son côté, ce dernier a largement exagéré le danger d'une mainmise communiste sur le pays, et les a convaincus qu'une réaction militaire était nécessaire pour le « sauver ». Au passage, la monarchie a été sacrifiée par les militaires, dans la mesure aussi où elle était incarnée dans un moment crucial par un souverain inexpérimenté et visiblement dépassé par les événements... Il semble dès lors que le Département d'Etat et la présidence américaines aient été mises devant le fait accompli pour ce qui concerne le putsch de 1967, puis qu'elles n'aient rien fait contre la dictature par la suite, tout comme la quasi-totalité des autres pays, de l'ouest comme du bloc « socialiste »... Ainsi, les responsabilités premières de la dictature sont à attribuer aux Grecs eux-mêmes, que ce soit aux militaires qui l'ont instaurée ou aux civils qui l'ont provoquée.

Il en va de même pour ce qui concerne Chypre, même si ce dernier cas mérite plus de nuances: les Américains, et en particulier le Secrétaire d'Etat Henry Kissinger, ne portent pas Makarios dans leur cœur, à cause de sa politique non-alignée et de ses «flirts» avec Moscou; ils renforcent ainsi le sentiment des militaires grecs que Washington les soutiendra. Mais ils ne sont pas moins surpris du coup de force des colonels contre l' « archevêque rouge ». La réaction turque du 20 juillet 1974 est dans l'ordre des choses, le président Chypriote l'a lui-même (presque) appelée de Londres, et elle a au moins une conséquence positive, qui est la chute de la dictature. Les choses se compliquent pour ce qui concerne l'invasion turque de mi-août suivant et l'occupation de plus du tiers de l'île qui va suivre. Dans ce cas, les Etats-

Unis pouvaient intervenir et stopper cette invasion, et ils ne l'ont pas fait. La « realpolitik » de Kissinger commandait de soutenir Ankara, allié « stable» dans la région et donner en même temps une « leçon » aux Grecs qui avaient provoqué tout ce gâchis. Rappelons enfin qu'en juillet-août 1974, les U.S.A. connaissent une crise gouvernementale sans précédent: l'affaire du Watergate arrive à son dénouement et Richard Nixon démissionne le 8 août. Cette période d' « interrègne » entraîne forcément un affaiblissement des décisions présidentielles, et un renforcement de celles du Secrétaire d'Etat, qui est alors l' « homme fort » à Washington[1]. Inversement, Grecs et Turcs ont certainement aussi senti que la parenthèse présidentielle américaine pouvait leur profiter, et mis à profit cette période d'incertitude pour tenter leurs coups de force respectifs.

Si la question Chypriote permet de maintenir l'opinion sous pression et de contourner nombre d'échecs et de frustrations, d'autres préoccupations sont également présentes dans l'esprit des dirigeants hellènes. En premier lieu, tout le monde, de la gauche à la droite, s'accorde pour reconnaître que la suzeraineté américaine est trop exclusive et trop lourde, et que le pays doit diversifier et rééquilibrer ses relations extérieures. Nous avons vu que le poids et la nature de l'influence U.S. est imputable en premier lieu aux Grecs, qui ont placé leur pays dans une situation de vassalité extrême durant la guerre civile et la période qui a suivi, attitude grandement encouragée par les éléments gréco-américains des services U.S. Toujours est-il que de Caramanlis aux colonels, en passant par l'Union du centre, la quasi-totalité des gouvernants va tenter, chacun à sa manière et pour des raisons souvent différentes, de prendre une certaine distance vis-à-vis de Washington. La tentative la plus serieuse se situe incontestablement en 1959-62, lorsque la Grèce se rapproche de la Communauté Economique Européenne et signe avec elle un accord d'association qui prévoit son intégration après une dizaine d'années. Cette période coïncide avec celle du passage entre les administrations Eisenhower et Kennedy, ce qui n'est certainement pas du au hasard: nous avons déjà mentionné que le nouveau président est favorable à une évolution des «vassaux» en « partenaires » des Etats-Unis, même si ses services secrets ne partagent pas ce point de vue… Les gouvernements centristes de 1964-67, empêtrés dans leurs difficultés et leur instabilité, ne font pratiquement preuve d'aucune initiative concrète en politique étrangère, si ce n'est le raidissement et l'obstruction déjà mentionnés à propos de Chypre… Certains de leurs dirigeants, tel Andréas Papandréou, pratiquent par contre un fort antiaméricanisme verbal. Le même « Andréas », emprisonné puis expulsé par les colonels en 1968, bénéficiant de son statut de citoyen américain, propose en mai 1969 lors d'une rencontre avec une

[1] Voir à ce sujet : KISSINGER, H. "Memoirs, The White House Years", op.cit.

commission du Sénat U.S. rien moins que d'en finir avec le régime militaire d'Athènes par un coup de force (un débarquement des « *Marines* » au Pirée?), qui l'installerait ensuite à la tête du gouvernement... Son argumentation, caractéristique d'un certain état d'esprit, se résume parfaitement par une phrase prononcée lors de cet entretien: « je suis une solution beaucoup plus avantageuse pour vous que Papadopoulos »[1]... Durant les années de dictature, ce dernier aura d'ailleurs aussi ses moments de «fierté» vis-à-vis des U.S.A. en déclarant à plusieurs reprises que «rien ne saurait détourner la Révolution nationale de ses objectifs», lorsque l'administration Nixon, sous la pression notamment du Sénat, menaçait d'interrompre ou de limiter l'aide militaire octroyée à la Grèce si la répression politique ne s'atténuait pas...

Le moins que l'on puisse dire des relations de la Grèce avec son suzerain américain est qu'elles sont d'une extrême complexité. Elles sont déterminées par des facteurs multiples et variables: en premier lieu les intérêts stratégiques, militaires et économiques, bilatéraux et régionaux des 2 pays, les conceptions et politiques gouvernementales mutuelles ainsi que celles des services secrets respectifs. Enfin, par les opinions publiques, surtout à travers la perception qu'en ont ces dernières. Nous avons déjà mentionné la nature et l'importance des intérêts américains en Grèce, ou plutôt pour la Grèce,, ainsi que l'utilité de l'appui américain pour les cercles dirigeants et la classe politique du pays. Quant aux opinions, si la Grèce est relativement indifférente à l'opinion américaine dans son ensemble, il n'en va pas de même pour ce qui concerne la communauté d'origine hellène aux Etats-Unis. L'influence de celle-ci augmente de manière sensible entre 1945 et la fin du siècle, à mesure de l'accroissement de son "poids social" dans la société américaine : les enfants et petits-enfants des modestes ouvriers ou petits commerçants arrivés entre le 19e et la première moitié du 20e siècles ont étudié, réussi dans les affaires ou la politique et fait leur chemin. Dès les années 1940, un "Lobby" grec commence à se manifester et surtout à compter à Washington, en particulier en période électorale. La fidélité de ces «Greek Americans» à leur pays d'origine n'est d'ailleurs pas inconditionnelle : leur vision de la mère-patrie est extrêmement paternaliste et se limite souvent au souvenir du petit pays pauvre que leurs parents ou grands parents ont quitté... Pour «mériter» leur soutien, la Grèce doit d'autre part s'aligner sur les valeurs occidentales, et rester fermement anticommuniste... Cette vision simpliste de la réalité grecque ne pose pas de problème majeur durant les années 1950 et 1960. Elle constitue d'autre part, aux yeux de citoyens d'un pays démocratique, une sorte de justification de la

---

[1] In: Documents filmés inédits tournés en mai 1969 par le journaliste Matheo Yamalakis lors d'une tournée d'Andréas Papandréou au Canada et aux Etats-Unis, destinés à un documentaire de la Télévision suédoise. Archives personnelles de l'auteur.

dictature entre 1967 et 1974, dans la mesure où un pays «turbulent» et en danger de succomber au communisme doit être "tenu", même au sacrifice de quelques libertés… Certaines personnalités parmi les plus en vue de la communauté greco-américaine, tels Tom Pappas, patron d'Esso, qui amène d'importants investissements dans la constructions de raffineries en Grèce dès 1962, ou Spiro Agnew, vice-président de Richard Nixon qui effectue une visite officielle dans son pays d'origine en 1971, vont jusqu'à exprimer leur soutien explicite aux colonels. D'autres, notamment liées au Parti démocrate ou provenant des milieux artistique ou littéraire, critiquent sévèrement la dictature et soutiennent ses opposants, notamment Andréas Papandréou, toutefois de manière paternaliste, comme mentionné ci-dessus...

CHAPITRE VI :

UN AVENIR EUROPEEN

1. 1974 – 1981: Stabilisation apparente et adhésion à la Communauté Européenne.

Les débuts de cette « démocratie retrouvée » sont délicats. Le nouveau gouvernement doit faire face aux conséquences de la politique désastreuse de ses prédécesseurs : des négociations sur Chypre commencent immédiatement avec la Turquie, que cette dernière rompt au bout de quelques jours pour lancer une nouvelle opération militaire et envahir cette fois-ci plus du tiers du territoire chypriote. La Grèce ne peut davantage réagir qu'en juillet, et doit laisser faire. Près de 1400 civils « disparaissent », emmenés et probablement exécutés par les militaires turcs. Si leur première opération pouvait s'expliquer au regard du droit international, cette deuxième invasion apparaît totalement injustifiable, car dans l'intervalle, la légalité a été restaurée à Nicosie.

En Grèce, les événements se déroulent de manière plus favorable : tous les détenus politiques sont libérés, les exilés rentrent, le régime militaire est rapidement démantelé. En apparence, la normalisation de la vie politique s'opère sans heurts jusqu'en 1975. Les politiciens qui reviennent au pouvoir entendent bien consolider celui-ci pour ne plus le perdre. Durant et immédiatement après la dictature, on sent très bien cette « conscience et solidarité de classe » de l'ensemble des politiciens que nous évoquons au chap. 3… Les colonels et leurs séides reçoivent des châtiments exemplaires et ne bénéficient d'aucune mesure de clémence, si ce n'est de ne pas être exécutés. Les cadres les plus en vue placés par la dictature sont promptement remplacés. La dictature des colonels entre dans la mythologie nationale, au même titre que le désastre d'Asie mineure ou la guerre civile, dans laquelle il est impossible de distinguer le faux du vrai, l'imaginaire personnel ou collectif de la réalité. Elle constitue le « repoussoir du mal » de la Grèce contemporaine, tant pour l'opinion que pour ses « faiseurs » de la presse ou de la classe politique. Même l'historiographie universitaire a de la peine à considérer la période 1967-1974, et surtout ses antécédents, avec objectivité. Son aspect autoritaire et ses excès, qui tiennent davantage de la bouffonnerie d'officiers mal dégrossis que du fascisme, en font le bouc-émissaire idéal: celui-ci dédouane la classe politique et les « élites » dans leur ensemble de leurs responsabilités dans le régime politique lamentable qui précède 1967, et dans la prolongation du climat de guerre civile jusque dans les années 1970. En effet l'état d'exception et le mépris des droits de l'Homme en Grèce ne datent pas de 1967, mais de 1945, et se sont prolongés bien au-delà de ce qu'il eût été admissible et explicable dans le contexte donné. Les colonels sont l'aboutissement logique du régime voulu et appliqué pour le pays par la quasi-totalité de ses dirigeants. Leur dictature n'est pas une trahison contre un Etat de Droit, car celui-ci était inexistant. Il n'en reste pas moins qu'elle aura coûté cher à la société grecque, retardant d'une part son évolution déjà problématique, et confortant de l'autre beaucoup de mentalités dans la facilité des raisonnements autoritaires et obscurantistes. Ceci sans compter les conséquences catastrophiques sur le plan des relations extérieures.

Des élections législatives ont lieu à l'automne 1974, auxquelles le nouveau parti de droite fondé par Caramanlis, Nea Democratia, obtient une confortable majorité, suivi par le parti du centre et du nouveau parti socialiste PASOK d'Andréas Papandréou. Les partis communistes, légalisés, regroupent ensemble moins de 10% des suffrages. En décembre 1974 se tient un référendum sur le régime, et la République l'emporte sur la Monarchie par près de 70% des voix. Les institutions fonctionnent normalement, les débats politiques au niveau parlementaire restent sereins, malgré certaines divergences de fond à propos surtout de la politique étrangère, entre le gouvernement et le PASOK notamment.

L'armée, épurée de ses éléments les plus fascisants, est orientée vers davantage de professionnalisme, et sa mission se voit clairement limitée à la défense extérieure du pays. Elle est simultanément choyée, que ce soit sur le plan de l'équipement, ou des avantages matériels et professionnels accordés à ses cadres. A ce titre, le différend gréco-turc se révèle d'une grande utilité dans le but de focaliser l'attention des militaires sur leur mission ainsi redéfinie.

De nouvelles élections se tiennent au printemps de 1977. La majorité de droite s'effrite quelque peu, le PASOK double ses voix et devient le premier parti d'opposition. Après avoir négocié et supervisé l'entrée de la Grèce dans ce qui était alors la Communauté Economique Européenne, Caramanlis démissionne en 1980 de sa charge de premier ministre pour être élu président de la république. Aux élections d'octobre 1981 le PASOK arrive enfin au pouvoir, et Andréas Papandréou devient chef du gouvernement. La cohabitation avec le président (qui dispose d'importants pouvoirs de blocage) se passe apparemment assez bien. Ce fonctionnement harmonieux des institutions entre des forces politiques qui, 15 ans auparavant, étaient ennemies mortelles, au surplus après 7 ans de dictature, est certes surprenant. Même si les partis restent extrêmement verticaux, autoritaires à l'interne et surtout très clientélistes, une forme de démocratie semble fonctionner en Grèce.

2. L'évolution de la société. Le « phénomène PASOK ».

Cette stabilité politique au niveau du parlement et des institutions correspond en fait assez mal à l'effervescence idéologique que vit alors le pays. A partir de 1974, la Grèce redécouvre, de manière souvent émouvante, une partie importante de son passé refoulé jusqu'alors, celui de la résistance de gauche, de la guerre civile, des camps et des prisons. Une atmosphère de révolte et de libération prévaut tant à Athènes qu'en province, et tranche avec le relatif conservatisme des urnes. A l'époque, il est difficile de trouver dans le pays une seule personne se réclamant même du centre-droit...

Faute d'exercer le pouvoir, la gauche impose alors la primauté de ses conceptions culturelles, intellectuelles et historiques, toutefois gravement déformées. L'«idéologie dominante » passe d'un extrême à l'autre de manière souvent sommaire voire grossière, sans se préoccuper de réflexion ou de nuances, ce qui nuit à sa qualité : produit d'élucubrations de convertis de fraîche date d'autant plus intransigeants, elle mélange notamment les aspects revendicatifs du marxisme avec le conservatisme et le nationalisme petit-bourgeois. Ses «dogmes» transforment les indéniables responsabilités de l' «étranger» (surtout américain, mais aussi l'OTAN pris comme un tout) pour ce qui concerne la guerre civile, le régime «musclé» qui s'ensuit, la dictature, ainsi que l'affaire de Chypre, en culpabilité totale et absolue, absolvant par là tous les responsables grecs, considérés au pire comme des pantins... Il en découle que la Grèce est victime de cet «étranger» et surtout qu'elle en mérite des réparations morales et matérielles... L'ensemble de l'Histoire contemporaine est relu dans cette optique, qui rejoint en fait les poncifs du nationalisme grec traditionnel. Les tenants de cette idéologie se chargent aussi d'opérer de profonds changements dans le système éducatif, jusque là très conservateur et répressif. Si des changements étaient indispensables, ceux effectués ne sont pas tous judicieux, loin de là: un laxisme presque total commence à régner dans les écoles et les universités, tant du point de vue des études que de l'activisme des étudiants et des élèves.

En réaction à la répression d'avant 1974, un «asile» universitaire absolu est revendiqué et octroyé, ce qui permet (encore aujourd'hui) à toutes sortes d'organisations «politiques» aussi extrêmes que fantaisistes d'avoir leurs quartiers officiels et permanents dans les enceintes universitaires au vu et au su des rectorats, et de s'y livrer impunément au «racket» des étudiants, sans crainte des autorités… D'autre part, au nom d'une «épuration» de l'enseignement, de nombreuses nominations de professeurs ont davantage tenu compte des activités politiques et «militantes» des postulants que de leurs qualités scientifiques et pédagogiques. La politisation des études est poussée à l'extrême, ce qui rallonge leur durée d'au moins 25%, et augmente une population étudiante déjà pléthorique. Ces faits, caricaturaux mais pas moins réels et surtout fréquents, ajoutés à un système bureaucratique et toujours obtus dans l'administration, ont progressivement fait baisser de manière inquiétante le niveau des écoles, des universités et de la recherche, et conduit le système éducatif à des impasses quasi-insurmontables… On se trouve ainsi devant une situation paradoxale et ridicule : l'entrée dans les universités se fait sur concours, et un important surplus d'étudiants doit s'expatrier chaque année, notamment vers l'Italie. En conséquence, les meilleurs élèves de chaque volée qui peuvent rester en Grèce bénéficient de moins bonnes études que leurs collègues qui vont à l'étranger…

Un courant d'idées à sens unique et quelque peu simpliste s'impose ainsi peu à peu dans la société hellénique, et lui imprime sa marque. Traumatisée et culpabilisée par le passé, mais aussi éduquée hors de tout esprit critique, elle l'accepte passivement. A partir des années 1990, on peut parler d'un esprit général de déresponsabilisation des citoyens, que ce soit au travail, dans les rapports sociaux, ou envers la collectivité. Dans la mesure où le « système », l' « étranger », ou « le capital » sont « mauvais » et responsables, le citoyen ne l'est plus du tout… Au mythe du « danger communiste », succède celui de la « Gauche héroïque » écrasée par les réactionnaires et surtout l' « Etranger »… Cette manière de penser débouche souvent sur un manque d'imagination et de capacité d'innovation, qui prend la suite logique de la période « obscurantiste » d'avant 1974. Des intellectuels et militants de gauche réagissent certes contre ce dévoiement de leurs idées, mais restent très minoritaires. Quant à ceux de droite, il est naturel qu'ils se taisent, dans la mesure où 20 ans auparavant et malgré la qualité patente de la pensée de certains d'entre eux, ils comparaient les camps d'emprisonnement du lendemain de la guerre civile à de «nouveaux Parthénons»… Cette « révolution culturelle » est évidemment non-violente, même si elle est rythmée 1 ou 2 fois par année d'attentats terroristes perpétrés par l'organisation « 17 Novembre » (qui est la date de l'écrasement du soulèvement des étudiants de l'Ecole Polytechnique en 1973). Ces attentats, visant des personnalités allant de l'attaché militaire américain ou anglais au politicien de droite, en passant par le magnat des affaires ou de la finance, s'attaquent toujours à des individus et sont, de manière générale, « proprement » menés : la personne concernée est assassinée, en principe sans victimes collatérales. Un communiqué détaillé suit l'action, que certains journaux de gauche à grand tirage publient intégralement, au nom de la liberté de l'information. Ces caractéristiques et le contenu plutôt populiste des communiqués donnent une image plutôt « Robin des bois » de l'organisation terroriste, et entraînent à son égard une relative indifférence teintée de sympathie de la part de l'opinion, pour qui elle ne représente pas un réel danger. Les activités du « 17 Novembre » se prolongent ainsi jusqu'à la fin des années 1990. La police et les services secrets n'arrivent pas à arrêter un seul membre ou exécutant de l'organisation, et prétendent ne rien savoir de ses réseaux ou commanditaires…

Des phénomènes de « pensée unique » véhiculés par la presse, les modes de pensée et le genre de vie se sont développés ailleurs qu'en Grèce, notamment à partir des années 1980, et fleurissent encore aussi bien en Europe qu'en Amérique. Celui apparu en Grèce a des spécificités propres, qui tiennent à l'Histoire récente et les frustrations qu'elle a entraînées pour le peuple grec, notamment le manque de liberté et de sentiment de ne pas maîtriser son destin.

Exilé en Suède durant la dictature, Andréas Papandréou est l'un des opposants les plus actifs au régime des colonels. Au-delà d'une féroce opposition verbale et des gesticulations d'usage, il met en place d'utiles réseaux de contact et de réflexion regroupant de jeunes intellectuels, juristes et étudiants. Ceux-ci constituent la pépinière du mouvement politique fondé immédiatement après son retour en Grèce, en septembre 1974, le PASOK, « Mouvement Socialiste Panhellénique ». Le nouveau parti tient un discours radical, et prône une « transformation socialiste » de la société grecque, par « la participation des salariés à la gestion des entreprises, la socialisation des moyens de production, et la mise en place de nouvelles conceptions en matière de justice sociale ». En politique étrangère, la Grèce doit rejoindre les pays dits « non-alignés », en sortant de l'OTAN et en renonçant à adhérer à la Communauté européenne. Son slogan est « Pouvoir populaire, indépendance nationale, justice sociale »…

Le PASOK sépare la société grecque en deux parties, les « privilégiés » et les « non-privilégiés », représentation habile, qui le pose ainsi en défenseur et représentant d'une grosse majorité de la population, désignant comme « ennemis » les « privilégiés », l' « ordre établi », et les « puissances étrangères » (occidentales)…

Ainsi posés, la logique et le discours politique du PASOK sont d'une simplicité et d'une clarté redoutables. Ils trouvent un profond écho auprès des jeunes, des agriculteurs et des classes moyennes, et, de manière plus générale, de tous ceux qui, rejetant le communisme et sensibles au nationalisme, étaient touchés par le discours d' « Andréas » entre 1964 et 1967. On trouve enfin parmi ses partisans un certain nombre de militaires déçus par l' « inefficacité » et la fin peu glorieuse de la dictature... Ce mélange de populisme, de nationalisme et de socialisme correspond en fait assez bien à des besoins de la société grecque de la fin des années 1970 : changements radicaux, restauration d'une dignité nationale supposée « perdue », redistribution et des revenus et de la richesse, sans toutefois toucher aux piliers de la société que sont la tradition, la nation et l'église, apparemment rejetées par le communisme... Au surplus, ce discours trouve une expression exceptionnelle et charismatique à travers les qualités de tribun d'Andréas Papandréou qui a su saisir et exprimer à son profit et au bon moment certaines aspirations... Enfin, le PASOK développe à partir de 1974 d'excellentes organisations de base, en ville comme dans les recoins les plus isolés du pays, qui servent de relais de communication entre les besoins du « pays profond » et la direction du parti...

La Grèce ignore toute tradition historique sociale-démocrate. Le PASOK vient en partie combler ce vide, mais durant ses premières années d'existence il n'a que peu de choses en commun avec la Social-démocratie européenne traditionnelle. Il se rattache plutôt, par son idéologie comme par sa base sociale, à la tradition des mouvements « socialistes-nationalistes » arabes, comme le FLN algérien ou le Baath, à cela près et par la force des choses, qu'il accepte le multipartisme. Ces conceptions proviennent en fait largement des analyses de son chef concernant la société grecque des années 1960 et 1970. Andréas Papandréou, la voit comme celle d'un pays sous-développé qui ne peut adopter telles quelles les règles du jeu démocratiques d'une société occidentale. Les partis n'y sont pas l'émanation de courants sociaux, mais des édifices dynastiques et des groupes d'intérêts utilisant épisodiquement certaines aspirations de la société pour accéder et se maintenir au pouvoir. Les changements doivent d'autre part y être imposés « d'en haut », y compris par l'utilisation de la bureaucratie, du clientélisme, et même de la corruption, très profondément ancrées dans les mentalités ... Une telle analyse peut certes être exagérée voire caricaturale sur bien des points. Il n'en reste pas moins qu'elle met le doigt sur des réalités très concrètes de la société grecque, et que le PASOK est le premier parti dans l'histoire de la Grèce à mettre en place et utiliser des relais efficaces dans le tissu social.

Entre 1974 et 1980 les résultats du PASOK sont en hausse à chaque consultation électorale. A partir de 1980, sentant approcher son accession au pouvoir, Papandréou modère son discours au sujet de l'OTAN et de la CEE, prônant non plus le retrait, mais la « participation critique »... Enfin, et comme déjà mentionné ci-dessus, l'alternance de 1981 se passe sans problème majeur.
Le nouveau gouvernement entreprend des réformes de première importance sur les plans législatif et social. Elles permettent un sérieux « dépoussiérage » de la société grecque, ainsi que la possibilité institutionnelle pour des couches alors défavorisées de la population, d'accéder à des conditions d'existence décentes, à un certain savoir, et surtout à des emplois et des « ascenseurs sociaux » beaucoup plus difficiles d'accès auparavant. Le mariage civil (avec de sérieuses concessions à l'église officielle) ainsi que le divorce sont introduits, les retraites et les salaires minimaux sont augmentés, un système de santé garantissant à tous l'accès gratuit à une « santé de base » est mis sur pied. Même si ce système entraîne par la suite des effets pervers, entre autres une fréquente corruption du corps médical, on peut le considérer, dans ses principes, comme une réussite. Une législation sociale très avancée est introduite pour les fonctionnaires et les travailleurs du secteur public : la possibilité de retraite est abaissée jusqu'à... 40 ans pour certains cas, et pas seulement pour des professions « pénibles ». Enfin, les séquelles de la guerre civile, notamment les célébrations officielles, sont supprimées, et les exilés de 1949 peuvent rentrer sans restrictions. Beaucoup de ces réformes, notamment celles concernant l'accès à des emplois publics utilisent certes le système clientéliste existant. Jusqu'à un certain point, on peut considérer cela comme une « ségrégation positive ». Un sérieux problème va commencer à se poser lorsqu'une pléthore de personnes vont briguer et obtenir beaucoup plus d'emplois de fonctionnaires ou d'employés dans les entreprises d'Etat que les besoins réels. Au surplus, beaucoup de ces nouveaux fonctionnaires sont incompétents car la formation et l'acquisition d'une conscience de service public ne suivent pas.

En fait, on peut facilement constater que l'objectif primordial du PASOK au pouvoir consiste davantage dans le fait de continuer à créer et à renforcer une classe moyenne que de mener une révolution et bouleverser les rapports sociaux : ceux-ci ne le seront que dans la mesure où cela aide au développement de cette classe moyenne. Ainsi, par des moyens différents, les socialistes grecs rejoignent la préoccupation sociale principale de tous les gouvernements après la guerre civile.

Le PASOK reste 8 ans au pouvoir. Durant cette période, il parvient à modeler profondément le visage de la Grèce. Il subit également une importante évolution qui sera visible dès 1993 et son second passage au gouvernement, passant d'une phraséologie « baasiste » à des positions plus « sociales-démocrates », à la mesure de l'évolution de la société. Nous examinerons plus loin certains points importants de ses politiques étrangère et économique. Sur le plan intérieur, quel que soit le jugement objectif ou partisan qu l'on puisse porter sur son œuvre, il est indéniable que, pour la première fois peut-être de son Histoire, une partie importante de la population grecque se sent « acteur », partie prenante des événements et de l'évolution en cours, et ne les subit plus passivement. La vénalité des politiciens étant d'autre part une constante incontournable de la réalité politique hellénique, d'importants scandales financiers éclatent à partir de 1988, et amènent une défaite électorale de justesse des socialistes en 1989. La droite ne dégage pourtant pas de majorité, et doit former un gouvernement de coalition avec… les communistes et la gauche afin de pouvoir assurer une alternance. Cette accession des communistes au pouvoir, est doublement symbolique : d'abord parce qu'elle met un terme définitif à la guerre civile, ensuite et surtout parce que le nouveau gouvernement est tellement disparate que son action se limite à zéro… De nouvelles élections en 1990 amènent finalement la droite au pouvoir avec une majorité toutefois ténue.

3. La politique étrangère entre 1974 et 1990.

Le résultat le plus important de la politique étrangère hellénique entre 1974 et 1980 est l'adhésion à la Communauté Economique Européenne. Dès août 1974, le gouvernement Caramanlis demande et obtient la réactivation de l'accord d'association mis en veilleuse durant la dictature. Le calendrier d'adhésion prévu (1979) est respecté. Les réserves européennes sur le plan économique sont, comme nous le verrons, mises de côté. L'argument principal mis en avant de part et d'autre est celui d'une stabilisation politique de la Grèce par son admission au sein de la communauté. Celle-ci sera facilitée car elle bénéficie du soutien de l'Allemagne et de la France. Pour les Occidentaux, ainsi qu'en Grèce les partisans de Caramanlis (et probablement à l'époque une forte proportion des Grecs, malgré la vigueur des oppositions exprimées) l'arrimage à l'Europe crée une situation définitive et irréversible et pourra neutraliser les possibles « dérives » : autoritaire vers une nouvelle dictature, ou socialisante et « tiers-mondiste » si le PASOK l'emporte aux prochaines élections, voire un mélange des deux dans la mesure où les aspects « baasistes » de Papandréou séduisent un certain nombre de militaires « déçus » par la dictature… La solidarité des deux pays « moteurs » de l'Union n'est d'ailleurs pas exempte d'arrière-pensées. Sur le plan stratégique, on craint sérieusement à l'époque que les

Grecs lâchent définitivement l'alliance occidentale et se lancent dans une situation de style « portugais », ce qui serait impensable vu la situation et l'importance géographiques du pays. Sur le plan économique ensuite, de juteux contrats sont prévisibles (et seront passés) avec des firmes françaises et allemandes pour l'achat de nouvelles armes et biens d'équipement.

Après 1974, la Grèce laisse libre cours à une certaine colère contre les Américains et l'OTAN devant ce qu'elle considère comme de la complaisance vis-à-vis de l'invasion turque de Chypre. Au surplus, et bien que cela relève autant de l'imaginaire collectif que des faits, l'opinion crédite la dictature ainsi que les régimes répressifs qui la précèdent aux Etats-Unis. En août 1974, Caramanlis annonce que les forces grecques quittent le commandement militaire intégré de l'alliance; les bases américaines restent cependant dans le pays. Papandréou et le PASOK voudraient beaucoup plus, notamment une sortie complète de l'OTAN et une politique neutraliste. Si l'armée grecque revient dans le giron atlantique en 1979, l'antiaméricanisme va longuement persister chez une majorité de Grecs, acquérant même des dimensions irrationnelles. Pour ce qui concerne la période entre 1974 et 1990, et l'Europe mise à part, c'est le différend gréco-turc qui semble déterminer la politique étrangère grecque.

Ce différend, quel est-il en fait? Il porte d'abord sur Chypre et la question de l'occupation militaire du tiers de l'île par la Turquie, ainsi que de l'élimination ou de l'expulsion de milliers d'habitants chypriotes grecs de cette zone. Erigée en protectorat turc et en terre d'immigration pour de nombreux paysans d'Anatolie, elle s'autoproclame en 1977 «République turque de Chypre - Nord», reconnue uniquement par Ankara. Nous connaissons les graves responsabilités de la Grèce au sujet de cette évolution désastreuse de l'imbroglio chypriote. On peut constater par ailleurs que la politique suivie par la Turquie tient de la barbarie, et que très peu de pays auraient pu bénéficier de la même tolérance de la part de la communauté internationale.

Chypre n'est pas le seul point de friction entre les deux pays : Pays continental jusqu'à la fin des années 1960, la Turquie commence à s'intéresser à la Mer Egée, dont la quasi-totalité des îles, jusqu'à quelques milles des côtes turques, appartiennent à la Grèce. Cet intérêt est avant tout économique : outre que l'archipel est un paradis touristique, on y découvre au début des années 1970 des gisements de pétrole et de gaz naturel, dont le coût d'exploitation élevé les classe plutôt comme réserves énergétiques que richesse immédiatement rentable. Enfin, la région est un important goulet de communication entre la Méditerranée et la Mer Noire. Selon les Conventions internationales sur le Droit de la Mer, la Grèce a formellement le droit d'étendre ses eaux territoriales et son espace aérien dans la région à 12 milles nautiques au lieu de 6 auparavant. Mais une telle mesure ferait de la Mer Egée un «lac grec», pourrait limiter les communications de la Turquie et l'éventuelle exploitation par celle-ci de richesses potentielles. Ankara revendique par ailleurs un partage des hypothétiques ressources du plateau continental selon une ligne médiane Nord-Sud, ce qui «poserait» en fait certaines îles grecques sur une zone économique turque[1]… A partir de ces désaccords, commence dès 1974 une course aux armements et une escalade de provocations mutuelles, où les moments de forte tension alternent avec des phases de détente. En fait, ce climat de confrontation semble avoir son utilité, d'abord pour les dirigeants et les militaires turcs, comme moyen de pression sur la société et l'opinion et, dans une moindre mesure, pour les dirigeants grecs qui ont tout de même à faire avec une société plus démocratique : il leur permet toutefois d'assagir l'armée, et d'appeler à l'union sacrée sur ce qu'on désigne en Grèce comme les « questions nationales », au sujet desquelles tous les Grecs doivent être unis. Enfin, pour les deux parties, un ennemi épouvantail et bouc émissaire est toujours utile…De manière générale, le différend gréco-turc devient, en particulier durant les années 1980, un « théâtre de la mauvaise foi »: les deux pays se laissent piéger dans une politique butée et à courte vue, et ne semblent pas réaliser les avantages, notamment financiers, d'un règlement de leurs problèmes, compte tenu aussi du fait qu'une solution militaire est inenvisageable pour leurs fragiles structures économiques et sociales, ainsi qu'ethniques pour ce qui concerne la Turquie.

Dès 1981, la politique extérieure grecque subit une inflexion « virtuelle », dans la mesure où ses initiatives et ses orientations verbales correspondent de moins en moins à la réalité pratique et aux positions réelles du pays. Le PASOK prêchait la sortie de l'OTAN et de la CEE : nous avons vu que ces positions ont évolué dès 1979 vers une « participation critique » à ces deux entités. Pour ce qui concerne l' Europe, cette notion ne signifie rien : la Grèce participe sagement aux instances communautaires qui, il est vrai, sont encore essentiellement économiques à l'époque, et dont elle bénéficie grandement. Du côté de l'OTAN, la majeure partie des décisions et prises de position de l'alliance porteront jusqu'en 1989 la mention « avec les réserves » ou « à l'exception de la Grèce»… Force est de constater, d'autant plus qu'elle ne constitue pas un « poids lourd » que cette attitude aura été plus dommageable que bénéfique pour elle-même, la transformant en maillon faible de l'alliance dès le début de l'affrontement crucial de celle-ci avec le camp opposé… Les années 1980 voient en effet un retour en force de la Guerre froide, entre des Etats-Unis beaucoup plus agressifs depuis la

[1] Voir à ce sujet : VANEH, S. « Le différend gréco-turc », op.cit.

présidence Reagan, et un « bloc oriental » dont on ne devine pas encore l'état de déliquescence… Le non-alignement « actif », position consistante et surtout profitable à ses adeptes dans les rapports de force internationaux entre 1955 et 1975, n'a plus la même signification deux ou trois décennies plus tard… Les réserves systématiques grecques irritent les occidentaux et ne rapportent aucun avantage de la part de leurs adversaires. Elles ne font que diminuer la crédibilité de la politique étrangère de Papandréou auprès de tous. Ce dernier semble d'ailleurs plus se préoccuper de son électorat, ravi de constater régulièrement que « la Grèce fait entendre sa voix », que de l'inefficacité de sa politique. En fait, le PASOK avait le choix, pour sa politique étrangère, entre se dédire vis-à-vis de ses électeurs, ou entamer sérieusement le crédit international du pays. Il a choisi le second terme de l'alternative…

4. L'économie: de l'étatisme au virtuel[1].

Entre 1974 et 1990 les dirigeants grecs, qu'ils soient de droite ou du PASOK, font un choix « étatiste » en matière d'économie et s'y tiennent. Si la gestion reste pragmatique jusqu'en 1981, on peut la qualifier de dogmatique à partir de 1983-84, dans la mesure où le gouvernement Papandréou persiste dans une politique économique qui se situe à contre-courant des tendances et orientations européennes et mondiales à l'époque. C'est d'autre part durant ces années que les structures, notamment financières, de cette économie atteignent des « points de non-retour » qui ont gravement alimenté la crise actuelle et rendent celle-ci aussi difficile à surmonter.

La restauration démocratique trouve l'économie grecque en situation difficile. La première crise pétrolière au niveau international, l'instabilité et l'incertitude politiques, ainsi que l'incompétence et indifférence totales du « régime Ioannidis » entre fin 1973 et juillet 1974, entraînent une inflation de 27%, une baisse de 33% des investissements, et un arrêt de la croissance en 1974. D'autre part, le gouvernement d'union nationale de Caramanlis ne peut objectivement s'occuper de questions économiques, dans la mesure où il doit faire face à des questions aussi graves qu'urgentes tant au niveau de la politique extérieure que d'une première esquisse de consolidation du fonctionnement démocratique de l'Etat.

---

[1] Pour ce qui concerne les chiffres de l'économie grecque entre 1974 et 1990, nos sources sont : COLLECTIF, « Histoire de la Nation Hellénique » T.16, op.cit., ainsi que « L'etat du monde » et Atlaseco », op. cit. aux années correspondantes.

Ce n'est donc qu'après les élections de décembre 1974 que le gouvernement de droite prend en main la gestion des problèmes économiques en suspens. Ses principes de base restent les mêmes que ceux de la période 1953-1963, soit une économie de marché avec une très forte intervention de l'Etat, tant au niveau de la régulation que du crédit, du financement et des investissements directs. Selon les tendances et pratiques de l'époque, on peut même parler d' « économie mixte ». Cette intervention et participation de l'Etat à la croissance économique est sensée, selon le programme économique du gouvernement Nea Democratia, « compléter l'initiative privée lorsque celle-ci ne manifeste pas d'intérêt suffisant dans tel ou tel secteur » jugé important ou stratégique, et « neutraliser les situations d'oligopole et de monopole ». Issues du programme d'un parti de droite, qui se réclame en principe de la libre entreprise, ces propositions sont très « avancées » même dans le contexte de l'époque… Rappelons toutefois que la première touche en fait une caractéristique importante du « capital » privé grec : historiquement, celui-ci refuse toujours de s'investir dans des activités, notamment industrielles, lorsqu'un haut profit immédiat ou en tous cas très rapide n'est pas assuré.

On assiste donc entre 1975 et 1980 à l'extension d'un secteur public déjà très important tout d'abord par la prise de contrôle des grandes banques encore indépendantes (Banques Commerciale et Ionienne) ainsi que des entreprises que celles-ci contrôlaient, directement ou via des crédits. On en arrive ainsi à un monopole bancaire de fait de l'Etat. Avec l'assistance de compagnies étrangères (notamment Dassault et Lockheed, qui depuis lors équipent presque exclusivement l'armée de l'air grecque), une industrie aéronautique, EAB ou Hellenic Aerospace Industry, est mise sur pied. Elle assurera l'entretien des aviations militaire et civile en Grèce, ainsi que de quelques Etats du Moyen-Orient (Jordanie, Iran jusqu'en 1979, Irak), équipés de matériel français ou américain. Des industries sont aussi créées ou rachetées par l'Etat dans les domaines des armements, et de la métallurgie, ainsi que des chantiers navals, faisant ainsi concurrence aux entreprises privées déjà existantes dans ces domaines, que l'on considère souvent comme « collaboratrices » avec la dictature… Les compagnies de transports publics, notamment les autobus athéniens, jusqu'alors privés, sont également nationalisées. Quelques plates-formes pétrolières sont d'autre part exploitées dans la région de Thassos, au Nord de l'Egée. A sa mort en 1975, le milliardaire Aristote Onassis, lègue enfin à l'Etat grec la compagnie aérienne « Olympic » dont il détenait la majorité des actions.

Cette politique amène une très forte extension des emplois publics : en 1981, près de 34% de la population active travaille ainsi directement ou indirectement pour l'Etat. Il s'ensuit une forte augmentation des dépenses publiques, notamment pour ce qui concerne les salaires et des charges sociales, et ce d'autant plus que la politique de l'Etat en la matière est de loin plus généreuse que dans le secteur privé. Malheureusement, la productivité et la rentabilité de la plupart de ces entreprises étant relativement basses, aucune augmentation de leurs recettes ne vient couvrir les frais supplémentaires qu'elles engendrent. De manière générale, on constate jusqu'en 1981 une nette baisse de la productivité du travail, et donc de la compétitivité des entreprises grecques, publiques comme privées (bien que dans une moindre mesure). Les produits grecs sont donc relativement chers pour une qualité souvent inférieure à la moyenne, donc difficiles à écouler et à exporter.

Dès 1977-78, un grand nombre d'entreprises industrielles publiques et privées commence donc à se trouver en difficulté. Les raisons en sont la crise économique mondiale, mais aussi et surtout l'extension de la concurrence internationale, corollaire d'une diminution du protectionnisme en vue de l'adhésion à la CEE, qui entraîne une baisse de la demande intérieure dans certains secteurs. L'insuffisance des directions et des méthodes de gestion en place, de graves erreurs dans les décisions d'investissements ainsi que le surendettement jouent également un rôle important. En 1980, le seul service de la dette de ces entreprises représente une moyenne de 15,8% de leur chiffre d'affaires. D'importantes commandes de l'Etat, en particulier pour les entreprises publiques, n'arrivent plus à les maintenir à flot. Le déficit de la balance commerciale s'aggrave, passant de 3 à 6,8 milliards de $ entre 1975 et 1981. Le modèle de développement de l'économie et de l'industrie grecques de l'après-guerre semble avoir atteint ses limites.

Le problème de la compétitivité se pose notamment dans le cadre du débat et des négociations concernant l'entrée de la Grèce dans la CEE. L'adaptation de l'économie aux normes européennes paraît difficile : les entreprises grecques ne peuvent en aucune manière soutenir la concurrence de celles d'Europe occidentale, tant sur le plan de la productivité et de la rentabilité que de la technologie ou du savoir-faire. Des entreprises allemandes, françaises ou britanniques venant en Grèce durant les années 1970 concurrencer les firmes locales ne laisseraient aucune chance à ces dernières, y compris dans des secteurs « éprouvés » comme les transports maritimes ou le tourisme. C'est pourquoi, lors de son adhésion à la Communauté puis jusqu'actuellement encore, la Grèce bénéficie de nombreuses « exceptions » et « dérogations » quant aux questions de la libre concurrence et d'un certain protectionnisme. Dans son processus d'adhésion et pour les raisons déjà évoquées, les aspects politiques sont délibérément privilégiés et des questions économiques importantes laissées de côté. Cette priorité est explicable. Toutefois, aucun calendrier précis et surtout contrôlable et astreignant pour le règlement de ces questions et une « mise à niveau » de l'économie hellénique n'est fixé...

En 1980-81, l'économie grecque se trouve en situation de stagnation (-0,4% de croissance entre ces 2 années), le déficit budgétaire représente 9,1% du PIB, et l'inflation se trouve à 24,3%. La dette publique extérieure passe de 23% à 34,5% du PIB entre 1975 et 1981. Ce dernier, calculé par tête d'habitant, baisse même de près de 10% entre 1979 et 1980, pour la première fois depuis 1945. Certes, l'ensemble des économies occidentales se trouve alors dans des situations similaires et dans les chiffres rouges, mais ceux de la Grèce dépassent de loin (+10 unités pour l'inflation) les plus mauvais résultats de ses nouveaux partenaires européens. Le seul indice rassurant est celui du chômage, qui reste en dessous des 3%, du fait que les entreprises même en grave difficulté continuent d'une manière ou d'une autre à fonctionner et à être financées. Pour des raisons diverses, la préservation de l'emploi et d'une relative paix sociale constitue un dogme auquel, jusqu'en 2010, aucun gouvernement n'ose toucher.

Enfin, les mauvaises relations avec la Turquie et le retrait temporaire de l'OTAN font fortement augmenter les dépenses militaires, dans la mesure aussi où la Grèce doit maintenant payer seule ses armements. Entre 1975 et 1980, ces dépenses représentent une moyenne de 7% du PIB, ce qui est hors de toute proportion avec la taille du pays, ses possibilités économiques, ainsi que les menaces potentielles sur son intégrité: la politique d'« achat » de la tranquillité des militaires mise en place par Caramanlis commence à coûter cher…

Le PASOK accède donc au pouvoir dans des conditions économiques difficiles, fait qui explique en partie la « sagesse » dont il fait preuve vis-à-vis de la récente adhésion à la CEE, qu'il ne remet nullement en question.
Tout d'abord, le nouveau gouvernement se lance dans une politique d'emprunts intérieurs et extérieurs, opère une dévaluation de 12% de la Drachme, et tente de soutenir les entreprises publiques comme privées en difficulté par des prêts gratuits. Simultanément, et selon son programme électoral, il décide des augmentations massives des salaires, prestations sociales, et retraites. Un système de sécurité sociale et de santé digne, sur le papier, des pays scandinaves est mis sur pied. Le secteur public est considéré comme « pilote » pour toutes ces améliorations, mais l'augmentation des salaires minimaux, d'une moyenne générale de 40%, concerne également le secteur privé. Dans ce dernier, et en particulier les petites entreprises (entre 3 et 12 travailleurs) qui en constituent la majorité, la surexploitation de la main-d'œuvre était toutefois la règle. Le système fiscal est modifié dans le

sens d'une augmentation des impôts directs pour les hauts revenus et les sociétés qui, auparavant, étaient à vrai dire quasi-nuls. En matière de taxes indirectes, la Grèce bénéficie d'un délai de 8 ans pour introduire la TVA européenne, et ne le fera qu'en 1988. Le train de mesures sociales du PASOK a pour conséquence la faillite (réelle ou fictive) d'un grand nombre d'entreprises privées, dont l'activité ne tenait que grâce à une main-d'œuvre sous-payée et sous-assurée. Il s'ensuit une augmentation du chômage de 4% en 1982 à 8,1% en 1984, qu'il faut cependant tempérer dans la mesure où la nouvelle législation sociale couvre davantage le chômage partiel des professions touristiques durant une moitié de l'année, ce qui signifie un chômage « réel » d'environ 6%.

Dans une optique plus macroéconomique, les réponses du gouvernement socialiste à la crise industrielle et à la nécessité de réorganisation de l'économie grecque sont, dans les grandes lignes, les suivantes :

La multiplication des nationalisations et des prises de contrôle par l'Etat d'entreprises et d'unités de production.

Le renforcement du rôle de sociétés coopératives, dans le domaine agricole et agro-alimentaire notamment, ainsi que celui des transports maritimes.

La participation des salariés à la gestion des entreprises d'Etat par l'intermédiaire des organisations syndicales et un « contrôle démocratique » de l'ensemble des grandes et moyennes entreprises par des comités syndicaux ou nommés par l'Etat.

Parmi les entreprises industrielles nationalisées, un grand nombre était, comme nous l'avons vu, en proie à de sérieuses difficultés. Par l'intermédiaire d'un Organisme de restructuration des entreprises (OAE) créé en 1983 à cet effet et sur propositions motivées de la part des organisations syndicales, l'Etat prend le contrôle de secteurs entiers de l'économie définis comme « problématiques ». Une indemnisation symbolique (mais toutefois substantielle et souvent proportionnelle aux affinités politiques) est versée à leurs propriétaires, trop heureux de se débarrasser à relativement bon compte d'activités qui ne sont plus rentables, et d'aller investir ailleurs, notamment à l'étranger. Cette récupération des « canards boiteux » de l'économie grecque prend des proportions importantes : en 1985, on arrive à un total de 230 entreprises ainsi nationalisées, comptant au total 280'000 travailleurs. En fin de compte, et au bout de ce processus vers 1986-87, l'Etat devient l'employeur direct (le plus souvent) ou indirect de près de 45% de la population active… Le but premier de cette politique est de préserver les emplois et d'en créer de nouveaux. En effet, et durant toute la décennie 1980, les entreprises d'Etat continuent allègrement d'embaucher en faisant naturellement bénéficier tout leur personnel d'un statut de fonctionnaires, soit les meilleures prestations sociales et une quasi-inamovibilité.

Sur le plan de la gestion, les nationalisations n'améliorent pas la situation des entreprises en difficulté, sinon par le fait qu'elles les maintiennent artificiellement en vie aux frais de l'Etat. Au contraire, leurs problèmes deviennent de plus en plus aigus: directions et cadres sont nommés principalement en fonction de critères politiques, et les promotions internes sont effectuées de la même manière. Des personnes totalement incompétentes occupent souvent des postes de décisions qu'ils ne sont pas en mesure de prendre... La formation et le perfectionnement du personnel sont pauvres, sinon inexistantes, et la participation des travailleurs à la gestion, sans aucune formation spécifique des délégués et syndicalistes concernés donne enfin des résultats catastrophiques. Pendant plus d'une quinzaine d'années, une industrie grecque moribonde est ainsi maintenue en état de survie artificielle, apparemment avec les objectifs suivants:

Assurer un maintien satisfaisant des places de travail.

Procurer de nouveaux emplois, en priorité pou les partisans et électeurs du PASOK.

Offrir des postes de direction et des sinécures aux parentèles et camarillas des politiciens.

Des cimenteries, ateliers métallurgiques et mécaniques, des raffineries, filatures et chantiers navals, inadaptés, mal dirigés et non rentables continuent ainsi de tourner en bonne partie dans le vide. Leurs critères de fonctionnement et de gestion datent des années 1950 et 1960, leurs personnels sont pléthoriques et largement sous-employés. La prise de contrôle par l'Etat du 55% des « grandes » entreprises (employant plus de 150 personnes) n'apporte aucune solution aux problèmes structurels de l'économie et de l'industrie grecques, elle les aggrave même de manière quasi-irréversible. La productivité du travail chute de plus de 20% entre 1981 et 1989, alors que son coût effectif augmente de 30%. L'intervention de l'Etat a grandement contribué au développement de la Grèce entre 1953 et les années 1970. Sa prolongation, et surtout les modalités de celle-ci, où interviennent de plus en plus la corruption et le favoritisme endémiques de la société grecque, constituent un grave échec. Une « mentalité de l'illusion », une conception de l'entreprise et du travail qui ne correspond à aucune réalité économique se mettent en place. Elles démotivent et déresponsabilisent un grand nombre de travailleurs, en laissant croire à une providence de l'Etat qui fournit ainsi travail minimaliste et niveau de vie assurés pour tout le monde, avec une certaine priorité aux partisans du gouvernement en place... Le seul résultat est le maintien d'un taux de chômage relativement bas (entre 4 et 6% en moyenne en tenant compte du secteur touristique), piètre consolation lorsqu'on considère le caractère « fictif » de nombreux emplois ainsi préservés. La baisse de la productivité et la démotivation ont en particulier une influence catastrophique dans l'administration où l'ensemble des services, à quelques exceptions près, travaille au ralenti, de manière brouillonne et sans efficacité, ni égard pour le citoyen, l'usager, le patient ou le justiciable... Elles atteignent par osmose également le secteur privé, et tendent à déterminer la norme de toute activité « officielle » en Grèce...

Dans cette gabegie généralisée, un certain nombre d'entreprises engendrées ou favorisées par la politique économique du PASOK arrivent toutefois à faire leur chemin, certaines même à prospérer : il s'agit de coopératives, ou de sociétés dites « à capital populaire » qui connaissent un certain développement à partir de 1975, et dont les socialistes grecs font mention favorable dans leur programme. Leurs secteurs d'activité sont pour l'essentiel l'agro-alimentaire et les transports maritimes, et elles opèrent principalement dans les îles ainsi qu'en Thessalie, Macédoine et Thrace, principales régions agricoles du pays. Mentionnons que ces régions ont presque toutes une riche tradition coopérative, déjà depuis l'époque de l'occupation ottomane. Ces entreprises font preuve d'une gestion relativement bonne, et arrivent, souvent même jusqu'aujourd'hui, à s'adapter aux exigences changeantes et aux évolutions du marché de leurs activités respectives. Elles pratiquent naturellement une politique d'emploi qui favorise le niveau régional voire local, et échappent ainsi au cycle de postes de travail fictifs et « politiciens » qui marque fortement les 3 dernières décennies. Elles ont pu intégrer des aspects « réfractaires » et traditionalistes de la mentalité grecque à une gestion économique efficace et surtout, ne laissent que peu de place à l'illusion et la tricherie qui marquent l'économie hellène. A de rares exceptions près, il s'agit de petites à moyennes entreprises (entre 10 et 300 employés), qui travaillent essentiellement pour le marché et les transports intérieurs. Parmi celles qui ont « grandi », on peut citer une compagnie coopérative crétoise de transports maritimes qui, depuis sa fondation en 1973, s'est développée au point de devenir une des principales compagnies maritimes de Méditerranée, assurant une grande partie des lignes de transport et de ferrys entre la Grèce et l'Italie, ainsi que la Crète et les Iles.

Le système fiscal n'a jamais été le point fort de l'administration hellénique. Outre le fait que les Grecs considèrent ne rien devoir à un Etat qui leur a toujours relativement peu donné, les services fiscaux n'ont jamais disposé des infrastructures et instruments de contrôle nécessaires pour assurer des rentrées normales d'impôts. Le système clientéliste rend d'autre part difficile un traitement tant soit peu égalitaire des citoyens vis-à-vis du fisc. Dans ces conditions, et afin d'assurer quand même quelques recettes à l'Etat, les gouvernements de tous bords ont toujours privilégié les impôts et taxes indirects. Le PASOK introduit à partir de 1982 une taxation directe progressive plus cohérente, et développe quelque peu les services fiscaux. Quelques impôts commencent à rentrer, également du fait que de plus en plus de monde a été « fonctionnarisé » et n'a donc pas les moyens de cacher son salaire. Toutefois, le système bute rapidement sur le clientélisme la corruption, le manque de moyens de contrôle et l'impunité, en particulier pour ce que concerne les professions libérales, les indépendants et les commerçants, catégories qui continuent à échapper souvent de manière proprement scandaleuse à toute taxation. Une estimation sérieuse du manque à gagner pour l'Etat en matière fiscale par rapport aux lois existant depuis 1982, situe celui-ci entre 30 et 40% des recettes effectives des impôts directs.

Les années 1980 marquent également l'extension d'un phénomène de première importance en Grèce, qu'on peut appeler l' « économie invisible ». Il s'agit de l'ensemble des activités qui n'ont aucune existence officielle, et échappent de ce fait à toute statistique, réglementation, taxation ou contrôle. Cette économie invisible a toujours existé, en particulier dans les villes, mais a pris selon les périodes des proportions plus ou moins importantes. Après la période de l'occupation et de la guerre civile qui a vu fleurir le marché noir, la pratique illégale du commerce et l'exercice clandestin de diverses professions ont eu tendance à disparaître ou à se cantonner dans quelques secteurs aussi utiles que traditionnels… Entre les années 1950 et 1970, l'économie cachée est surtout le fait de techniciens ou ouvriers salariés qui arrondissent leurs fins de mois en effectuant du travail supplémentaire non déclaré chez des particuliers, d'employés de maison, etc... A partir de 1975, le phénomène commence à prendre de l'ampleur, mais aussi à se perfectionner et à évoluer. Les personnes qui travaillent de manière clandestine se multiplient et en arrivent même, comme notamment un grand nombre de fonctionnaires, à exercer une seconde profession. Des entreprises entières (magasins, commerces de gros, ateliers) développent aussi leur « secteur invisible » qui prend parfois plus d'importance que le pan « officiel », sans parler des établissements entièrement clandestins. Dans l'industrie touristique, un des domaines de l'économie grecque qui restent prospères, le contact éphémère avec une clientèle peu au courant des règlements et en principe agréablement disposée, permet notamment l'existence d'un très large secteur invisible. Il va naturellement de soi que le peu d'infrastructures et d'organes de contrôle existants buttent également sur une corruption généralisée qui empêche leur travail. On ne peut certes mesurer la taille de l' « homme invisible ». Pour la décennie 1990-2000 les estimations optimistes placent toutefois l'importance du chiffre d'affaires de cette économie invisible autour de 20 à 25% du PIB, celles pessimistes la font avoisiner le 45%... Une autre partie non négligeable de cette « économie noire » réside dans les importants détournements de fonds, financements, subsides et pots-de-vin divers au profit de politiciens, hauts fonctionnaires, ainsi que leurs familles et entourages. En Grèce, la politique est un métier lucratif, et la vénalité des politiciens et députés de tous bords ou des magistrats, constitue la norme…

Le prix de cette politique est colossal: la dette publique augmente de 106% entre 1981 et 1990, et atteint une proportion de 81% du PIB. L'emprunt intérieur comme extérieur aura été grandement facilité par l'adhésion à la Communauté : le label « européen » sur les obligations grecques constitue en effet une sérieuse garantie pour les prêteurs et investisseurs, et permet d'emprunter de manière quasi-illimitée. L'inflation reste en moyenne à 22% par année entre 1981 et 1991 et, durant la même période, la Drachme voit sa valeur chuter de plus de 100% par rapport au DM, considéré comme la monnaie européenne la plus stable… Un début de politique de « rigueur » (pour l'essentiel aux niveaux budgétaire et fiscal) est appliqué pour quelques mois entre 1985 et 1987, à l'initiative du nouveau ministre des finances, Costas Simitis. Ce dernier tente de freiner les dépenses inutiles et d'appliquer quelque peu la loi en matière d'impôts : le système clientéliste en vigueur relaie alors un tel nombre de plaintes, qu'il doit renoncer à son poste au début de 1987… Les financements et transferts de la Communauté vers la Grèce commencent d'autre part à jouer un rôle sensible dans le développement du pays, même si elles ne sont pas toujours utilisées de la manière la plus judicieuse : en proportion du PIB, ils passent de 2,34% en 1984, à 4,65% en 1994.

Les économies occidentales connaissent dès la fin des années 1970 une importante évolution, et abandonnent progressivement les tendances au dirigisme et à l'intervention de l'Etat dans le domaine économique. Cette tendance se manifeste d'abord dans les pays anglo-saxons, en Grande-Bretagne dès l'accession au pouvoir du gouvernement Thatcher en 1979, et aux Etats-Unis avec l'administration Reagan en 1981. Elles sont inspirées par les théories économiques monétaristes, qui prônent pour ce qui concerne l'Etat une rigueur budgétaire absolue, un minimum de dépenses sociales, et un libéralisme économique très étendu. La rentabilité et le profit des entreprises et des services ont désormais le pas sur l'emploi. Ce néo-libéralisme donne un nouveau souffle aux droites américaine et européenne, et rencontre un fort écho dans l'opinion. A terme, il influence même de manière prépondérante les partis sociaux-démocrates. A la fin des années 1980, on peut le considérer comme l'idéologie dominante dans le monde occidental, inspirant à des degrés divers les politiques économiques et sociales des Etats.

En Europe, le libéralisme influence naturellement le processus d'unification économique, en particulier l'Acte Unique Européen qui vient modifier le Traité de Rome en 1985. Il met en place un gigantesque programme d'ouverture et de libéralisation des marchés, des services et du capital, ainsi que la perspective d'une monnaie unique par la création d'une « monnaie commune » théorique, l'ECU (Unité de Compte Européenne), sur laquelle s'alignent les principales monnaies.

Durant les années 1980 et même au-delà, l'orientation de la politique économique de la Grèce se situe ainsi à l'opposé des tendances décrites ci-dessus qui, plaisantes ou pas, sont tout de même celles des principales économies aux niveaux mondial et européen. L'échec patent de l' « économie mixte » à la mode hellénique pourrait même constituer une méchante caricature de « ce qu'il ne faut surtout pas faire » à l'appui des théories néo-libérales les plus extrêmes… La politique déjà très fortement étatiste des gouvernements de droite de la période 1975-1981 débouche certes sur une situation de crise avant l'arrivée au pouvoir des socialistes. Même si elle comporte des aspects spécifiques, cette crise est alors toutefois celle de toutes les économies capitalistes, et se perd en quelque sorte « parmi la foule ». C'est à partir de 1982-1983 que la politique économique du PASOK prend un aspect dogmatique et obstiné. Considérée avec le recul d'un certain temps et à la lumière des événements récents, cette politique est pour le moins téméraire. Elle place la Grèce, qui émerge à peine du sous-développement, en porte-à-faux face au reste du monde occidental auquel elle a volontairement adhéré et surtout duquel elle dépend totalement… A la même époque et après moins de 2 ans de gestion comparable, les socialistes français révisent leur programme dès 1983 et réorientent leur politique dans un sens qui tienne davantage compte des lois du marché et surtout du climat économique international. Au surplus, la Grèce bénéficie entre 1980 et 1990 d'une véritable « voie royale » pour s'intégrer à l'Europe en construction : exceptions prolongées, transferts, « paquets » financiers substantiels. D'importantes modernisations en découlent certes, mais pour une grande partie elle n'en profite que pour alimenter des tricheries et des illusions… Il est probable que la relative insignifiance de l'industrie grecque au niveau mondial et même européen lui tienne lieu de paravent, et permet au gouvernement d'Andréas Papandréou de persister dans ses choix. Ces derniers, aussi bien dans la gestion de l'économie qu'en politique étrangère semblent relever du théâtre et de l'illusionnisme, faisant abstraction de la réalité pour privilégier le factice, voire le rêve...Dans les deux domaines, ils auront toutefois irrémédiablement éloigné la Grèce de ses partenaires, dont elle est fortement dépendante.

Aucun changement tangible n'intervient jusqu'en 1996, sinon au niveau verbal. Les gouvernements d'union de 1989-1991 ne peuvent prendre d'initiative en matière économique car ils éclateraient. Le gouvernement de droite de Constantin Mitsotakis tente de mettre en place une politique de d' « assainissement » et de privatisations qui fait long feu : D'une part, on tente de l'imposer de manière autoritaire et maladroite, et on cherche la facilité en s'attaquant d'abord aux intérêts de couches modestes de la population. D'autre part, la droite elle-même est profondément divisée sur les questions économiques. Une partie, comprenant le premier ministre est acquise aux idées et tendances libérales, une autre, la plus importante, en reste aux vieilles recettes étatistes de la période 1950-1980, sans même prendre la peine de les renouveler ou de les remettre en question. Elle met donc des bâtons dans les roues aux tentatives de Mitsotakis et de son ministre de l'économie et des finances, Stephanos Manos. Il faut dire qu'une des bases du système politique clientéliste réside dans la possibilité pour l'Etat de fournir le plus de postes de travail possibles aux tenants du pouvoir en place... Revenant au pouvoir en 1993, Papandréou et le PASOK annulent la plupart des mesures de leurs prédécesseurs et choisissent l'immobilisme, renforcé encore par le mauvais état de santé du chef socialiste à partir de 1994 : s'il n'est plus en état de gouverner à la fin de l'année, « Andréas » ne démissionne ni ne délègue ses prérogatives : aucun choix fondamental ne peut être fait ni entériné sans l'aval du « chef », dont les aphasies et hospitalisations commencent à se multiplier... Durant ces 6 « années perdues » entre 1990 et 1996, le pays continue de vivre à crédit, la dette publique passe de 81 à 93% du PIB, et la Drachme est dépréciée de 30% encore. Seule l'inflation (qui dépend en fait à l'époque essentiellement de facteurs extérieurs) semble quelque peu jugulée et tombe à près de 12%, restant toutefois en moyenne à plus de 7 points en dessus du reste de l'Europe.

La marine marchande grecque continue quant à elle à naviguer en eaux moins troubles que le reste de l'économie. En mains privées dans l'ensemble, elle constitue depuis près d'un siècle l'un des acteurs principaux des transports maritimes au niveau mondial. Du fait de ses importantes pertes durant la Seconde Guerre mondiale, elle reçoit en 1946 une indemnité importante sous la forme de 100 Liberty Ships américains, qui lui permettent de reprendre un essor important. Restant toujours extérieure aux réalités et problèmes économiques de la Grèce, elle assure cependant des emplois et d'importantes rentrées de devises au pays. Durant les années 1960 elle occupe le 6e rang mondial. La politique des armateurs grecs à l'époque consiste toujours dans l'achat de navires de seconde main, beaucoup plus rentables. La fermeture du Canal de Suez et la crise pétrolière des années 1970 amènent d'importantes modernisations avec la construction, cette fois-ci directe, de super-pétroliers de 250'000 tonnes et plus. Avec la disparition des « dinosaures » de l'armement maritime tels Chandris, Onassis ou Niarchos, les compagnies prennent des dénominations plus impersonnelles durant les années 1980 et 1990. Leur organisation interne devient aussi moins verticale, avec des gestionnaires professionnels certes moins pittoresques que les anciens armateurs... Durant ces dernières décennies d'autre part, passablement de marins grecs abandonnent la mer. Ils sont remplacés sur les navires par du personnel (même, de plus en plus souvent, supérieur) originaire de Russie, d'Ukraine, des Philippines et du Pakistan... En 2008, la flotte marchande hellénique est la première d'Europe et la 3e au niveau mondial, avec 61,384 millions de tonnes et 1477 navires.

5. Une politique étrangère déstabilisée: 1990 – 1999.

Depuis 1953, la politique étrangère grecque a toujours comporté une composante plus ou moins implicite et discrète de chantage, ou de pression à une possible « neutralisation » du pays, voire un renversement d'alliance. La crédibilité d'une telle perspective a naturellement toujours été faible, toutefois suffisante vers la fin des années 1980 pour inspirer le cadre d'un scénario d'exercice général de l'armée... suisse, sur le thème d'un « conflit limité sur le flanc Sud-Est de l'OTAN déclanché par un départ de la Grèce de l'alliance... Les dirigeants grecs ont à plusieurs reprises suggéré cette éventualité, notamment à leurs protecteurs américains et à l'OTAN, durant les crises à Chypre en 1957-58 et 1964-65, ainsi même que durant la dictature des colonels, afin de couper court aux protestations et pressions de personnalités et instances gouvernementales occidentales en faveur d'une libéralisation du régime. Après 1974, l'ambiguité de la politique extérieure grecque devient officielle : sortie puis rentrée à l'OTAN, déclarations ambivalentes de ministres sur de possibles facilités accordées à la flotte russe dans des îles grecques, tièdement démenties quelques jours plus tard par Caramanlis, achats de matériel militaire (de transport) à la Roumanie et à la Pologne, expriment une volonté de faire sentir aux Occidentaux que les alliances ne sont pas immuables, également en utilisant les soubresauts nationalistes de l'opinion... Comme déjà mentionné, le PASOK va encore plus loin, prenant ouvertement et systématiquement des distances avec les positions occidentales sur des questions stratégiques. Avec plus ou moins de bonheur, la Grèce tente ainsi de « corser » sa politique étrangère et percevoir une sorte de « rente d'instabilité potentielle». La période 1975-1980 semble incontestablement celle où cette pratique a connu le plus de succès, dans la mesure où elle aura pu contribuer à faciliter et hâter le processus d'adhésion à l'Europe.

A partir de 1990 et la fin de la Guerre froide, cette carte perd brusquement toute sa valeur : les Occidentaux n'ont plus d'adversaire constitué, les alliances perdent toute valeur relative, aucune neutralité n'est plus possible…Simultanément, la Grèce se trouve « enviée » par ses voisins balkaniques qui sortent d'une caricature de socialisme, d'être un pays « capitaliste », même quelque peu à la traîne de l'Union Européenne! Ce retournement ne manque pas d'ironie, dans la mesure ou il concerne le pays le plus « étatiste » du monde occidental qui, depuis 1981, fait au surplus son possible pour « soviétiser » son économie, voire sa société..!

Une de ses lignes directrices ainsi perdue, la politique extérieure de la Grèce se trouve également confrontée à un bouleversement de l'échiquier international dans les Balkans, en particulier avec l'éclatement de la Yougoslavie. Ce dernier lui pose un double problème avec tout d'abord les conflits entre Serbes d'une part, Croates et Musulmans Bosniaques de l'autre, et ensuite la question de l'indépendance et du nom de l'ancienne république yougoslave de Macédoine. Dans le conflit entre les Serbes et les autres ethnies, une partie importante de l'opinion grecque soutient la cause serbe, encouragée notamment par l'église orthodoxe, solidaire de sa « sœur » de Belgrade, et une presse extrêmement nationaliste. Le déroulement des conflits, les arguments, pertinents ou pas, de chacune des parties et les massacres et horreurs réciproques qui les ont malheureusement appuyés ne sont pas l'objet de cette étude. Nous constatons cependant que la Grèce exprime à leur propos une sensibilité différenciée celle du reste de l'Union Européenne. Cette dernière, entraînée d'abord par ce que l'Allemagne considère à l'époque comme ses intérêts puis, au fil de l'aggravation du conflit, par la rage des dirigeants et militaires serbes ainsi qu'une presse et des organisations humanitaires attentives aux seuls crimes de ces derniers, éprouve une sympathie exclusive pour les causes croate et musulmane. Par ailleurs, l'Union Européenne montre une faiblesse et une incohérence extrêmes dans ses réactions, et n'arrive pas à imposer seule la paix « devant sa porte »…

La République de Macédoine s'est détachée de l'ancienne Fédération Yougoslave sans violence, en gardant le nom qu'elle y portait. Créée par le régime de Tito en 1945, elle regroupait une population d'origine slave apparentée aux Bulgares, vivant entre le Sud de la Serbie, la Grèce du Nord, et l'Ouest de la Bulgarie. Cette dernière a constamment revendiqué cette région et sa population entre le 19e siècle et 1944. Jusqu'à la seconde guerre mondiale, la majorité des Slavo-Macédoniens se sentait d'ailleurs également « bulgare ». La création de l'entité slavo-macédonienne en 1945 répond donc au besoin de détacher sa population de l'influence de la Bulgarie en cultivant (et créant au besoin) des traditions et un nationalisme propres, pratique d'ailleurs courante dans les Balkans comme ailleurs...Nous avons vu qu'au moment de la Guerre civile, il semble certain que Tito lorgnait sur la Macédoine grecque. Par la suite, et jusqu'à l'éclatement de la Yougoslavie, aucun contentieux ne s'est manifesté avec la Grèce : les deux pays avaient chacun une province appelée Macédoine. A partir de 1992-93, le problème prend substance du fait que ce nouveau nationalisme slavomacédonien revendique l'héritage prestigieux de la Macédoine antique, que les Grecs ont jusqu'alors considéré comme leur. On se trouve ainsi dans la situation cocasse où les héritiers indirects de Démosthène contestent à des légataires autoproclamés de Philippe et d'Alexandre le Grand l'héritage supposé de ces derniers. On ne sait pas si le grand orateur et les deux conquérants s'en sont retournés dans leurs tombes... Au débat concernant l'Antiquité vient se greffer l'Histoire récente, soit la « question macédonienne » de la fin du 19e jusqu'à la première guerre mondiale. Héritiers modernes (et heureusement en chambre) des « Comitadjis » poétiquement décrits par Albert Londres, les milieux nationalistes extrêmes macédoniens se plaisent à revendiquer des territoires de la Macédoine grecque, voire même Thessalonique, fort heureusement en coloriant seulement des cartes. Il n'en faut pas plus à leurs émules de Grèce du Nord pour s'enflammer, et manifester bruyamment leur intention de défendre jusqu'au dernier verre de Raki l'intégrité ainsi menacée de la Grèce... Plus sérieusement, l'opinion grecque est entraînée, de nouveau à l'instigation d'une partie de l'église, de groupes nationalistes de Grèce du Nord, de politiciens démagogues de tous bords et d'une presse de qualité douteuse, à manifester une profonde hostilité à l'appellation et à l'existence même du nouvel Etat. Cette hostilité est encore renforcée par une attitude de provocations délibérées de la part de milieux politiques mais aussi parfois des autorités de Macédoine: ainsi, l'adoption (abandonnée par la suite) de symboles de l'Antiquité grecque sur son drapeau, ou la diffusion d'énormités historiques au sujet des origines des Slavo-Macédoniens. En effet, si les Slaves, arrivés entre le 7e et le 9e siècle dans la région, ont parfaitement le droit de s'appeler « Macédoniens » et leur pays « Macédoine », ils n'ont par contre aucun lien avec la Macédoine antique, dont le centre de gravité et les références étaient plutôt grecs...

A l'époque (1992-1993), les dirigeants des 2 pays, soit Kiro Gligorov en Macédoine et Constantin Mitsotakis en Grèce sont des modérés, qui semblent se débattre au milieu de la mauvaise foi et du fanatisme non seulement de leurs opinions, mais encore de leurs propres collègues au gouvernement. La nouvelle « question macédonienne » coûte même son poste au premier ministre grec, renversé en 1993 par la défection de son ministre des affaires étrangères, Antonis Samaras, qui fait tomber le gouvernement de droite et prend la tête de la croisade nationaliste. Le problème et ses fièvres semblent par la suite se calmer, pour ressurgir périodiquement et jusqu'à nos jours, selon les besoins de la politique et de la propagande intérieure des deux pays. Au surplus, il s'agit d'un problème dépendant surtout de surcharges affectives de part et d'autre. En effet, les populations en question, soit une partie des Grecs et des Slaves vivant en Macédoine grecque avant 1949, étaient étroitement imbriquées, mélangées et souvent même parentes. Un exemple caractéristique est celui du grand'père de l'actuel premier ministre conservateur et nationaliste de Macédoine, Nicola Gruevski : celui-ci figure sous le patronyme de Nikolaos Grouïos sur le monument aux morts des soldats de l'armée grecque de la guerre de 1940-41, dans le village d'Achladia en Grèce du Nord. La veuve de ce grand'père et son fils ont quitté la Macédoine grecque vers la Yougoslavie en 1949, à la fin de la Guerre civile.[1] Si on précise encore que le patronyme en question est d'origine valaque, on nous soupçonnera certainement de vouloir compliquer à l'infini une situation qui l'est déjà passablement... Qu'il est difficile d'être Macédonien grec, slave ou autre, et nationaliste!

Quoi qu'il en soit, ce genre le débat est certainement intéressant pour des historiens ou des archéologues. Il apparaît quelque peu irrationnel et puéril lorsqu'il oppose 2 pays, l'un membre de l'Union Européenne et l'autre aspirant à y entrer, dont les territoires et les économies sont au surplus complémentaires. Pour ce qui concerne la Grèce, il n'augmente pas le prestige déjà boiteux de sa politique étrangère[2]...

Les relations gréco-turques continuent leur évolution en dent de scie, avec toutefois des crises moins importantes que durant la décennie précédente, si ce n'est en janvier-février 1996: les 2 îlots d'Imia de quelques centaines de m2, situés entre les îles grecques orientales et la côte turque, reçoivent les visites successives de journalistes grecs et turcs qui y plantent leurs drapeaux respectifs en arrachant celui des « autres », avec force photos et articles enflammés à l'appui. Les gouvernements et militaires s'en mêlent, et la

[1] Voir à ce sujet: articles du journal macédonien « DVENIK » du 25.07.2008, www.dvenik.com.mk, et sur le site de la chaîne « KANAL 5 », du 22.12.2009, www.kanal5.mk, ainsi que l'article concernant Nicola Gruevski sur Wikipedia.org.
[2] Voir également à ce sujet: LYGEROS, S. « Au nom de la Macédoine », op.cit.

région devient bientôt une poudrière avec une dizaine de navires de guerre de part et d'autre qui se tiennent en respect. Pendant 48 heures, les 2 pays sont au bord de l'affrontement, avant une médiation américaine qui calme le jeu. Nous examinerons ci-dessous quelques tenants et aboutissants de cette affaire, dans la mesure où, pour les deux pays, il s'agit d'abord de « consommation intérieure » : des journaux à grand tirage ou des chaînes de télévision « populaires » provoquent et entretiennent un incident que des dirigeants politiques utilisent pour tester la détermination de l'« adversaire » extérieur, ou piéger leurs rivaux... Le même zèle peut d'ailleurs être mis pour servir une meilleure cause : lors des tremblements de terre qui frappent successivement la Grèce et la Turquie en 1999, les équipes de secours des deux pays accomplissent, à grands renforts de publicité télévisée, un excellent travail les unes chez les autres... Toutefois, même si l'intensité du « conflit » tombe quelque peu, les désaccords subsistent, de même que la mauvaise foi réciproque, et les dépenses militaires colossales. Les dirigeants de part et d'autre de l'Egée, otages ou facteurs des nationalismes respectifs, semblent ne pas vouloir se rendre compte des énormes gaspillages que représentent leurs budgets militaires (entre 5 et 7% du PIB pour la Grèce entre 2002 et 2008), ni des avantages d'un règlement des différends. Au contraire, ils donnent l'impression de préserver jalousement ces derniers comme de véritables trésors, à des fins de consommation intérieure...

Du point de vue des relations extérieures, on peut séparer la décennie 1990 en deux périodes bien distinctes, soit avant et après janvier 1996, qui marque l'accession au pouvoir de Costas Simitis et (en principe) de l'aile modérée et rénovatrice du PASOK. La première, avec les crises yougoslave et macédonienne dans lesquelles, en plus de la sensibilité différenciée des Grecs sur la question yougoslave, le gouvernement se retrouve en partie « otage » de manipulateurs extrêmes de l'opinion (tout d'ailleurs comme les dirigeants occidentaux, mais sur des positions inverses). Cette période aggrave le relatif isolement de la Grèce dans ses relations extérieures, à la différence près que ce n'est plus le gouvernement qui en a l'initiative comme à l'époque du « non alignement » de Papandréou, mais qu'il doit en partie suivre une partie de l'opinion « surchauffée »... A partir de 1996 et après la crise d'Imia, la politique étrangère grecque devient plus « européenne », et surtout moins « gaffeuse », notamment à propos de la Macédoine. Dès 1999, Simitis se permet même le luxe d'approuver à une future adhésion de la Turquie à l'Union, laissant habilement aux Danois et autres Suédois le soin de la refuser... On peut enfin noter durant ces années 1990 la normalisation des rapports avec les Etats-Unis. Celle-ci est commencée dès 1991 entre le gouvernement Mitsotakis et l'administration Bush père, et poursuivie par Papandréou, qui se rend même en visite officielle à Washington en avril 1994, puis Simitis, avec Clinton. Malgré les tensions des années 1980, les

Etats-Unis restent le principal fournisseur d'armements de la Grèce, notamment sous la pression de l'important lobby de la communauté helléno-américaine. Même si l'anti-américanisme reste de rigueur dans l'opinion, les relations d'Etat semblent vouloir se débarrasser d'un certain nombre de « fantômes et complexes » du passé... Du point de vie militaire enfin, la Grèce rejoint en 1996 L'Union de l'Europe Occidentale.

6. Des tentatives de réforme à l'immobilisme: Costas Simitis et Caramanlis junior.

Costas Simitis devient premier ministre en janvier 1996. Durant les mois qui précèdent, l'attention des dirigeants du pays et de l'opinion est davantage focalisée sur les bulletins de santé d'un Papandréou agonisant que sur les problèmes cruciaux auxquels la Grèce doit faire face. La situation économique est en effet très difficile vis-à-vis d'une Europe qui accélère son intégration notamment monétaire, et qui commence à s'irriter du peu de cas que fait le gouvernement grec de ses critiques et recommandations. Le relatif isolement de la Grèce dans la crise yougoslave, son insistance jugée quelque peu puérile dans la « question macédonienne » ainsi que la mauvaise foi partagée avec la partie adverse dans les problèmes chypriote et gréco-turc ne jouent naturellement pas en sa faveur auprès des opinions et des gouvernements. Le nouveau premier ministre est ce qu'on peut appeler un membre, certes fondateur, mais néanmoins très atypique du PASOK. Ministre des finances en 1985-1987, il tente sans succès de promouvoir une politique économique un peu plus rigoureuse, mais doit démissionner, tant son travail est décrié. Il a 2 autres brefs passages au gouvernement durant la décennie 1980, à l'agriculture et l'éducation, qui ne dépassent pas les quelques mois. Il semble bien qu'à chaque occasion il se heurte aux murs de l'inertie et des intérêts corporatistes ou particuliers... Sa désignation à la tête du gouvernement se fait de justesse, contre 3 dinosaures représentant le PASOK « populiste » traditionnel. Elle reflète avant tout le souci de rassurer l'Europe inquiète des dérives grecques, mais également la préoccupation de moderniser tant le parti que la Société, encore collés aux conceptions tiers-mondistes des années 1980. Une partie importante des membres du PASOK commence à exprimer ces préoccupations, notamment parmi les jeunes. On commence à se rendre compte que la Grèce ne peut ainsi faire éternellement cavalier seul, sur le plan économique comme en politique étrangère.

La composition du nouveau gouvernement reflète toutefois la complexité et la fragilité des rapports de forces entre modernistes et conservateurs. Nombre de postes-clés, notamment la défense et les affaires étrangères sont occupés par des membres de la « vieille garde », toujours prompts à relever les éventuelles erreurs des rénovateurs et à en profiter. De fait, Simitis sera confronté à de nombreux pièges durant son mandat, notamment dans le domaine de la politique étrangère : nous avons déjà cité le déroulement de l'affaire des îlots Imia en février 1996, créée de toutes pièces par des journalistes d'une presse populaire provocatrice des 2 côtés de l'Egée. Il apparaît d'autre part, pour ce qui concerne le côté grec, que les commandements militaire et naval ainsi que les ministres des affaires étrangères et de la défense n'ont tenu aucun compte des instructions du premier ministre qui étaient d'éviter la guerre à tout prix. Il semble bien en fait que ces hauts responsables aient cherché une issue violente à la dispute, qui aurait débouché sur un conflit généralisé avec la Turquie. Afin d'éviter une telle issue, le premier ministre doit personnellement adresser une demande pressante à Clinton, afin qu'il présente une forme d'ultimatum à la Grèce et à la Turquie en vue du retrait des forces militaires de la région. Au printemps 1999 éclate également l' « affaire Oçalan », soit une tentative malhabile d'escamoter et de cacher le leader Kurde, d'abord en Grèce, puis à l'ambassade hellénique au Kenya, avant son enlèvement par les services spéciaux turcs. Le même ministre des affaires étrangères (Th. Pangalos), des officiers supérieurs et des agents des services secrets grecs s'impliquent maladroitement dans le déroulement de ces événements, qui ridiculisent la crédibilité du gouvernement et des services compétents…

On peut donc voir que la situation des rénovateurs du PASOK est des plus fragiles. Dans un tel contexte, Simitis a l'habileté de fixer un objectif primordial qui met tout le monde ou presque d'accord: l'admission de la Grèce dans la future zone Euro. Le pari est difficile, dans la mesure où en 5 ans inflation et déficit public doivent être ramenés à 3%, alors qu'ils sont encore dans des pourcentages à 2 chiffres…

L'adoption de l'Euro semble en effet très avantageuse pour l'économie grecque, passablement dépendante de l'étranger et en partie axée sur le tourisme. Elle semble d'autre part définitivement ancrer le pays au sein de l'Europe occidentale, et parachever son intégration.

Une politique de rigueur budgétaire est mise en place, sans remettre en cause les « acquis » de la période 1974-1989. L'engagement de nouveaux fonctionnaires ralentit toutefois sensiblement, et on tente d'introduire un début de conscience de service public dans l'administration. Les services fiscaux sont quelque peu réorganisés et tentent, tant bien que mal, de procéder à quelques contrôles et encaissements. Des privatisations sont annoncées, certaines menées à bien, d'autres retardées ou faussées à dessein (notamment les télécommunications et la compagnie aérienne « Olympic », afin d'être vendues aux plus offrants…en matière de « dessous de tables »...Un certain nombre parmi les industries d'Etat, notamment dans la métallurgie et les matériaux de construction sont privatisées. En mars 1998, la Drachme est dévaluée de 14%, afin de lui permettre de rejoindre le MCE (Mécanisme de taux de Change Européen), antichambre de la future zone Euro, mesure que salue la Commission européenne comme une concrétisation des efforts de la Grèce et un prélude à l'admission au sein de la monnaie commune. De fait, entre 1999 et 2001, l'inflation tombe en dessous de 3%, et le déficit budgétaire semble jugulé entre 3 et 3,5%, permettant ainsi l'adoption de l'Euro à partir du 1er janvier 2002. En fait, il semble que la diminution du déficit, pour effective qu'elle soit, n' atteint pas 3% mais 4 à 5%. De nombreuses dépenses, notamment militaires, ont été débudgétisées à l'extrême, et les finances grecques se sont soumises à une séance de « cosmétique » afin d'être plus présentables... Pour cela, on fait appel aux services de la banque américaine Goldman-Sachs, qui dispose d'orfèvres en la matière. Par ailleurs, les dirigeants français et allemands de l'époque, voulant introduire le plus possible de pays dans la Zone Euro, font également pression sur la Commission Européenne pour admettre la Grèce[1].

Le gouvernement lance également une ambitieuse politique de grands travaux, notamment le grand axe routier « Egnatia », entre l'Epire et la Thrace, un pont suspendu de 2,8 km entre la Grèce continentale et le Péloponnèse, le métro et le nouvel aéroport international d'Athènes, enfin, la construction des installations sportives pour les Jeux Olympiques de 2004. Des sociétés de conception, construction et de gestion étrangères, notamment allemandes et françaises, participent à toutes ces réalisations, puis en gèrent certaines, qui donnent effectivement un visage plus moderne au pays. D'importants achats d'armements ont également lieu durant 1998-2004, notamment en Allemagne, soit 4 sous-marins ultramodernes et des chars Leopard 2 : on peut mentionner que parmi ces derniers une vingtaine avaient des moteurs défectueux, et que l'un des sous-marins donnait à pleine charge une bande de 15 degrés, officiellement inexplicable par les constructeurs eux-mêmes...

De manière générale, le pays est alors en proie à un affairisme débridé. Des fortunes colossales aussi subites que surprenantes apparaissent en quelques années, notamment chez de nombreux politiciens ainsi que dans les milieux les plus inattendus: citons l'exemple du rejeton de tel dirigeant communiste à l'époque de la guerre civile devenu le médecin personnel de Honecker en Allemagne de l'Est où il se réfugie dès 1949, qui rentre au pays après 1990 et y bâtit un empire financier en moins de 5 ans, notamment grâce à la sous-

---

[1] Voir à ce sujet : ROCHE, M. « La Banque. comment Goldman-Sachs dirige le monde », op.cit.

traitance de composants électroniques allemands. Il s'agit-là sans aucun doute de la vérification du postulat qu'un conseiller américain cité en p. 133 lançait sous forme de boutade en 1948... Le crédit individuel explose, de même que les prix de l'immobilier. Le coût de la vie connaît une hausse sans précédent, transformant la Grèce en pays « cher », ce qui alourdit le budget des classes défavorisées et nuit au tourisme. Les commerçants grecs semblent ne pas du tout s'en rendre compte lorsque, à l'occasion du passage à l'Euro, et dans la plupart des établissements, le simple café passe de 200 Drachmes au 31 décembre 2001 à 1 Euro (340 Drachmes) le 1er janvier 2002! En fait, l'introduction de la nouvelle monnaie permet de camoufler une inflation de fait d'au moins 20%, qui n'apparaît dans aucune statistique... Cette inflation est en grande partie due à des hausses de prix spontanément décidées par des distributeurs et commerçants, soucieux de profiter de la situation pour augmenter leurs bénéfices. Entre 1996 et 2001, les Grecs découvrent d'autre part les charmes de la bourse, avec une naïveté qui peut faire sourire. La multiplication d'officines et de petits escrocs qui s'autoproclament « gérants de fortune » ou « investisseurs » et à qui bon nombre de pères de famille confient leur bas de laine, fait apparaître une forme originale de « capitalisme populaire »... Le fait est que de fortes chutes succèdent aux hausses sur les marchés boursiers entre 1998 et 2001 et « évaporent » une importante proportion de cette épargne, en grande partie dans les poches des escrocs. L'opinion, ainsi que l'opposition, reprochent alors au gouvernement d'avoir encouragé ces pratiques... Cette même opposition, qui se proclame pourtant très « européenne » soutient et alimente en 2000-2001 les protestations musclées de l'église de Grèce et de l'extrême droite contre la suppression de la mention de la religion sur les cartes d'identité.

Le secteur invisible de l'économie connaît un fort développement durant cette période, d'une part suite aux efforts de contrôle en matière fiscale, d'autre part comme conséquence de la forte augmentation de l'immigration, notamment clandestine. Les immigrés en Grèce proviennent principalement d'Albanie, mais également d'Egypte, d'Irak, de Russie, d'Ukraine, de Bulgarie, ainsi que du Pakistan. Une forte proportion entre dans le pays munie de visas délivrés contre paiement par des employés des ambassades de Grèce dans les pays concernés. Par la suite, un grand nombre de ces personnes deviennent irrégulières. Vers 2000, on peut estimer le nombre des immigrés irréguliers à environ 5 à 600'000. Leur travail échappe naturellement à tout contrôle, réglementation, ou contribution sociale...

Moins d'une année après les attentats du 11 septembre 2001, la police grecque se découvre enfin une toute nouvelle vocation antiterroriste, en démantelant, après 26 ans de méfaits, l'organisation « 17 novembre », décrite plus en détail en p.175. Là où l'on s'attendait à des terroristes endurcis, on découvre en fait une équipe de « papys », anciens « soixante-huitards » reconvertis pour l'apparence dans la « gauche caviar », qui plus est d'un amateurisme édifiant. Ces personnages avaient leurs entrées dans le monde littéraire et artistique, ainsi que certains cabinets ministériels du PASOK occupés par d'anciens « compagnons de lutte » contre la dictature des colonels. Il semble en fait que la forte « toux » antiterroriste qui s'empare alors du monde occidental ait imposé aux autorités grecques le sacrifice de quelques anciens « copains » dont les « frasques » étaient jusqu'alors tolérées… Leurs arrestations puis leur procès spectaculaires ne convainquent en tous cas personne.

De manière générale, le « style Simitis » est peu apprécié de la majorité des Grecs, habitués depuis des décennies à des politiciens de styles différents, qu'ils soient du genre autoritaire, absolu, et rassurant de Constantin Caramanlis, ou charismatique, hâbleur, et quelque peu « popu », comme Andréas Papandréou et beaucoup de dirigeants du PASOK. Le tranquille professeur d'économie formé en Allemagne qu'est Simitis, tentant d'expliquer à ses compatriotes que le pays doit enfin devenir « adulte » et assumer son choix européen passe peu. Il est parfois considéré comme un paravent utile envers les partenaires européens, notamment par la vieille garde de son parti, permettant à la Grèce de continuer son bonhomme de chemin et ses « petites tricheries » à l'abri des regards, sans envisager sérieusement une modernisation de l'Etat et de la Société. L'extrême-droite l'attaque particulièrement, comme un « liquidateur » de la nation.

Le PASOK gagne de justesse les élections d'avril 2000, et perd finalement celles de mars 2004, au profit du parti de centre-droite Nea Democratia. Ce dernier, en proie aux mêmes débats internes entre des libéraux rénovateurs et la vieille droite étatiste, conservatrice et nationaliste, choisit le compromis entre ses différentes tendances. Ce compromis est symbolisé par la désignation à la tête du parti puis du gouvernement du personnage, réputé plutôt falot, de Costas Caramanlis, neveu de l'homme d'Etat entre temps décédé en 1998. De mauvaises langues prétendent que, se fût-il appelé Dupont (ce qui, traduit en grec donnerait Papadopoulos!), l'intéressé ne serait jamais parvenu à cette fonction…

En mars 2004 les analyses de l'ensemble des observateurs convergent sur la prévision que le nouveau gouvernement de droite pourra continuer « sans complexes » le travail d'assainissement commencé par les rénovateurs du PASOK. La majorité parlementaire est large, le nouveau premier ministre beaucoup plus accessible et identifiable à la mentalité du Grec moyen que l'ancien, l'opinion préparée à une continuation et même une extension de mesures de rigueur. Passées l'euphorie d'une coupe européenne de football remportée par l'équipe de Grèce et celle de Jeux Olympiques pharaoniques (et extrêmement chers!) durant l'été, le nouveau gouvernement va pouvoir se mettre au travail… On exagère à peine en disant que cette attente dure plus de 5 ans, jusqu'aux élections de l'automne 2009, en passant par celles, gagnées de justesse, de septembre 2007... Entre ces échéances, on ne trouve rien de mieux à faire que la politique de l'autruche, face à des syndicats qui, il est vrai, ne laissent passer aucune mesure ni changement sous la menace de paralyser le pays. Précisons que ces mêmes syndicats ont toléré des réformes parfois plus importantes sous le PASOK. Gouvernement et pays vont à la dérive, s'intéressant davantage aux prix Eurovision de la chanson successifs[1] qu'aux problèmes de l'économie et de la société, sans que personne ne s'inquiète vraiment… Mentionnons à titre d'exemple de l'efficacité gouvernementale l'attitude du premier ministre en août 2007, lorsque de violents incendies ravagent une bonne partie du Péloponnèse: devant la gabegie des services d'incendie, l'insuffisance de l'entretien des forêts et de la prévention et les maigres résultats des pompiers, Costas Caramanlis ne trouve rien de mieux à faire que d'accuser le… vent, et d'hypothétiques agents étrangers qui auraient allumé les feux… Le même, dans un moment de lucidité au cours d'une interview durant la campagne électorale de 2009, déclare, pathétique, au journaliste qu'il a été impossible au gouvernement de réformer quoi que ce soit dans la fonction publique durant 5 ans « parce que chacun sait qu'en Grèce, personne, pas même le premier ministre, ne peut s'attaquer à un fonctionnaire qui ne fait pas son travail »…

Le gouvernement entreprend une réforme de l'éducation, dont les disfonctionnements constituent l'un des principaux problèmes du pays. Entre la fin de la guerre civile et 1980, en passant par la dictature des colonels, l'éducation n'a connu aucun changement substantiel, que ce soit dans les manuels, les programmes ou les méthodes d'enseignement. Toute l'évolution et les nouvelles manières de penser qui ont influencé l'Europe occidentale dans ce domaine et bien d'autres sont passées à côté de la Grèce. La primauté idéologique de « gauche » qui règne dès 1974 politise l'école à l'extrême, mais néglige les programmes et le contenu des cours. Les premières réformes sérieuses sont mises en place par le PASOK entre 1982 et 1985, et actualisent quelque peu l'enseignement et le contenu des programmes et études. On n'ose pourtant pas effectuer des changements radicaux, qui pourraient amener les élèves grecs à un niveau d'éducation performant surtout un mode de pensée « ouvert ». La religion et l'ancien

[1] Le 21 mai 2006, le porte-parole du gouvernement hellénique regrette publiquement lors des actualités télévisées de ce que le ministre de la culture (!) ne soit pas allé la veille encourager la candidate grecque au dit concours dans sa loge, avant sa prestation…

Grec restent obligatoires pour l'ensemble des élèves dans le secondaire, en tant que branches principales, et à raison de nombreuses heures par semaine. Aucune formation pédagogique préalable n'est exigée des enseignants, dont une bonne partie fait preuve d'un amateurisme dangereux. La politique partisane entre en force dans les écoles, en particulier au niveau universitaire, entraînant la situation décrite plus haut. De manière générale, l'éducation devient un capharnaüm où se mêlent les conceptions et méthodes les plus rétrogrades avec la persistance d'un esprit « soixante-huitard » trop souvent hors de propos des problèmes réels. Les grèves des étudiants ou des enseignants deviennent des sortes de rituels obligatoires, dans lesquels peu se souviennent en fait de ce qui est revendiqué. La formation professionnelle souffre de graves carences, notamment du fait qu'il n'existe absolument aucun lien entre les écoles et lycées techniques et les entreprises. Dans tous les domaines, à partir du secondaire, l'enseignement se reconnaît comme insuffisant pour préparer les élèves à l'entrée aux formations et études supérieures. Il en résulte une multitude d'établissements parallèles privés, qui fonctionnent l'après-midi et le soir, et dispensent le complément nécessaire au passage des examens de niveau baccalauréat. Entre 60 et 80% des élèves doivent suivre cette « para-scolarité », qui grève lourdement le budget de leurs familles... Le principal problème, comme partout, étant celui des débouchés, les gouvernements successifs tentent de le résoudre par le débordement de l'idéologie étatiste ambiante à l'école: l'accès aux formations supérieures se fait sur concours, les écoles de fonctionnaires dont l'emploi ultérieur est assuré exigeant naturellement le plus de points: on en arrive à la situation absurde où pour devenir garde portuaire ou agent de police il faut de meilleurs résultats que pour des études de droit, de journalisme, de mathématiques ou de physique nucléaire! Le nationalisme le plus chauvin sévit d'autre part dans le système scolaire et le contenu des cours. A l'occasion de l'introduction de nouveaux manuels en 2006, des censeurs de tous acabits s'aperçoivent que le nouveau livre d'Histoire n'insiste pas outre mesure sur les massacres et l'exode des Grecs d'Asie Mineure en 1922-23. L'extrême droite s'empare de la question, et interpelle le gouvernement, qui répond que le manuel en question avait été élaboré avant 2004, puis décide tout bonnement de le retirer et de réintroduire l'ancien. Au passage, l'historienne qui a élaboré le livre incriminé est l'objet de très fortes attaques personnelles, et même de nombreuses menaces de mort.

Ce système kafkaïen survit allègrement au fil du temps, d'autant mieux que les enseignants scolaires et para-scolaires qui s'y complaisent par intérêt personnel ou corporatiste constituent des « lobbys » avec lesquels on doit compter. Tout le monde admet certes que de profonds changements sont indispensables, mais personne n'ose ou ne veut discuter de propositions de changement… En fait, tout donne à penser que personne ne veut en fait de réforme. Le gouvernement Caramanlis s'y attaque par le biais du monopole universitaire : l'établissement en Grèce d'universités étrangères reste en effet interdit. Un certain nombre d'établissements anglo-saxons y fonctionne pourtant sous l'appellation de « collèges », dans lesquels les étudiants peuvent entrer sans concours et moyennant finance. Un projet de loi libéralisant l'installation d'universités privées est élaboré, qui soulève naturellement contre lui l'ensemble des enseignants et étudiants du secteur public, et aboutit en 2006 à des grèves généralisées qui font perdre 2 semestres aux étudiants. Le projet passe finalement en 2007, pour être abrogé par le PASOK après les élections de 2009…On peut effectivement se poser la question de savoir si l'urgence première de l'éducation hellénique est le libre établissement d'universités privées. Toujours est-il que le système continue de fonctionner dans l'absurde et l'illogisme, aux antipodes des besoins d'une société évoluée.[1]

Les principales prestations du gouvernement Caramanlis en politique étrangère sont d'une part le branchement direct du Nord de la Grèce sur le gazoduc russe arrivant en Bulgarie et, d'autre part, le blocage de l'admission de la Macédoine à l'OTAN au sommet de l'organisation de Bucarest en avril 2008. Ces deux résultats sont présentés comme de « grands succès ». L'approvisionnement direct en gaz est certes important pour la politique énergétique du pays. Elle le rend toutefois tributaire d'un fournisseur relativement capricieux, dont la « diplomatie Gazprom » est parfois prompte à fermer les robinets à la moindre incartade de ses clients… Quant au blocage de la candidature macédonienne, loin de constituer une prouesse diplomatique, il semble plutôt prolonger l'instabilité d'un pays qui, de manière patente, ne représente aucun danger pour la Grèce. S'agit-il d'un acte cohérent de politique étrangère, ou d'une rodomontade destinée à la consommation intérieure en flattant l'opinion nationaliste?

Durant les dernières législatures, aussi bien sous l'administration PASOK que Nea Democratia, la corruption atteint enfin des niveaux inégalés dans tous les domaines de l'administration et du quotidien des citoyens. Le phénomène a certes toujours été partie intégrante de la culture politique et administrative de la Grèce, en partie du fait du clientélisme. Depuis les années 1990, il s'est toutefois développé de manière à le rendre totalement incontrôlable et, ce qui est plus grave, se trouve de plus intégré dans les consciences et les actes quotidiens d'une majorité de gens, tour à tour corrupteurs et corrompus selon les situations et les besoins. Les hôpitaux, les

[1] Au sujet du système éducatif et universitaire hellénique, voir notamment les articles de VEREMIS, Th. dans KATHIMERINI du 24.09.2006, et EUTHYMIOU, M. dans TO VIMA du 06.03.2005.

services municipaux et étatiques, la police et la justice sont particulièrement touchés. La Grèce se trouve être le pays le plus corrompu de l'Union européenne, davantage même que de nouveaux membres, anciens pays du bloc oriental... L'impunité, issue de la corruption des organes de contrôle et de répression eux-mêmes, ainsi et surtout que de l'indifférence des gouvernants qui utilisent volontiers le phénomène à leur profit, semble être la cause principale de ce développement en cercle vicieux généralisé... Cette situation provoque d'autre part de sérieuses friction avec les organismes européens, qui affectent en premier lieu le développement de la Grèce : Fin 2004, le directeur d'Eurostat refuse de valider les statistiques grecques, les considérant comme faussées. Goldman-Sachs continue en effet son travail de maquillage... sans que les institutions ou gouvernements de l'Union réagissent davantage[1]. Jusqu'en 2006, l'institution bancaire américaine assure en effet les obligations grecques au moyen de CDS, (Credit Default Swaps), couvrant le risque de non remboursement moyennant finance colossale, que le gouvernement grec doit lui verser jusqu'en 2019[2]... En 2005, la Commission décide toutefois de réduire l'aide annuelle (d'un montant total moyen de 4 à 6 milliards d'Euros entre 1998 et 2008) de 518 millions d'Euros, à cause de « sérieuses faiblesses dans les domaines de la gestion des fonds et du contrôle de leur utilisation »... Le gouvernement se révèle en fait incapable de reprendre en mains une société qui semble de plus en plus aller à la dérive, à répondre tant soit peu à ses besoins : les graves émeutes qui ensanglantent Athènes en décembre 2008 semblent être la réaction d'une jeunesse excédée face à un gouvernement qui apparaît de plus en plus aux yeux de l'opinion comme une association de malfaiteurs. Lui-même et la majorité de la classe politique provoquent par leurs enrichissements, leur train de vie somptueux ainsi que la multiplication et la banalisation de scandales politiques, financiers et même sexuels aussi affligeants qu' impunis. La Société grecque vit et semble se complaire dans une amoralité aussi affichée qu'inquiétante[3]...

7. La « Crise grecque » 2009-2012.

En 2004, le montant de la dette avoisine les 180 milliards d'euros, et le 97% du PIB. Jusqu'en 2009, il dépasse les 300 milliards, en bonne partie à cause

---

[1] Voir à ce sujet : ROCHE, M. « La Banque. Comment Goldman-Sachs dirige le monde », op.cit.
[2] Ibid.
[3] Voir à ce sujet: articles de ELEUTHERIADIS, P. TO VIMA du 7 mai 2006, PAGOULATOS, G. dans KATHIMERINI du 13.07.2008, de KOULOUMBIS, G. dans KATHIMERINI du 28.02.2010, de VEREMIS, Th. dans KATHIMERINI du 28.03.2010, ainsi que TSOUKAS, K. KATHIMERINI du 18.07.2010.

de son seul service, qui devient colossal. On peut également supposer que les « primes d'assurances » à verser à l'institution financière new-yorkaise sont pour quelque chose dans cette augmentation de 70%. Le déficit budgétaire est impossible à évaluer de manière exacte, dans la mesure où les chiffres sont systématiquement falsifiés par les instances gouvernementales compétentes et un service statistique qui dépend du ministère des finances. On peut toutefois chiffrer son augmentation aux environs de 200 %, entre 2001 et 2009, dans la mesure où il passe de 4,5 à 13,5 % du PIB en chiffres « corrigés ». Les réserves exprimées régulièrement chaque année depuis 2004 par la Commission Européenne quant aux données grecques, ainsi qu'une dizaine de « missions », restent pratiquement lettres mortes. Le 2 octobre 2009, quelques jours avant de quitter le pouvoir, le gouvernement Caramanlis présente une dernière estimation du déficit public à 5%. Il sait que celle-ci est fausse, dans la mesure où une année plus tôt, en octobre 2008, le vice-ministre de l'économie Petros Doukas a démissionné en mettant confidentiellement en garde le premier ministre sur le fait que le pays ne pourrait plus emprunter sur les marchés internationaux à cause de l'aggravation de ses déficits[1]. Aucune mesure d'austérité n'a pourtant été prise à cette occasion. A la même époque (oct. 2008), le même Caramanlis déclarait que l' « économie grecque était blindée contre la crise »... Après les élections, ses successeurs du PASOK, pris à la gorge par l'ampleur du désastre, corrigent ce chiffre à 7,7% du PIB jusqu'à fin septembre, puis il dépasse 13% à la fin de l'année. Le décor de la faillite est ainsi posé. Pour ce qui concerne la dette, on arrive à peine à assurer une petite partie du service en février 2010, pour appeler au secours dès le mois suivant, dans la mesure aussi où, selon les lois du marché et de la spéculation qui régissent l'économie mondiale, les taux d'intérêt de nouvelles obligations grecques potentielles s'envolent, parfois à près de 10%, empêchant tout nouvel emprunt. Dans l'intervalle, Goldman-Sachs est devenu depuis 2007 « conseillère » officieuse de la Banque Nationale de Grèce, via un de ses cadres, M. Christodoulou, qui est promu à un poste directorial au sein de la première banque hellénique. En octobre 2009, un mois après le changement de gouvernement, M. Gary Cohn, no 2 de Goldman-Sachs, se rend à Athènes et approche Georges Papandréou, pour lui proposer de nouveaux « *liftings* » à ses comptes, ainsi que des investissements dans le pays. Jugeant probablement l'offre douteuse, le premier ministre grec refuse... Enfin, le 15.02.2010, M. Othmar Issing, économiste de la Banque Centrale Européenne, publie un article virulent dans le *Financial Times,* soutenant « qu'il faut laisser la Grèce s'en sortir seule », sous peine de mettre en

---

[1] Voir à ce sujet : Article du journal « To Vima » du 31.07.11, mentionnant 4 lettres écrites par M. Doukas avant sa démission à Costas Caramanlis.

danger la Zone Euro. Il se trouve que le même M. Issing est à l'époque conseiller international du même Goldman-Sachs[1]...

Il est de plus en plus évident que la « crise grecque » s'inscrit dans le cadre de celle de l'Economie mondiale, et devient au surplus « victime » de la rivalité financière entre l'Union Européenne et le monde Anglo-Saxon. Soulignons qu' une des composantes de ce dernier, la Grande-Bretagne, est membre de cette Union. La Finance Anglo-Saxonne considère l'Euro comme un concurrent dangereux, et son éclatement serait le bienvenu, même s'il commençait par l' « expulsion » d'un membre indiscipliné. Toutefois, une telle issue, qui pourrait voir une Grèce ruinée devenir un pôle d'instabilité en Méditerranée orientale, déplaît simultanément au gouvernement Démocrate en place à Washington : chaque fois que la faillite grecque semble sérieusement en vue (notamment en avril 2010, en juin 2011, puis en septembre), l'administration Obama fait son possible pour éluder une telle échéance... La « rente d'instabilité » fonctionnerait-elle toujours? Quoi qu'il en soit, les interventions douteuses d'une banque américaine en Grèce et, de manière générale, des milieux financiers Anglo-Saxons « contre » tel pays ou la monnaie européens n'innocentent certes pas les pratiques des gouvernements helléniques en matière d'économie et de comptes. Entrant dans la Zone Euro, il va de soi que les Grecs devaient en accepter les règles, ou tout au moins tenter de les comprendre et de se mettre au niveau de celles-ci, ce qu'ils n'ont fait en aucun cas. La « discipline budgétaire » reste inconnue à Athènes, et les pesanteurs de la Société hellénique rendent toute réforme très difficile.

A partir de mars 2010, la crise grecque devient européenne, du fait de l'appel au secours que lance le gouvernement de Georges Papandréou. Toutefois, et dans la mesure où l'Union ni, individuellement, les pays qui la composent, ne veulent (et ne peuvent) intervenir directement afin de « sauver » un membre en difficulté, une structure assez compliquée se met en place: Une « Troïka » de hauts-fonctionnaires, représentant l'Union Européenne, la Banque Centrale Européenne (BCE), et le Fonds Monétaire International se rend à Athènes, puis publie un « Mémorandum » qui décrit la situation désastreuse de l'économie hellénique et préconise un certain nombre de mesures afin d'y remédier. La fin des gaspillages, de très importantes mesures d'austérité, et des économies drastiques dans tous les domaines sont exigées, notamment par le biais d'un « amaigrissement » sans précédent de la fonction publique et des entreprises étatiques ou semi-étatiques, dont la plupart doivent être privatisées. D'importantes baisses de salaires et de

[1] Voir à ce sujet : Financial Times du 15.02.2010, ainsi que
ROCHE, M. « La Banque. Comment Goldman-Sachs dirige le monde ». op.cit.

prestations sociales sont aussi demandées pour l'ensemble de l'économie privée, dans le but de la rendre concurrentielle. Parallèlement, se met en place une « Task Force », composée de fonctionnaires et experts de l'Union, dont de nombreux Grecs, chargée d'un tutorat des services et ministères « sensibles » en vue de mettre en place les réformes et une rationalisation (ô combien) nécessaires de l'administration hellénique.

A lire le « Mémorandum » il paraît évident que ses auteurs privilégient un traitement « ultra-libéral » au mal grec. Leur marge de manœuvre semble de toute manière fort étroite, dans la mesure où les dogmes monétaristes régissent sans partage les économies européenne et mondiale depuis la fin des années 1980, et qu'à ce titre, les Etats ne soient plus entièrement souverains en matière de finances et d'économie. La création de la Zone Euro ainsi que le fonctionnement et les compétences de la BCE, quoique décisions fondamentalement politiques, sont elles-mêmes étroitement encadrées par ces dogmes. Pour avoir aussi totalement que naïvement négligé ceux-ci durant les 30 dernières années au profit d'un Etat social clientéliste et absurde, car à crédit, la Grèce se voit obligée d'appliquer ces préceptes de manière accélérée et concentrée, soit d'accomplir en 5 ou 10 ans ce que d'autres pays ont fait en 30, dans des conjonctures économiques plus favorables. Le prix à payer pour maintenir son choix européen devient ainsi très élevé: force est de constater, et indépendamment du fait que l'on soit fervent ou réservé pour ce qui concerne la construction européenne, qu'il ne semble exister pour le pays aucun terme alternatif réaliste et acceptable.

Une grande partie de la population ainsi que les organisations syndicales réagissent de manière très négative puis, dès l'été 2011, franchement violente aux coupes budgétaires diverses ainsi qu'aux diminutions de salaires et de retraites décidées par le gouvernement. Ce dernier dispose d'une certaine marge de choix, soit de « dégraisser » brusquement la fonction publique et surtout les entreprises étatiques (travaillant pratiquement toutes à perte) et mettre ainsi au chômage environ 300'000 personnes, soit procéder à des baisses générales de revenus, publics comme privés, ces derniers par le biais de la suppression de conventions collectives. Ne voulant pas s'attaquer de front aux « vaches sacrées » que constituent en quelque sorte les bénéficiaires des emplois et pensions étatiques depuis 1975, il choisit la seconde solution, qui permet aussi d'éviter une tragédie sociale immédiate. Ces baisses de revenus entraînent toutefois une baisse de la consommation. Ajoutée à l'instabilité générale du pays qui fait fuir tout investissement productif, elles entraînent une profonde récession de l'économie privée et une forte augmentation du chômage dans ce secteur. Entre le début de 2011 et le milieu de 2012, le chiffre du chômage passe de

15 à 22% de la population active, dont près de 45% chez les jeunes de moins de 30 ans... La tragédie sociale est ainsi reportée d'un secteur public largement « responsable » de la situation du pays, vers le secteur privé, et en particulier ses travailleurs... Simultanément, on assiste depuis 2010 à une fuite sans précédent des capitaux, vers l'étranger ou le simple « bas de laine »: petits ou grands, les comptes en banque se vident, car le public perd toute confiance dans des établissements qui disposent de moins en moins de liquidités...

Il semble par ailleurs qu'en août-septembre 2011, la Troïka ait quelque peu joué avec le feu devant les retards pris par le programme d'assainissement, et mis une forte pression sur le gouvernement grec qui, de son côté avait éludé passablement de mesures. Une rupture des discussions a même eu lieu en septembre, même si ces dernières ont repris quelques semaines plus tard. Finalement, les mesures seront votées par le parlement en octobre 2011[1].

Devant les manifestations de plus en plus hostiles de l'opinion (des rumeurs de coup d'Etat circulent même à Athènes en octobre 2011, le gouvernement Papandréou démissionne début novembre pour laisser la place à un cabinet d'Union présidé par M. Loukas Papadémos, ex No 2 de la Banque Centrale Européenne. Sans préjugé aucun, il est tout de même troublant de constater que MM. Papadémos, Mario Monti (nommé premier ministre en Italie dans l'urgence de trouver une issue à la crise que travere également ce pays), et Mario Draghi (nommé à la tête de la BCE), qui accèdent presque simultanément aux fonctions précitées, sont tous trois anciens collaborateurs de... Goldman-Sachs.

De nouveaux accords sont passés en février 2012 entre la Grèce et ses créanciers, prévoyant notamment un rééchelonnement avec effacement de près de 30% de la dette, et une aide économique de la part des pays de l'Union qui s'élève à environ 100 milliards d'Euros de nouveaux prêts, étalés sur une dizaine d'années. Cette aide est naturellement conditionnée par l'adoption d'un train précis de mesures que préconise la « Troïka »... Il paraît probable que si on avait commencé par là, soit le rééchelonnement, 2 ans plus tôt, cette « crise grecque » aurait pris moins d'ampleur. Apparente maladresse du gouvernement Papandréou, ou intransigeance européenne et notamment allemande, qui auraient ainsi envenimé une situation déjà très difficile? Le rôle de la BCE, organisme quasi-souverain en matière monétaire au sein de l'Union serait également à mettre en cause[2]... Toujours est-il que le refus systématique et toujours plus violent de ces mesures par

---

[1] Voir à ce sujet: ROUMELIOTIS, P. « Les coulisses inconnues de l'appel au FMI», Livanis 2012, op.cit.
[2] Ibid.

une opinion aussi touchée dans son niveau et même son « mode » de vie que manipulée par une opposition de gauche et de droite extrêmes de plus en plus démagogue remet en question la légitimité du Parlement élu en 2009 et, par là-même, du gouvernement qu'il soutient. Des élections sont prévues pour le 6 mai 2012. Celles-ci résonnent comme un coup de tonnerre, dans un ciel toutefois fort orageux: aucun parti n'obtient de majorité, les compères traditionnels PASOK et Nea Democratia s'effondrent (respectivement 13 et 18% des voix), le parti de gauche extrême SYRIZA passe de scores « confidentiels » de 2 à 3% entre 1993 et 2009 à plus de 16%, grâce à son opposition sans faille aux accords financiers avec l'Union Européenne, un parti de droite nationaliste, les « Grecs indépendants » également opposé auxdits accords, réalise près de 10%, et un groupe ouvertement néo-nazi, « Aube dorée » fait 7% des suffrages. Devant une Union Européenne atterrée et un pays en déliquescence, tous ces partis se lancent dans des négociations qui constituent un véritable festival de mauvaise foi, d'intransigeance et d'apparente désinvolture, sans arriver à former un gouvernement… Une nouvelle consultation tenue le 17 juin suivant dégage finalement une majorité pour une fragile coalition composée de Nea Demokratia (moins de 30% des voix), du PASOK (12%), et du petit parti de la « Gauche Démocratique » (5%), lointain héritier de l'EDA des années 1960 et des « eurocommunistes » des années 1970 et 80. Antonis Samaras, président du parti de droite, devient premier ministre. SYRIZA, avec 27% des voix, devient le premier parti d'opposition, les communistes du KKE, les nationalistes et les néo-nazis maintiennent à peu près leurs scores. Il est édifiant de constater enfin que 3 partis « libéraux » (tenant en fait, pour la plupart de leurs cadres et membres, un langage que ne renieraient pas beaucoup se sociaux-démocrates d'Europe occidentale) n'ont pas dépassé ensemble un petit 5 % des suffrages…

Entre 2010 et 2012, les gouvernements successifs n'ont pas fait grand'chose en matière de réformes et de mesures imposées ou proposées par la « Troïka » ou la « Task Force », si ce n'est des coupes de revenus. Il semble que Papandréou acceptait les exigences du tutorat pour les éluder par la suite, en particulier pour ce qui concerne les entreprises d'Etat. Quant à Papadémos, il n'a pu effectivement agir qu'un mois et demi, entre l'adoption des réformes par le Parlement à la mi-février, et sa démission au début du mois d'avril. Le fait est que l'ensemble de ces réformes, mesures et modernisations passent très mal auprès d'une partie de la Société, qui les refuse viscéralement et pêle-mêle, confondant souvent simple modernisation de l'Etat ou des structures économiques, avec austérité et baisse du niveau de vie. Par ailleurs, une bureaucratie véritablement kafkaïenne règne en maître dans l'administration, notamment fiscale, et oppose une inertie voire une obstruction butée à toute directive ou exigence des gouvernants qui serait contraire à ses intérêts… C'est dire que la tâche des nouveaux dirigeants se situe entre le titanesque et l'impossible. Quant à l'opposition, elle est unanime dans son refus d'appliquer les mesures préconisées par l'Union. Communistes et néo-nazis proposent leurs remèdes respectifs, soit la transformation de la Grèce en « Cuba méditerranéen » ou en cauchemar raciste, violent et policier. La droite nationaliste et SYRIZA disent vouloir rester dans l'Union, les uns en « rendant sa fierté à la Grèce », les autres comptant sur la « solidarité des peuples européens » qui ne manquera pas d'effacer la dette hellénique à la première demande, comme si elle était le fait de quelque dictature bananière… Force est de constater que leurs programmes respectifs, lorsqu'ils existent, souffrent en ce printemps-été 2012 de sérieuses lacunes, ce qui ne diminue toutefois pas leur audience électorale…

Le fait est que la Société grecque semble sérieusement malade, négligeant depuis la guerre civile et surtout depuis 1974 des problèmes extrêmement graves comme sa démocratisation effective ou celle des partis politiques qui la dirigent, au profit d'un développement et d'un enrichissement superficiels et (littéralement) « empruntés ». Crise et paupérisation font réapparaître des éléments irrationnels de mémoire collective ou de théories du complot, grandement encouragés par la démagogie de politiciens ou de la presse. Cette irrationalité peut accentuer la dérive du pays, et faire le lit de solutions autoritaires. A l'heure actuelle, seules des décisions politiques volontaires, certaines mettant peut-être provisoirement de côté les graves problèmes financiers et économiques, peuvent l'aider à trouver une issue. Ces décisions doivent toutefois être prises tant à Athènes qu'au niveau de l'Union Européenne.

Si la Grèce était un ménage ou une entreprise, on dirait de ses 2 premières faillites que celle de 1893 est due à son immaturité et à des dépenses hors de proportion avec ses faibles moyens, et celle de 1932 à des circonstances tragiques qui échappaient en partie à sa volonté. Celle de 2010 aurait par contre des caractéristiques de faillite frauduleuse, à l'occasion de laquelle des gestionnaires indélicats auraient vidé la caisse en en distribuant une partie pour faire taire d'éventuels témoins, après avoir falsifié les écritures. Tout cela au vu et au su de tout le monde, et sans réaction notable… On remarque pourtant des similitudes dans le déroulement des faits qui amènent ces 3 faillites: elles surviennent toutes trois suite au cumul de fortes dépenses d'infrastructures ou productives avec des dépenses de fonctionnement mal gérées, gaspillées ou détournées. Entre 1830 et 1897, dans une moindre mesure entre 1923 et 1932, puis de 1975 jusqu'à nos jours, les dirigeants successifs semblent confondre emprunt et revenu. Ils disposent de sommes prêtées à l'Etat grec comme s'il s'agissait de rentrées fiscales ou de bénéfices qu'on pourrait se permettre de ne pas rentabiliser et « consommer ».

L'opacité intentionnelle des comptes et budgets grecs ne permet pas de suivre de manière précise l'affectation et l'utilisation des fonds empruntés depuis 1975. Dans la mesure toutefois où les rentrées fiscales et taxes ne couvrent qu'une petite partie des dépenses de fonctionnement de l'Etat, que les nombreuses entreprises créées par ce dernier ou nationalisées entre 1975 et 1989 étaient peu rentables voire travaillaient à perte, et qu'il n'existe pas de mine d'or sous l'édifice du Parlement à Athènes, la conclusion est facile à tirer: la Grèce s'est ruinée à entretenir une pléthore de fonctionnaires et d'employés d'Etat travaillant à perte, de trop nombreux retraités de 45 ou 50 ans, des forces armées hors de proportion avec ses besoins réels, enfin à tolérer des détournements et des malversations de toutes tailles et de plus en plus généralisés. Dans un tel contexte, d'importants emprunts supplémentaires destinés à des investissements d'infrastructures, comme cela a été le cas durant la période Simitis, ont surchargé sa dette de manière difficilement supportable.

Nous avons déjà mentionné qu'un des soucis premiers des gouvernements grecs de l'après guerre civile est la création d'une classe moyenne consommatrice, payeuse d'impôts et de taxes, et politiquement « assagie », afin d'éloigner au possible toute dérive révolutionnaire. Ce but a été apparemment atteint entre les années 1960 et 1980, via la « fonctionnarisation » d'une bonne partie de la population, mais également le développement des activités commerciales ou touristiques, passablement rémunératrices. Malheureusement, les effets fiscaux positifs de cette classe moyenne sont relativement faibles, dans la mesure où ses revenus officiels restent modestes, pour ce qui concerne les employés de l'Etat en tous cas. D'autre part, l'économie invisible, le clientélisme et la corruption occultent, particulièrement dans les catégories du secteur privé et les professions libérales, le surplus qui pourrait rapporter quelque revenu substantiel à l'Etat. La classe moyenne grecque comporte donc des aspects artificiels qui n'en font pas un « pilier » économique mais en grande partie un parasite. L'ensemble des dirigeants d'après guerre n'ont jamais réellement voulu débarrasser la Grèce des « pesanteurs ottomanes » du 19e siècle, que sont la bureaucratie, la corruption, le clientélisme politique, ainsi que l'inertie et le parasitisme économiques. Pourtant, à partir de 1975 en tous cas, ils auront eu largement l'occasion de le faire, qui plus est de manière indolore. Qui par lâcheté politique, qui par opportunisme ou intérêt personnel, ils ont au contraire fait le choix délibéré non seulement de les laisser survivre, mais encore de les développer, au nom des sacro-saintes traditions et « réalité » helléniques. Ces pesanteurs rattrapent aujourd'hui le pays, et de manière tragique. Les issues possibles à la crise actuelle pourraient certes leur porter un coup fatal grâce à une nécessité vitale d'assainissement. Elles peuvent aussi leur assurer une nouvelle pérennité : corruption, accaparement et inertie sont souvent corollaires des situations économiques difficiles. Ce sera aux Grecs de choisir, de prendre enfin des responsabilités qu'ils n'ont jamais assumées, et surtout d'imposer leur choix à une classe politique qui ne semble pas s'émouvoir outre mesure du désastre dans lequel elle a conduit le pays. Il est grand temps pour eux de cesser d'être « plébéiens » et « clients » amorphes, pour devenir citoyens, et se poser de sérieuses questions sur ceux et celles qu'ils élisent. Les faillites ne sont pas une fatalité pour la Grèce, elles sont le simple résultat des gaspillages, de la démagogie, et des détournements.

Quant à l'Europe, comme dans la plupart des crises qu'elle affronte depuis 1992, elle donne jusqu'en 2012 l'impression pathétique de l'eunuque qui clame partout qu'il veut procréer. L'adoption de la monnaie unique, avancée remarquable en soi, est une coquille creuse sans union politique, sans abandon ou délégation de souveraineté des Etats en matière économique. Les réactions aux problèmes grecs sont une cacophonie : l'Allemagne a joué l'indignation, en partie justifiable, mais oublie les profits réalisés par ses entreprises, les ventes de matériel parfois défectueux aux Grecs, ou la corruption par Siemens d'une myriade de politiciens athéniens de tous bords dans le but de s'assurer un marché de plus. Elle passe également sous silence le fait qu'elle doit elle-même des sommes considérables à la Grèce et à d'autres pays, du fait notamment de sa réunification en 1990 : une clause de l'Accord de Londres de 1953 sur les réparations de guerre prévoit en effet une renégociation de celles-ci en cas de réunification[1]... La France réitère sa diplomatie, traditionnelle depuis le Congrès de Vienne, de soutien verbal aux « faibles » peu suivi d'effet, les eurosceptiques Anglais et Scandinaves ricanent... Les « suivants sur la liste », Portugais, Espagnols, et Italiens voudraient se déguiser en courants d'air: leurs déficits ou endettements sont proches de ceux des Grecs, dont les disfonctionnements, au contraire des leurs, ont été largement mis en évidence: comment ces « bons élèves » de la rigueur et du libéralisme vont-ils, le cas échéant, expliquer leurs éventuelles faillites? Comment des pays qui, en principe appliquent depuis 20 ans au moins des politiques inverses de celle de la Grèce se retrouvent-ils dans des situations de fait proches de celle-ci? Réactions allemande, française, britannique, ou autre, mais aucune réaction européenne. Tout comme durant les guerres en ex-Yougoslavie, chacun tire la couverture à soi... Comment voudrait-on ensuite que les Grecs acceptent les directives et contrôles qui

[1] Voir notamment à ce sujet : Article de M. Albrecht RITSCHL, professeur d'Histoire économique à la London School of Economics dans « Der Spiegel » du 21.06.2011.

leur sont imposés différemment que comme une résurrection de la Commission Financière Internationale de 1897? Certes, dès la fin de 2011, l'Union semble mettre en place des mécanismes sensés permettre d'éviter ou en tous cas amortir des réactions en chaîne et l'approfondissement des crises de surendettements et de déficits. Mieux vaut tard que jamais... Mais il semble difficile de garantir quoi que ce soit dans un système économique désormais mondial, qui semble privilégier des formes opaques d'accaparement de richesses sur la production, et dont beaucoup de gestionnaires donnent de plus en plus l'impression d'être des irresponsables hors de tout contrôle.

Pour ce qui concerne la « crise grecque », on aurait pu attendre d'une véritable intégration économique non seulement qu'elle la décèle, mais qu'elle puisse la prévenir depuis quelques années déjà. L'Europe était au courant de l'évolution des finances helléniques, et les manipulations statistiques effectuées à Athènes ne trompaient personne depuis longtemps. Aucune mesure concrète, sinon l'émission de timides et platoniques avis de la Commission et quelques coupures de subsides, n'a été prise ou envisagée. Si l'on admet même cette absence de prévention, la solidarité et l'aide de l'Union, assorties naturellement d'une tutelle économique serrée et obligatoire sur les finances et ministères grecs sensibles, auraient pu automatiquement se mettre en place dès l'appel au secours, au demeurant très tardif, des autorités d'Athènes. La « crise grecque » aussi bien que les réactions qu'elle a suscitées posent clairement la question des souverainetés nationales au sein de l'Europe. L'Union peut-elle coexister avec les nations souveraines qui la composent? Avec des Opinions qui tombent dans les pièges de la démagogie populiste et se révoltent, les unes contre toute forme d'économie ou d'austérité, les autres contre la solidarité? Certes, le luxe, les détournements et accaparements affichés et effectués par des politiciens et fonctionnaires « européens » sur le dos des institutions et des contribuables tout aussi européens, ne sont pas innocents dans cette évolution... Il paraît être temps pour l'Union européenne de faire évoluer ses pratiques et sa philosophie, peut-être de parler aussi un peu plus « vrai », sous peine d'être reléguée au rayon des souvenirs au profit d'on ne sait quels nationalismes.

7. En guise de conclusion...

Eût-il paru entre 2001 et 2005, cet ouvrage aurait pu conclure de manière optimiste sur une Grèce « qui gagne », un petit pays en voie de développement il y a encore 30 ans, admis au cénacle de l'Euro, en attirant toutefois l'attention sur les faiblesses persistantes de l'économie et de la Société helléniques, qui demandent l'attention des dirigeants du pays dans les années à venir… Il se trouve aujourd'hui, et depuis 2008, que lesdites faiblesses sont soumises à l'épreuve du feu d'une crise économique mondiale. De ce fait, elles constituent une menace directe de naufrage et de désastre pour un pays, des gouvernants et une population qui, depuis 1974 et le rétablissement de la Démocratie n'ont pas voulu y prêter attention, tirant tous profit de la gabegie… Entre 2002 et aujourd'hui, ces faiblesses sont pourtant exactement les mêmes. L'Histoire n'est donc pas prédictive, et toutes les éventualités sont ouvertes. La seule chose qu'on puisse dire de manière certaine (et encore!) sur la crise grecque, est que sa résolution dépend de l'évolution économique au niveau mondial. Egalement, de l'état de l'Union européenne et de la volonté de ses dirigeants, en particulier de son « directoire germano-français», à la réaliser effectivement ou à la garder comme une coquille vide, un accessoire de propagande naïve et bon marché. Inversement, l'avenir de l'Union dépend aussi de la Grèce, ou plutôt du « traitement » du « cas » grec (suivi par les « cas » espagnol, portuguais et italien) par les institutions et les dirigeants européens. Une fois de plus, des décisions politiques et non seulement économiques sont indispensables.

Quel que soit, ou qu'eût été le traitement de « sa » crise depuis 2010, la Grèce n'en est pas pour autant exempte de graves responsabilités et surtout de travail… Travail de réflexion sur le fonctionnement (ou plutôt le disfonctionnement) de son Etat, de sa Société, et de leurs relations avec les entités extérieures (et, par la force des choses supérieures) que sont l'Union européenne ainsi que la politique et l'économie mondiales. Travail de réforme en profondeur et démocratisation de cet Etat, de cette Société, dans leur fonctionnement, leurs ressources humaines, et surtout leur éthique et leur sens citoyen. Dans la foulée, les Grecs devraient également se poser la question si le nationalisme viscéral et centralisateur, commençant à l'école, et qui influence beaucoup d'entre eux ainsi que leur manière de penser et de réagir, est encore d'actualité dans l'Union Européenne ou simplement notre époque, pour autant qu'ils veuillent s'y intégrer. Ce nationalisme ne constitue en fait qu'un article d'importation, nécessaire peut-être au 19e. Il n'en reste pas moins une création intellectuelle plaquée sur la Grèce moderne au nom d'un Hellénisme qui, ironie, constitue en fait une culture universelle… Parmi ses effets actuels nocifs, citons notamment cette « compréhension » de la crise par de nombreux Grecs, qui la considèrent purement et simplement comme un complot international destiné à détruire leur pays… Sans compter le fait, grave, d'une partie importante de l'opinion qui accepte les violences verbales et physiques quotidiennes d'un parti néo-nazi, parce que ce dernier parle au nom des « valeurs nationales »… Enfin, relance de la machine économique, et surtout exploitation rationnelle des ressources et possibilités du pays, qui sont énormes, notamment dans les domaines du tourisme, des énergies renouvelables, et de l'agro-alimentaire.

Il est en particulier nécessaire de faire « émerger » le (prospère) « sous-marin » de l'économie clandestine ou « grise », si possible sans trop l'endommager, dans la mesure où il représente plus du tiers du P.I.B. La Grèce se trouve actuellement devant des choix fondamentaux pour son avenir. Peut-être que ses dirigeants (dont on ne peut dire qu'ils excellent dans la communication, tant au niveau national qu'international), devraient, pour autant qu'ils en aient conscience, le dire davantage…

Beaucoup de personnes, grecques et étrangères, « admettaient » sans en approuver les principes, la dictature des colonels entre 1967 et 1974. Elles craignaient en fait qu'après les militaires vienne la révolution violente, une nouvelle guerre civile, et l'établissement d'une nouvelle dictature, communiste ou fasciste… Les colonels sont tombés en 1974 après un faux pas en politique extérieure, et un régime démocratique, certes basé sur des structures et partis qui restaient très autoritaires, a fonctionné à Athènes de manière relativement harmonieuse et satisfaisante (c'est une autre question de savoir s'il a été « honnête »…) Le fait est que les Grecs ont pu mettre fin aux violences politiques, et se mettre sur ce plan au diapason d'un Occident « développé » avec une grande facilité. Il est souhaitable qu'ils harmonisent également leurs pratiques économiques avec celles de l'ensemble dont ils ont choisi de faire partie.

A partir de la fin de la guerre civile, la Grèce choisit de s'ancrer à l'Europe occidentale. Cet itinéraire commence apparemment en « chemin de croix », avec un Etat policier, le manque de libertés, une politique répressive de l'Etat contre toute opposition, le tout couronné par 7 années de dictature militaire, tout cela couvert par le mythe du « danger communiste ». Les choix économiques de cette période sont classiques par rapport à l'environnement contemporain: économie de « marché contrôlé », et rôle moteur de l'Etat dans le développement Par la suite, à partir de 1974, le décor évolue: un occident « culpabilisé » (et intéressé) offre au pays une véritable voie royale pour son intégration européenne. Conséquence probable des répressions subies durant les 30 années qui précèdent et même au-delà, les Grecs réagissent de manière « adolescente » à cette évolution: une opinion survoltée cloue pêle-mêle au pilori Américains, Européens, impérialistes et capitalistes, mais profite en même temps de la situation favorable que certains de ceux-ci font à leur pays, et de son intégration à la Communauté européenne. Grâce à ce traitement de faveur, la Grèce abandonne, en apparence du moins, le statut de pays sous-développé vers la fin des années 1970. La réaction de l'opinion est compréhensible, voire logique durant la décennie qui suit la fin de la dictature. Un nouveau mythe, qui prend naissance dans la mémoire de l'occupation et les horreurs de la Guerre civile absout et sacralise la gauche en diabolisant la droite et l' « Etranger », causes des « malheurs » du pays... L'attitude de l'ensemble des dirigeants laisse par contre perplexe. Passées les premières années et excès du retour d'une relative démocratie, ils ne font que suivre des recettes socio-économiques dont ils ne peuvent ignorer qu'elles commencent à être dépassées, en tous cas à ne plus correspondre aux orientations du monde dans lequel ils disaient vouloir s'intégrer. Constantin Caramanlis (senior), et Andréas Papandréou sont les hommes d'Etat qui ont façonné la Grèce actuelle. Les récents événements font apparaître le premier comme l'homme du choix européen, incapable toutefois de réformer sérieusement l'Etat. Le second, donne l'impression d'un démagogue sans scrupules qui, pour s'acheter et flatter l'opinion, met en place une sorte de « socialisme à crédit », dont il sait l'incohérence, la fragilité et l'incompatibilité avec les choix fondamentaux du pays et ceux de ses partenaires. L'immobilisme, forcé ou voulu, et les maquillages entre 1989 et 2009 parachèvent le désastre. Le pays évolue ainsi dans un « virtuel » dangereux. Ironie du sort, son fils, Georges Papandréou, premier ministre entre octobre 2009 et novembre 2011, a été le premier appelé à en assumer la lourde facture, au prix d'une austérité sans précédent à imposer aux Grecs, qui semblent n'en vouloir à aucun prix... Beaucoup divaguent déjà sur le « complot » destiné à porter un coup fatal à l' « innocent pays », à ses traditions et à son « mode de vie »...

Il est difficile de faire admettre les notions de rationalité, de conséquence et de discipline à une Société qui les ignore depuis plus de 30 ans, sans parler des profondes injustices que provoque objectivement une politique d'austérité, dans la mesure où elle touche rarement les classes les plus privilégiées de la population. La solution des problèmes financiers passe obligatoirement par une réduction des dépenses, en particulier la suppression progressive de plus du tiers des postes d'une fonction publique hypertrophiée. M. Stephanos Manos, ancien ministre, chroniqueur politique, est très clairvoyant, lorsqu'il résume la situation de son pays dans 2 récents articles : « la question fondamentale n'est pas de conseiller ou de décider **ce** qu'il faut faire, mais bien de trouver **qui** va oser le faire... »[1]

Les dirigeants actuels semblent condamnés à réussir au moins quelques réformes dans la société, les mœurs politiques et l'économie grecques: on peut se poser la question s'ils en ont les moyens, dans la mesure où les appareils de base et relais sociaux de la droite comme du PASOK se sont effondrés en quelques mois. C'est là le prix payé pour des partis qui n'ont en fait jamais fonctionné de manière démocratique, et pratiqué le culte du chef, que ce dernier soit capable ou pas, durant toute leur existence. Et peut-on

[1] Voir articles de S.Manos dans « Kathimerini » des 08.05. et 06.09.2011.

faire du neuf avec du vieux? A gauche comme à droite, les pères, fils, filles, neveux et petits-fils, en plus des « parvenus » d'autant plus voraces, se succèdent et sévissent sans imagination, mais non sans « intérêt », depuis 60 ans dans l'arène politique... Par ailleurs, les « relèves » possibles, de la gauche à l'extrême droite, semblent évoluer entre la démagogie la plus irréaliste et le cauchemar... Il est enfin édifiant de constater que l'ensemble des politiciens et des parlementaires grecs s'accrochent rageusement à leurs privilèges : simultanément aux sacrifices demandés aux classes moyennes et populaires, aucune baisse de revenus ou de subsides n'est décidée pour les ministres ou les parlementaires. Jusqu'en 2012, le financement des partis politiques par les contribuables représente pour la Grèce une somme globale supérieure à celle des partis allemands... Naturellement, et dans la mesure où tous ces personnages ne sont pas des dictateurs, on peut aussi dire que chaque Société a les dirigeants qu'elle mérite... Tout aussi édifiante est enfin l'attitude de l'Eglise de Grèce depuis le début de la crise : alors qu'elle s'autoproclame l'un des principaux artisans de la « renaissance nationale » aux 19e et 20e siècles et qu'elle possède une fortune mobilière et immobilière exempte d'impôts qui, à l'improbable condition d'être réalisée, pourrait sans se gêner payer une bonne partie de la dette hellénique, la vénérable institution reste on ne peut plus discrète depuis 2009. Certains de ses membres avaient pourtant allègrement trempé dans des scandales politico-financiers de la décennie écoulée...

Pour conclure sur un ton moins pessimiste, revenons cependant à la Grèce, qui se trouve comme chacun sait en Méditerranée, et dont le journaliste italien Indro Montanelli disait : « ...on comprend l'essentiel de la situation hellénique sitôt qu'on a noté que le Grec, au café, a besoin de trois chaises. La première pour suspendre sa veste, la seconde pour s'asseoir, et la troisième pour étendre ses jambes... »[1]. Les chaises étaient en prêt et elles sont vermoulues. Quant aux Grecs, ils se trouvent actuellement prisonniers de leurs mythes modernes, qu'ils ont créés, cultivés et entretenus à loisir durant les trente dernières années. L'Histoire n'est pas prophétie. Gageons toutefois que les petits-fils d'Odysseus arriveront à les surmonter, et à s'en libérer. Assumant enfin leurs responsabilités envers leur propre pays, le passé et la culture qu'ils ont choisi, ils pourront jouer un rôle positif dans l'ensemble européen auquel ils appartiennent, mais qui reste toutefois à faire.

[1] Cité par Guido Olivieri dans « De la fragilité de la Démocratie », op.cit.

CARTE DE LA GRECE ENTRE 1830 ET 2012

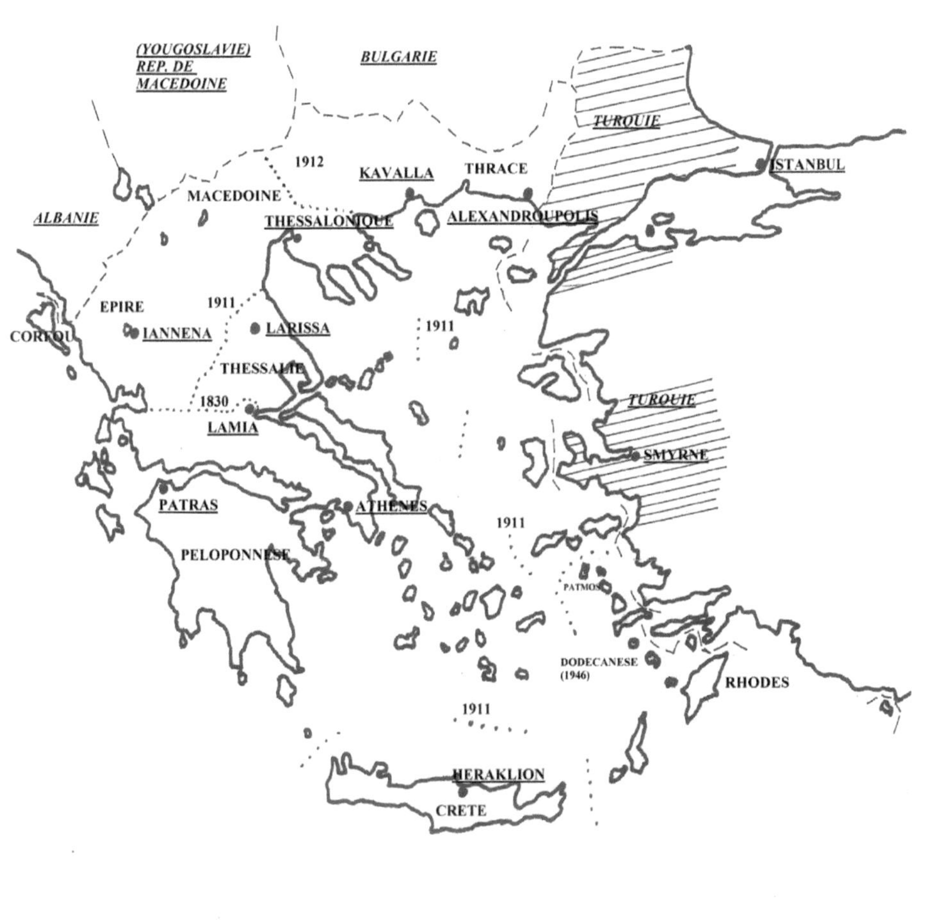

--- FRONTIERES ACTUELLES

.... FRONTIERES SUCCESSIVES

ZONE ATTRIBUEE A LA GRECE PAR LE TRAITE DE SEVRES EN 1920, PUIS RETROCEDEE EN 1923

TABLEAU CHRONOLOGIQUE DE L'HISTOIRE DE LA GRECE

1827 - 1828 : Reconnaissance de l'autonomie, puis de l'indépendance de la Grèce.

1831: Début du règne d'Othon 1er.

1843 : Première Constitution grecque, instauration de suffrage universel.

1862 – 1863 : Sous la pression d'une révolution militaire et populaire à Athènes, abdication d'Othon 1er. Georges 1er monte sur le trône.

1863 : Adjonction des Iles Ioniennes, cédées par la Grande – Bretagne à la Grèce.

1878 : Congrès de Berlin, rattachement de la Thessalie à la Grèce.

1893 : Première faillite de l'Etat grec.

1896 : Premiers Jeux Olympiques de l'époque contemporaine, à Athènes.

1897 : Guerre et défaite contre l'Empire Ottoman. Imposition à la Grèce d'un contrôle financier international suite à la faillite de 1893.

1909 : Révolution militaire à Athènes, qui porte au pouvoir Eleuthérios Vénizelos et le parti libéral.

1912 : Première Guerre Balkanique, victoires des armées grecque, bulgare et serbe contre les Turcs. Libération des territoires européens de l'Empire Ottoman et des îles de la Mer Egée. Assassinat de Georges 1er, son fils, Constantin 1er monte sur le trône.

1913 : Seconde Guerre Balkanique, victoire gréco – serbe contre les Bulgares. Le Traité de Bucarest met fin aux hostilités. Adjonction de l'Epire, de la Macédoine méridionale avec Thessalonique, des îles de l'Egée et de la Crète à la Grèce.

1914 : La Grèce proclame sa neutralité au début de la Première Guerre Mondiale.

1915 : Expédition anglo - française des Dardanelles : le débarquement est un échec, les troupes alliées se replient sur Thessalonique avec l'accord du gouvernement grec.

1915 – 1917 : « Division nationale » en Grèce, entre partisans de l'entrée en guerre et de Vénizelos, d'une part, de la neutralité et du roi Constantin de l'autre. Intervention des troupes françaises à Athènes.

1917 : Entrée en guerre de la Grèce, Constantin est exilé, son fils cadet Alexandre 1er monte sur le trône, avec Vénizelos comme premier ministre.

1920 : Par le Traité de Sèvres, la Grèce obtient la Thrace, ainsi que l'administration de Smyrne et de son arrière – pays. L'armée grecque occupe le littoral d'Asie Mineure depuis 1919, et entreprend une campagne militaire contre le mouvement et l'armée nationalistes de Mustafa Kémal, qui refuse le traité.

1920, octobre – décembre : Défaite électorale de Vénizelos et des libéraux. Auparavant, mort accidentelle d'Alexandre 1er. Le nouveau gouvernement conservateur rappelle Constantin sur le trône, et décide de continuer les opérations militaires en Asie Mineure, malgré la rupture avec les alliés.

1921 – 1922 : Guerre d'Asie Mineure entre les armées grecque et turque. Avance, puis défaite des Grecs en août – Septembre 1922, Smyrne est investie par les Turcs et détruite par le feu. Mort de 40'000 civils, et fuite des populations grecques d'Asie Mineure. Révolution militaire à Athènes, prise du pouvoir par un « Conseil Révolutionnaire » de généraux et de colonels, qui exilent à nouveau Constantin.

1923 : Procès et exécutions des dirigeants conservateurs considérés comme responsables du désastre d'Asie Mineure.

1923 : Traité de Lausanne, qui met fin aux hostilités gréco – turques. La Grèce rétrocède la Thrace orientale et la Zone de Smyrne. Echange de populations à grande échelle entre la Grèce et la Turquie. 1'200'000 réfugiés en Grèce.

1924 : Proclamation de la République. Le roi Georges II est exilé.

1925 – 1928 : Dictature militaire, puis gouvernements d'union nationale.

1929 – 1932 : Gouvernement libéral (Vénizelos).

1932 : Deuxième proclamation de faillite de l'Etat grec.

1933 – 1935 : Gouvernement conservateur de Panagis Tsaldaris.

1935 : Tentative avortée de coup d'Etat d'officiers républicains, restauration monarchique et retour de Georges II.

1936 : Instauration de la dictature Georges II – Métaxas.

1939 : Au début de la Seconde Guerre Mondiale, la Grèce proclame sa neutralité.

1940 : Attaque italienne en octobre depuis l'Albanie, repoussée par les Grecs.

1941, Avril : Invasion de la Grèce et de la Yougoslavie par la Wehrmacht, venue au secours des Italiens. Occupation de la Grèce jusqu'en 1944 par les Allemands, les Italiens (jusqu'en 1943), et les Bulgares.

1942-1944: Actions de la Résistance hellénique contre les occupants, capitulation italienne en septembre 1943, opérations dans le Dodécanèse en septembre et octobre.

1944, Octobre: Retrait des Allemands de Grèce, puis débarquement de troupes anglo-grecques à Athènes. En décembre, les forces britanniques et gouvernementales helléniques se heurtent à la résistance de gauche à Athènes. Les combats durent jusqu'en Janvier 1945.

1946 – 1949 : Après la libération, Guerre civile entre le gouvernement d'Athènes et les partisans communistes.

1947 : Soutien américain au gouvernement grec, aide militaire et économique massive. Mort de Georges II, son frère Paul 1er monte sur le trône.

1949 : Défaite de la rébellion communiste. Début d'une période de forte répression politique en grèce.

1951 : Adhésion de la Grèce et de la Turquie à l'OTAN.

1952 : Succès électoral de la droite aux élections. Le maréchal Papagos devient premier ministre.

1952 – 1954 : Mise en place d'un plan de redressement économique.

1954 : Après le décès de Papagos, Constantin Caramanlis devient premier ministre. Poursuite du développement économique.

1954 – 1959 : La question de Chypre mobilise l'opinion, refroidit les relations avec les Anglo – Américains, et détériore celles avec la Turquie. En 1959, indépendance de Chypre sous la présidence de Mgr. Makarios.

1959 : Accord d'association entre la Grèce et la CEE.

1963 : L'assassinat du député de gauche Grigoris Lambrakis ouvre une profonde crise politique. Caramanlis démissionne, l'Union du centre accède au pouvoir avec Georges Papandréou comme premier ministre.

1964 : Mort de Paul 1er, Constantin II lui succède à l'âge de 25 ans.

1965 : Crise politique entre Papandréou et le roi, qui force le premier ministre à démissionner. S'ouvre alors une période d'instabilité.

1967 : Coup d'Etat et dictature des colonels, avec Georges Papadopoulos à leur tête.

1973 : Tentative de «normalisation politique» de Papadopoulos, qui proclame la République et en assume la présidence. Révolte des étudiants à l'Ecole Polytechnique violemment réprimée. Papadopoulos est renversé par les militaires qui rétablissent la dictature.

1974 : Intervention grecque à Chypre qui provoque la chute de Makarios, puis une invasion turque. Chute de la dictature militaire à Athènes, Constantin Caramanlis forme un gouvernement d'union nationale. Rétablissement des libertés démocratiques en Grèce, où un référendum met officiellement fin à la Monarchie. Caramanlis reste premier ministre jusqu'en 1980, puis devient président de la République.

1980 : Adhésion de la Grèce à la CEE.

1981 : Le PASOK d'Andréas Papandréou remporte les élections législatives en octobre. Première alternance politique après la dictature.

1989 : Après la défaite électorale des socialistes du PASOK, la Droite et les Communistes forment un gouvernement de coalition.

1990 : Après de nouvelles élections, le parti de droite Nea Democratia reste seul au gouvernement, sous la présidence de Constantin Mitsotakis.

1992 : Début de la crise Gréco – Macédonienne, à propos du nom du nouvel Etat, issu de l'éclatement de la Yougoslavie.

1993 : Chute du gouvernement Mitsotakis, le PASOK de Papandréou revient au pouvoir.

1996 : Maladie puis mort d'Andréas Papandréou, Costas Simitis devient premier ministre et président du PASOK. Crise Gréco – Turque à propos des îlots d'Imia.

2001 : Confirmation définitive de l'admission de la Grèce dans la future zone Euro.

2002 : Adoption de la monnaie européenne commune par la Grèce et 11 autres pays de l'Union.

2004 : Le PASOK perd les élections, la droite forme le nouveau gouvernement sous la présidence de Constantin Caramanlis junior, neveu du précédent.

2004 : Seconds Jeux Olympiques d'Athènes.

2009 : A l'issue des élections du 5 octobre, le nouveau gouvernement PASOK dirigé par Georges Papandréou (fils d'Andréas) révise à la hausse les statistiques des déficits publics présentés par ses prédécesseurs : à la fin de l'année, le déficit est de 13,4 %.

2010, avril : Le gouvernement grec, en butte à une forte spéculation sur les marchés obligataires, demande officiellement l'aide financière de l'Union Européenne et du Fonds Monétaire International pour faire face aux
paiements du service de sa dette. Une aide de plus de 100 millions d'Euros lui est accordée sur 5 ans, à la condition expresse d'un plan d'austérité budgétaire et d'assainissement de ses finances, qui peine à se mettre en place…

2011, septembre-novembre : La « Troïka » représentant les bailleurs de fonds à la Grèce constate les énormes difficultés et obstacles mis à l'application des mesures exigées, puis quitte le pays. Le gouvernement entreprend alors de mettre en place un nouveau train de coupures de revenus et retraites. Devant les réactions violentes d'une majorité de l'opinion et les grèves qui paralysent le pays, Papandréou jette l'éponge et démissionne après avoir proposé un référendum sur le maintien de la Grèce dans la zone Euro et, au-delà au sein de l'Union. Il est remplacé par Loukas Papadémos, ancien vice-directeur de la BCE, soutenu par le PASOK et Néa Démokratia.

2012, 12 février: le gouvernement fait voter par le parlement de nouveaux accords entre la Grèce et ses bailleurs de fonds. Athènes est en proie à de violentes émeutes.

2012, mai-juin: après la démission en avril du cabinet Papadémos, de nouvelles élections ont lieu le 6 mai, qui ne dégagent aucune majorité possible. Le paysage politique est bouleversé: les deux partis qui ont alternativement dirigé la Grèce depuis 1974 recueillent respectivement 18 et 13% des suffrages. Un groupe ouvertement néo-nazi fait son entrée au parlement avec 7% des suffrages. De nouvelles élections le 17 juin permetternt enfin la foration d'un gouvernement sous la présidence d'Antonis Samaras, leader de Néa Démocratia (29% des voix), soutenu par le PASOK et le parti de la Gauche Démocratique. Le Parti SYRIZA, regoupant aussi bien des sociaux-démocrates que des gauchistes constitue la principale formation d'opposition, avec près de 27% des votes. Les néo-nazis maintiennent leur score du 6 mai.

SOURCES ET BIBLIOGRAPHIE.

Ouvrages en Français :

ANGELOPOULOS, N. *Le rôle des capitaux étrangers dans la construction de la Grèce moderne,* (Thèse de doctorat), Université de Lausanne 1969.

ANONYME. *Vérité sur la Grèce,* Ed. l'Age d'Homme, 1970.

BLOUDANIS, N. *Dépendance et impérialisme, l'importance des relations économiques anglo-grecques entre 1918 et 1940*, thèse de doctorat à l'Université de Neuchatel, Ed. Delval, 1989.

CASTELLAN, G. *Histoire des Balkans*, Fayard 1991.

CHURCHILL, W. *La Deuxième Guerre mondiale*, Tomes 4 et 10. Ed.Plon.

COSMIN, S. *Les dossiers secrets de la Triple Entente, Grèce, 1914-1922,* Ed. Nouvelles Editions Latines, 1935.

DALLEGRE, J. *La Grèce depuis 1940*, L'Harmattan 2006.

DE LOVERDO, C. *La Grèce au combat, 1940-1944.* Calmann-Lévy.

DEMBIK, C. *La crise grecque vue par Jacques Attali*, Article in forex.fr, 08.05.2010.

DREVET, J-F. *Chypre, île extrême*, Syros 1991

DRIAULT, E. *La question d'Orient depuis ses origines jusqu'à la Grande guerre,* et *La question d'Orient, 1914-1937, la paix de la Méditerranée*, Ed. F. Alcan.

DUROSELLE, J.B. *Histoire diplomatique de 1919 à nos jours,* Ed. Dalloz 1981.

EUDES,D. *Les Kapétanios, la Guerre civile grecque, 1943-1949,* Fayard, 1970.

GLIKATZI-AHRWEILER H. *L'idéologie politique de l'Empire Byzantin.* PUF 1975.

IORGA, N. *Histoire des Etats balkaniques jusqu'en 1924*, Ed. Gambier, 1925.

KEDROS, A. *Histoire de la Résistance grecque, 1940-1944,* Ed. Robert Laffont, et *L'Homme à l'œillet,* Ed. Robert Laffont.

KITSIKIS, D. *Propagande et pressions en politique internationale, la Grèce et ses revendications à la Conférence de la paix, 1919-1920,* (Thèse de doctorat), Ed. PUF 1963.

LOTI, P. *Voyages - La Grécaille,* Coll. Bouquins, Ed. Pierre Laffont 1991

MAC MILLAN, M. *Les artisans de la paix, comment Lloyd George, Clemenceau et Wilson ont redessiné la carte du monde.* Ed. J.-C Lattès, 2006.

LAZARIDIS, D. *La politique française face à l'expédition grecque en Asie Mineure*, Mémoire pour le DEA de l'Ecole des Hautes Etudes en Sciences Sociales, Paris 1985.

MARCEAU, M. *La Grèce des Colonels*, Plon 1970.

MERCOURI, M. *Je suis née grecque,* Stock 1972.

MISSIOS C. *Toi au moins tu es déjà mort,* Ed. Actes Sud 1992.

OLIVIERI, G. *De la fragilité de la démocratie*, Metropolis 1995.

ROCHE, M. *La Banque, Comment Goldmann-Sachs dirige le monde,* Albin Michel 2010.

SVORONOS, N. *Histoire de la Grèce moderne,* PUF, coll. Que sais-je?

THOBIE, J. *Ali et les 40 voleurs, Impérialismes et Moyen-Orient de 1914 à nos jours,* Ed. Messidor, et
Intérêts et impérialisme français dans l'Empire ottoman (1895-1914), Publications de la Sorbonne.

TSOUKALAS, C. *La Grèce, de l'indépendance aux colonels*, Maspéro 1972.

VANEH, S. *Le différend gréco-turc*, L'Harmattan 1988.

Ouvrages en Grec :

AVEROFF – TOSITSA, E. *Le feu et la hache, Grèce 1946 – 1949.* Ed. Estia, 1980.

BITSIOS, D. *Aux confins des temps*, Ed. Livanis 1997.

COLLECTIF, *Histoire de la Nation Hellénique, tomes 13-16, 1833-1999,* Editions Ekdotiki Athinon, 1978.

COLLECTIF, Histoire de la Grèce du 20e siècle, tomes 1 à 4, Ed. Bibliorama, Athènes 2003-2007.

COLLECTIF, *La Marine marchande hellénique,* Ed. du Ministère de la Marine Marchande, Athènes 1980.

DIACOPOULOS, C. *Le rapport entre les capitaux propres et les capitaux empruntés dans les entreprises industrielles*, Athènes 1967.

ELLIS, A. IGNATIOU, M. *Imia, les télégrammes confidentiels,* Ed. Livanis 2009.

EURIBIADIS, M. et IGNATIOU, M. *CIA - Le dossier secret d'Andréas,* Ed. Livanis, 2010.

GRIGORIYANNIS, *Le capital étranger en Grèce,* Ed. Athéna 1975.
KANELLOPOULOS, P. *Journal, 31.03.1942-04.01.1945.* Ed. Kedros, Athènes 1977.

KAPSIS, I. *1922, Le livre noir,* Ed. Livanis.

KARAMBELIAS, G. *1204 et la formation de l'Hellénisme moderne.* Ed. Enallaktikes 2007

KITSIKIS, D. *Grèce et pays étrangers*, Athènes, Ed. Estia 1977. *La Grèce du 4 août et les grandes puissances, les archives du ministère grec des affaires étrangères, 1936-1941,* Ed. Ikaros 1974. *Histoire de l'Espace greco-turc, 1928-1973,* Ed. Estia, Athènes 1973.

KOLLIAS, A. *Arvanites et l'origine des Grecs, Histoire, Linguistique et Culture,* Ed.Thamyris, 1987 et 1998.

KORDATOS, I. *Histoire du Mouvement ouvrier grec,* Ed. Boukoumanis 1977.

LYGEROS, S. *Au nom de la Macédoine,* Ed. Livanis, Athènes 2008.

MALOUCHOS, G. *Cap à l'Ouest, un demi-siècle d'incertitudes grecques,* Livanis 2002.

MARGARITIS, G. *Histoire de la Guerre civile grecque, 1946-1949.* 2 Tomes, Ed. Bibliorama Athènes 2001.

MARKEZINIS, S. *Histoire politique de la Grèce moderne, tomes 1-4 1829-1918,* Ed. Papiros, Athènes 1973, et *Histoire politique de la Grèce moderne, la Grèce contemporaine, tomes 1-4, 1918-1936*, Ed. Papiros, Athènes 1976.

MELAS, G. *Constantin, souvenirs de son ancien secrétaire,* Ed. USP, Athènes 2000.

MELETOPOULOS, M. *La dictature des colonels,* Ed. Papazisis.

METAXAS I : *Journal personnel,* Tomes 1-4, Ed. Govostis, 1951.

MEYNAUD, J. *Forces politiques en Grèce,* Ed. Byron, Athènes 1974.

MICHALOPOULOS, D. *La division nationale, l'autre dimension,* Ed. Trochalia, Athènes 1997

MOUZELIS, N. *La société Néo-grecque: aspects de sous-développement.* Ed. Exantas 1978

PAPAHELAS, A. Le viol de la Démocratie grecque, le facteur américain 1947-1967. Ed. Estia.

PAPANDREOU, A. *La Démocratie exécutée,* Athènes 1975.

PAPARRIGOPOULOS, C. *Histoire de la Nation Hellénique,* 18 volumes, Ed. Kaktos, Athènes 1993 (réédition).

ROUMELIOTIS, P. *Les coulisses inconnues de l'appel au FMI,* Livanis, 2012

SAKELLAROPOULOS, S. *La Grèce du « changement de régime », développements politiques et sociaux,* Ed. Livanis.

SARAPHIS, S. *L'ELAS*, et *Après Varkiza,* Ed. Epikairotita, 1980.

SEFERIS, G. *Journal politique, 1935-1944,* Ed. Ikaros et *Journées,* journal personnel, T.7 1951-1960.

SIMITIS, C. *Politique pour une Grèce constructive, 1996-2004*, Ed. Polis, 2005.

TOUBAS, I. *Ennemi en vue,* ed. du Musée Naval de Grèce, 1998.

VARVARESSOS, K. *Rapport sur le problème économique de la Grèce, février 1952,* Ed. Savalas, 2010 (réédition).

VEREMIS et KOLLIOPOULOS, *Grèce, la continuité actuelle,* Kastaniotis 2006.

ZOULAS, S. *Ce que je n'ai pas écrit...* Ed. Kastaniotis 2003.

Ouvrages en Anglais :

CLOGG, R. *A concise History of Greece*, Cambridge University Press, 2002.

KISSINGER, H. *Memoirs, The White House Years,* Ed Little Brown 1979.

KOFAS, J.V. *Financial relations of Greece and the great powers, 1832-1862,* Columbia Univ. Press, 1981.

KOLLIOPOULOS, J. *Greece and the British connexion, 1935-1941,* Oxford Un. Press, 1981

MILTON, G. *Paradise lost, Smyrna 1922: the destruction of Islam's city of tolerance.* Ed. Sceptre 2008.

PORTER, P. *A miracle for Greece,* Notes personnelles du président de la commission du sénat américain chargée d'évaluer la situation de la Grèce et l'aide à lui apporter, 1948.

WOODHOUSE, C. M. *Modern Greece, a short History*, Faber, 1968.

Ouvrages en Allemand/Italien:

BLOUDANIS-LEUENBERGER, E. *Nationale Identitaetsbildung in Griechenland und die Rolle der orthodoxen Kirche in diesem Prozess (1821-1923)* Master-These, Donau-Universitaet, Krems, 2008.

CIANO, G. *Diario,vol.1,* Ed. Rizzoli, 1946.

Articles de Presse:

Journaux français: *Le Monde, Le Point, Le Temps,*

Journaux grecs: *To Vima, Kathimerini, Estia*

Journaux anglais : *Financial Times.*

Journaux allemands : *Der Spiegel.*

Journaux américains: *New York Times.*

Journaux macédoniens: *Dvenik, Kanal 5.*

Documents filmés:

Documents filmés inédits tournés en mai 1969 par le journaliste Matheo Yamalakis lors d'une tournée d'Andréas Papandréou au Canada et aux Etats-Unis, destinés à la réalisation d'un documentaire de la Télévision suédoise. Archives personnelles de l'auteur.

Statistiques et chiffres :

- L'ensemble des chiffres cités dans les chapitres 1 à 3 provient de : BLOUDANIS N. *Dépendance et Impérialisme, l'importance des relations économiques anglo-grecques entre 1918 et 1940*, thèse de doctorat, op.cit. , et se rapporte donc aux sources et bibliographie de ce travail, ainsi que de :

COLLECTIF, *Histoire de la Nation Hellénique, tomes 13 et 14*, op.cit.

COLLECTIF, *Histoire de la Grèce du 20e siècle, Tomes 1 - 3*, op.cit.

- Les chiffres cités aux chapitres 5 et 6 proviennent du tome 16 de l' *Histoire de la Nation Hellenique*, op.cit, tableaux de l'évolution économique de la Grèce, pp. 223-237, 287-290, 317-323, 364-371, 403-409.

- Les chiffres cités aux chapitre 6 proviennent également de :

- Le Nouvel Observateur, *ATLASECO*, respectivement 34 volumes, 1976 à 2009.

- COLLECTIF, *L'Etat du monde*, volumes 1989-1990, 1995, 1999, 2006, 2009, Ed. La Découverte/Boréal.

- EUROSTAT 1996 – 2009

- EUROSTAT, Rapports de la visite méthodologique en Grèce, 2008.

- COMMISSION EUROPEENNE : *Rapport sur les statistiques du déficit et de la dette publique de la Grèce*, Bruxelles, 08.01.2010.

TABLE DES MATIERES

La Méditerranée aux éditions L'Harmattan

Dernières parutions

MÉDITERRANÉE (LA) DANS LA GUERRE
8 NOVEMBRE 1942 - 9 SEPTEMBRE 1943 – L'histoire revisitée
Bisson Jean
La prise d'Alger par les Alliés dans la nuit du 7 au 8 novembre 1942 ne fut pas le simple coup de main envisagé par la Royal Navy, qui y perdit deux destroyers. En revanche, la reddition de Malte le 9 septembre 1943 marqua la victoire des Britanniques en Méditerranée. L'auteur tire de l'oubli une étape majeure de l'histoire navale de la Seconde Guerre mondiale grâce à la consultation de documents désormais disponibles.
(Coll. Histoire et perspectives méditerranéennes, 44.00 euros, 440 p.)
ISBN : 978-2-296-99777-6, ISBN EBOOK : 978-2-296-51659-5

POUR UN FÉMINISME MÉDITERRANÉEN
Fawzia Zouari
Réfléchir à la formule d'un féminisme méditerranéen, c'est dépasser le modèle des débats vains autour de «cette inégalité des sexes qui n'en finit nulle part de finir», disait J. Berque. Pour l'auteur, l»approche méditerranéenne» consisterait à trouver au féminisme une tonalité plus authentique, plus savoureuse, plus chargée de sens. Si les femmes de la Méditerranée ont un rôle à jouer, c'est, entre autres, de renouer le dialogue entre les communautés et les cultures, de redonner à cette région des raisons d'espérer.
(Coll. Bibliothèque de l'iReMMO, 12.00 euros, 104 p.)
ISBN : 978-2-296-99428-7, ISBN EBOOK : 978-2-296-51035-7

CHYPRE GÉOPOLITIQUE ET MINORITÉS
Kazarian Nicolas
La position de carrefour de Chypre confirme jusqu'à aujourd'hui sa mosaïque ethnique et religieuse. Latins, Arméniens, Maronites, Roms, voire Juifs, Russes et tant d'autres, participent au destin multiculturel de l'île. La dimension territoriale des deux principaux projets nationalistes chypriotes, grec et turc, est aussi à prendre en compte. La géopolitique à Chypre tient une place déterminante dans la constitution de ses communautés minoritaires, anciennes comme nouvelles.
(31.00 euros, 304 p.) *ISBN : 978-2-336-00379-5, ISBN EBOOK : 978-2-296-50827-9*

POUR LE FUTUR DE LA MÉDITERRANÉE : L'AGRICULTURE
Abis Sébastien
Si les révoltes des pays arabes méditerranéens ne sont pas des émeutes de la faim, les insécurités alimentaires et la fragilité des zones rurales constituent de puissants catalyseurs dans l'expression des revendications politiques en faveur d'une plus grande justice sociale et territoriale. Tout comme d'autres matières premières, les produits alimentaires sont fondamentaux dans l'équilibre et la stabilité de la nation. Cette réalité va-t-elle s'imposer dans l'agenda de coopération avec les pays méditerranéens ?
(Coll. Bibliothèque de l'iReMMO, 10.00 euros, 152 p.)
ISBN : 978-2-336-00221-7, ISBN EBOOK : 978-2-296-50781-4

RÉPUBLIQUE (LA) EN MÉDITERRANÉE
Diffusions, espaces et cultures républicaines en France, Italie et Espagne (XVIIIe-XXe siècles)
Sous la direction de Luis P. Martin, Jean-Paul Pellegrinetti et Jérémy Guedj
Fille de la Méditerranée, la République entretient avec cet espace géographique et culturel un lien historique privilégié. Dans le sillage et l'héritage de la République romaine des temps

antiques ou des Républiques italiennes de l'époque moderne, République et Méditerranée se rencontrent de nouveau à l'époque contemporaine. Les diverses modalités participant du «phénomène républicain» se manifestent en plusieurs contrées selon des temporalités et des modes qui appellent une comparaison internationale.
(Coll. Cliopolis, 38.50 euros, 392 p.) ISBN : 978-2-296-99442-3, ISBN EBOOK : 978-2-296-50393-9

LANGUES ET MÉDIAS EN MÉDITERRANÉE
Lachkar Abdenbi - Préface de Teddy Arnavielle
A travers l'étude des langues et des médias, plusieurs critères de reconnaissance interviennent pour donner une représentation d'un individu ou d'une culture dans un espace en évolution comme celui de la Méditerranée. C'est pour cette raison que les auteurs rendent compte, ici, de la situation des langues écrites ou orales en contact. En plus de l'aspect linguistique, socioculturel et communicatif, voici une vision d'ensemble des langues et des médias.
(Coll. Langue et parole, 24.00 euros, 242 p.)
ISBN : 978-2-296-96717-5, ISBN EBOOK : 978-2-296-50240-6

L'HARMATTAN ITALIA
Via Degli Artisti 15; 10124 Torino

L'HARMATTAN HONGRIE
Könyvesbolt ; Kossuth L. u. 14-16
1053 Budapest

L'HARMATTAN KINSHASA
185, avenue Nyangwe
Commune de Lingwala
Kinshasa, R.D. Congo
(00243) 998697603 ou (00243) 999229662

L'HARMATTAN CONGO
67, av. E. P. Lumumba
Bât. – Congo Pharmacie (Bib. Nat.)
BP2874 Brazzaville
harmattan.congo@yahoo.fr

L'HARMATTAN GUINÉE
Almamya Rue KA 028, en face du restaurant Le Cèdre
OKB agency BP 3470 Conakry
(00224) 60 20 85 08
harmattanguinee@yahoo.fr

L'HARMATTAN CAMEROUN
BP 11486
Face à la SNI, immeuble Don Bosco
Yaoundé
(00237) 99 76 61 66
harmattancam@yahoo.fr

L'HARMATTAN CÔTE D'IVOIRE
Résidence Karl / cité des arts
Abidjan-Cocody 03 BP 1588 Abidjan 03
(00225) 05 77 87 31
etien_nda@yahoo.fr

L'HARMATTAN MAURITANIE
Espace El Kettab du livre francophone
N° 472 avenue du Palais des Congrès
BP 316 Nouakchott
(00222) 63 25 980

L'HARMATTAN SÉNÉGAL
« Villa Rose », rue de Diourbel X G, Point E
BP 45034 Dakar FANN
(00221) 33 825 98 58 / 77 242 25 08
senharmattan@gmail.com

L'HARMATTAN TOGO
1771, Bd du 13 janvier
BP 414 Lomé
Tél : 00 228 2201792
gerry@taama.net

653933 - Mai 2016
Achevé d'imprimer par